デレク・パーフィット 上

哲学者が愛した哲学者

デイヴィッド・エドモンズ――著
森村進・森村たまき――訳

PARFIT

A PHILOSOPHER AND HIS MISSION TO SAVE MORALITY

keiso shobo

ハーバート・エドモンズ（1930-2022）に。
父は私の本を1冊も読まなかったが、
自分が出会った人たち全員に、
読んでほしいとしっかり念を押してくれていた。

PARFIT: A Philosopher and His Mission to Save Morality
by David Edmonds
Japanese translation published by arrangement with
Princeton University Press
through The English Agency (Japan) Ltd.

（左上①）世界にようこそ。赤ん坊のデレク、父ノーマンと姉セオドラとともに。1943 年、中国・四川にて〔本文 7 頁〕。（右上②）幼児のデレク、母ジェシーと姉セオドラとともに。1944 年、ニューヨークにて〔本文 11 頁〕。（下③）デレク、姉セオドラと妹ジョアンナとともに。1949 年頃、ロンドンにて〔本文 14 頁〕。

DEMETRIUS SPEAKS TO THESEUS

（上④）デレクとその親友ビル・ニモ・スミス。1956年、イートンにて。ビル・ニモ・スミスの好意による〔本文32頁〕。（下⑤）ドラゴン・スクールの『夏の夜の夢』上演におけるデレク、1955年〔本文22頁〕。

(⑥)「ポップ」なウェストコートを見せびらかすイートン校6年生のデレク〔本文46頁〕。

（上⑦）1965年のアメリカ自動車旅行を始めたときのデレクとメアリ・クレメイ〔本文89頁〕。（下⑧）パーフィット一家、1975年頃。左から、デレク、ノーマン、セオドラ、ジェシー、ジョアンナ。

（左上⑨）初期のサンクトペテルブルク旅行で重装備に身を固めて写真をとるデレク〔下巻 10 頁〕。（中上⑩）くつろいだデレク、1982 年頃、スーザン・ハーレイ撮影。ニコラス・ローリンズの好意による〔本文 214 頁〕。（右上⑪）ジャネット・ラドクリフ・リチャーズ。彼女の著書『懐疑的なフェミニスト』（1980 年）出版時、ピーター・ジョンズ撮影（Copyright Guardian News & Media Ltd 2022）〔本文 214 頁〕。（下⑫）逆立ちをするデレク、1989 年頃〔下巻 36 頁〕。

(左上⑬) オックスフォード、オール・ソウルズ・コレッジ。デレクの部屋に隣接する踊り場から見下ろしたホークスモアの北庭〔本文117頁〕。(右上⑭) オックスフォードを照らす、デレクがデザインした街灯〔下巻14頁〕。(下⑮) 友人トム・ネーゲルと会話中のデレク、2015年頃。デイヴィッド・チャルマーズの好意による。

(上⑯) デレクとジャネット。2010 年 8 月 31 日結婚式後のピクニック〔下巻 145 頁〕。
(下⑰) デレクとジャネットのウエストケネットハウス。「可愛い顔に一目ぼれするようなもの」〔下巻 38 頁〕。

（左上⑱）『重要なことについて』全 3 巻 1900 ページ〔下巻 185 頁〕。（右上⑲）メイン州でのカヤック、2015 年〔下巻 173 頁〕。（下⑳）オックスフォードにおける講演、2014 年。トビー・オードの好意による〔下巻 167 頁〕。

はじめに　重要なこと

「何のお仕事をされてるんですか?」。アメリカ人の看護師がイギリス人のデレク・パーフィットに訊ねた。二〇一四年の秋にこの哲学者がニュージャージー州で入院したときのことだ。パーフィットは大変な状態にあった。激しく咳込み肺が機能しなくなり、ほとんど死にかけていた。消耗しきって、七十一歳で生涯を終えるかのようだった。ほとんど話もできない。そこへ心配した見舞客たちがこの白髪の患者に会うために列をなしてやってくる。何事かと思った彼女がそう訊いたのだ。彼はしわがれ声で答えた。「私は重要なことについて仕事をしています」。

＊　＊　＊

『重要なことについて』はパーフィットの二番目の著書であり、最後の著書でもある。最初の著書は『理由と人格』だ。つまり著書はわずか二つということになるが、その二つだけで「この一世紀に現れた最も偉大な道徳哲学者の一人」という評価を、政治哲学者や道徳哲学者にすっかり定着させたのだ。もちろん、誰もが賛同するわけではない。辛辣な批判者もいた。しかしこの評価は広く受け入れられている。それどころか、パーフィットを同邦の哲学者ジョン・スチュアート・ミル（一八〇六―七三）、へンリー・シジウィック（一八三八―九〇）以来、最も重要な道徳哲学者だと考える人たちもいる。だがパーフィットがそもそも一冊でも刊行できたことは、彼のことを知る人にとっては驚きだった。「パーフェクト」という言葉は中世英語の「parfit」に由来すると言われる。まさに究極の完璧主義者だった彼にふさわしい名前だ。パーフィットの完璧主義はいつもトラブルを招き寄せることになった。原稿に満足できないと言っては、締め切りもくり返し破った。

『重要なことについて』は最終的に全三巻千四百四十ページ（死後刊行の第三巻も入れると千九百ページ）に及ぶ。『理由と人格』はだいぶ軽量級で、たった五百三十七ページしかない。しかしパーフィットの著書は不朽の名著だと評されている。さらにパーフィットは約五十編の論文も残し、平等や「人格の同一性」――ある人格を時間経過を通じて同一の人物たらしめるものがもしあるとしたら、それは何か――を含め、数多くのテーマの出発点となる重要な貢献をなした。パーフィットの思考はすべての人間に関係して日常的にも使われる可能性があり、刑罰や資源の分配、未来への計画について、私たちの考え方をも変えることになる。

＊＊＊

本書は、二十世紀後半から二十一世紀初頭の大学生活と哲学研究の肖像画であるとともに、成人したパーフィットが生涯の大部分を過ごしたオール・ソウルズ〔・コレッジ〕というユニークな組織の素描でもある。だが本質的には一人の人物についての本だ。

パーフィットは伝記作家にとって難題だった。本書を書きはじめた頃、私はパーフィットがどんな人物か完璧にわかったつもりでいた。パーフィットの性格も行動も態度の理由も、理解できていると思っていたのだ。しかしパーフィットについて話してくれる人たち、特に哲学者になる前の彼を知っていた人たちが増えれば増えるほど、最初の見立てが根本的に間違っていたと思うようになり、頭をかきむしりながら書き直すことになった。それからもパーフィットの生涯にまつわる物語は私を悩ませつづけた。最後に私はもう一度決心し直した。「人格の同一性は重要なことではない」と主張した人物の性格と格闘する伝記作家とは、なんたる皮肉だろうか。

伝記作家にとって、パーフィットは悪夢であり、かつ理想でもある。彼の人生は見方によれば何の変哲もない。回廊に閉ざされた生涯だった。文字どおり、イートンの回廊から、ベイリオル、オックスフォード、ハーヴァード、オール・ソウルズという回廊に至る人生。そこにあるのは、哲学の書物と論文の読書と討論と執筆だ。これでは刺激的な本にはなりそうもない。だがその一方、パーフィットの少なくとも後半生は桁外れの奇人伝だ。愛すべき人物であると同時に、変人だったのだ。私は膨大な逸話の海で溺れそうになった。

取材で集めた膨大な情報をきれいにまとめあげるのはかなりの大仕事だった。大まかには年代順の時系列で話は進むが、一九七〇年頃からパーフィットの生活にはいろいろな恒例行事が入り込んできた。毎年のベネチアとサンクトペテルブルク写真撮影旅行しかり、ハーヴァードとニューヨーク大学とラトガースでの講義しかり。学生たちもいた。こうした話を行ったり来たりしてしまわないように、後半生については一部、テーマ別にしている。

パーフィットの生涯を描くにはこの構成があっていたようだ。前半生はいろいろなことに興味をもち、好奇心にあふれ多種多様な活動をしたが、後半生は数少ない限定的な対象にのめり込み、それらともしだいに断絶するようになっていった。若い頃にはたくさんの生命があり、長じてからはたくさんの哲学があった。パーフィットの哲学以上に私が彼に惹かれるのは、価値あるなにかしら――彼の場合は重要な哲学的問題を解決したいという衝動――を、ほかのどんなことよりも実際に優先させてみせてくれた極端な実例でもあるからだと思う。

パーフィットはほかの哲学者たちとの学問上の意見の相違に、最後の二十五年間を苦悩して過ごした。特に、多くの哲学者が真剣に「道徳を支持する客観的な根拠は存在しない」と考えていることにますます困惑するようになっていった。そうしてパーフィットは「世俗的道徳――神なき道徳――は客観的であり、そこには理性的な基礎がある」ということを自分が証明しなければならないのだと思い込むようになった。動物や花や滝や書物やパソコンについての事実があるのとまったく同じように、道徳についても事実があるというのだ。

もし自分がこの証明に失敗したら自分の存在は無意味だったことになる。パーフィットは本当にそう信じていた。それも自分の存在だけではない。もし道徳が客観的でなかったら、人間の生はすべて無意味になってしまう。そして「道徳を支持する客観的な根拠は存在しない」という主張を論駁し、道徳を救い出さなければならないという強迫にも似た思いは、彼の知性だけでなく感情にも重い負担となった。パーフィットがどのようにこの重荷を背負うようになったのか、またその重荷が早熟で外向的な歴史学専攻の学生から、道徳の最難問の解決にとりつかれた隠遁的な哲学者へとどのように彼を変えたのか。これが本書の主題である。

＊　＊　＊

デレク・パーフィットと私の個人的な関係を告白しておかなければならないだろう。彼とごく親しかったわけではないが、彼は私が一九八七年にオックスフォードの哲学学位（BPhil）をとった際の、論文の共同指導者だった。彼に論文指導を依頼するような勇気が私になかったことはたしかだから、もう一人の指導教員であり、私の学部生時代の恩師、サビーナ・ロヴィボンドの発案だったにちがいない。彼女はパーフィットとはみごとに異なるタイプの思想家でもあった。しかしデレクを選ぶのは理の当然だった。私がテーマに選んだ「未来の人びと」──いまだ生まれていない人びと──に関する倫理的な問題についてデレクが果たした役割はとても大きく、彼が道徳哲学のこの分野を作り出したのだ。その後、この論文の目標は「非対称性問題を解決する」になり、自分では解決できたつもりだったのだが、デレクの意見は違った。

本当のことを言うと、当時会ったときのことを私はほとんど記憶していない。実際に会ったのはおそらく三回か四回にすぎなかっただろう。覚えているのは、オール・ソウルズのバッククァッド〔中庭〕第十一階段の石段を登っていくときの緊張である。どういうわけか、自分が座ったソファだけは覚えている。彼の赤いネクタイも思い出す。そして長く、波打つ、すでに白くなりかかった髪を。そのときパーフィットはまだ四十代だったのだが。

私もむろん『理由と人格』を読んでいた。わずか三年前に出版されたばかりだったが、大多数の人たちと同じく、私もわくわくし、そして衝撃を受けた。この偉大な人物に対する畏怖の念はごく大きかった。だがそんなに不安がる必要はなかったのだ。彼は私の原稿を注意深く読んで、辛抱強く私と議論してくれた。相手がただの大学院生にすぎないということは、彼にとってはどうでもいいことのようだった。

本書の執筆にとりかかったとき、私は自分の論文をまた読み直してみた。それは短い謝辞から始まる。

私は心からの感謝を、共同指導教員のサビーナ・ロヴィボンドとデレク・パーフィットに捧げる。両者があらゆる根本的な論点についてことごとく意見を異にするという、ほぼ超能力のような不思議な能力に慣れてからは、彼らの公平で詳細な批判から多くを得ると同時に、非常な熱意に励まされた。

哲学へのデレクの熱意は少しも冷めることがなかった。

私の歩んだ道は長いことふたたびデレクと交わらなかったが、しばしば彼の声だけは聞いていた。私はBBCに就職したものの哲学への思いを捨てきれず、社会人をしながら博士課程に入り直したのだ。今度のテーマは差別の哲学で、指導教員はデレクのパートナーであるジャネット・ラドクリフ・リチャーズだった。北ロンドンのタフネルパークのジャネットの家で議論をしていると、いつもオックスフォードからの電話が割り込んできた。デレクの特徴的な、バリトンというにはやや高く、テノールというのにはやや低い声が電話越しに聞こえてきた。「今は話せないのよ。デイヴィッド・エドモンズがいるの」とジャネットは言ってくれたが、デレクが私のことを覚えていたかどうかは疑わしい。

博士課程にいたのは一九九〇年代だった。二〇一〇年になって、私はジャネットに照会状を書いてもらって「実践倫理のためのウエヒロ〔上廣〕センター」に加わった。このセンターはオックスフォード大学哲学部の一部門で、ジャネットは二〇〇七年にそこに異動していた。私はセンターの卓越研究フェローの資格をもらい、最初の数年間は毎週通って、共有オフィスに入るたびにドアに印刷された四人の名前を見ては、小さなドーパミン効果に浸っていた。というのも、そこには私とジャネットの名前と並んで、D・パーフィットの名前もあったのだ。ただし姿はまったく見せない。自宅の方がよかったのだろう。ときどきは、自分が（決して現われない）同僚と同じオフィスにいることを自慢させてもらった。

もう一つ個人的な逸話を書いておこう。『タイムズ』に書いたパーフィットの追悼記事で短くまとめた話だ。二〇一四年のこと、『プロスペクト』誌で世界で最も重要な思想家を選ぶ投票があった。その最初の候補者リストにはジャネットとデレクの両方の名前が載っていた。この手の企画によくあるようなけっこういい加減なリストで、ジャネットはひねくれて腹を立てた——自分の名前があるのはポリティカル・コレクトネスとアファーマティブ・アクションのせいだと言って。そんなこともあったにせよ、私は『プロスペクト』に連絡して、そのリストにある二人がごく親しいことを知っているかと聞いてみた。編集部は知らなかった。そこで私は長文の記事を依頼され、編集部はその記事に「理性とロマンス——世界一知性的な結婚」というタイトルをつけた。

この記事の取材で、私はジャネットとデレクをタフネルパークに訪れた。デレクは個人的な質問も受けてくれたがすぐに退屈がって、哲学の議論になると楽しげに身を乗り出してきた。そんな哲学話を私は持参のノートパソコンで必死になってメモした。

しばらくして原稿を仕上げ、ジャネットとデレクのところに送った。事実関係に誤りがないか確認したかったからだ。書き上げるまでに数日かかり、かなりの重労働だったが、自分では書き上げて満足していた、いや、出来もよいと思っていた。送信後、私は妻と散歩に出てゆっくり歩き回り、丘の頂上に登ったところで、自分の携帯電話にeメールが届いているのに気づいた。デレクからのメモだった。

親愛なるデイヴィッド

お元気だと思います。

メッセージを添付します。気に入らない内容ではないかと恐れています。その点をお詫びします。

敬具　デレク

激しく動揺した私は、家に駆け戻って添付ファイルを開いた。そこにはこの記事の公表を思いとどまってほしいという依頼と、誤りと誤解を指摘した長大な一覧があった。胸をどきどきさせてその指摘を読みはじめるうちに、私の不安は当惑に変わる。最初の「誤り」なるものは原稿になかったからだ。二番目の「誤り」もなかった。三番目のも。さらには四番目も五番目も。私は自分の当惑を説明してデレクに書いて送った。

そしてすぐ事情はわかった。私がデレクに送ったのは記事の原稿ではなくて、タフネルパークでの議論を聞きながら私がとったノートとメモだったのだ。『タイムズ』の追悼記事に書いたように、デレク・パーフィット以外誰一人として——**誰一人として**——「この不可解な文章が雑誌に掲載されるものだとは思わないだろう。しかしもし誰かが彼に、『意味をなさない文章の寄せ集めが高名な雑誌に載ることになっている』と言ったら、彼はそれをそのまま信じるのである」[*1]。

この件は無事に一件落着した。パーフィットは原稿を読んで喜んでくれたのだ。要求された唯一の変更点は、ジャネットの最新刊『臓器移植の倫理——なぜ不注意な思考が命を奪うのか』への絶賛書評、「『本書は最高の応用倫理だ』ピーター・シンガー」といったフレーズをいくつか入れてほしいというリクエストだけだった。

＊　＊　＊

『プロスペクト』誌はパーフィットを世界で最も重要な思想家に入れたが、彼は「フィロソファーズ・フィロソファー」であって、世に知られた哲学者でもなければ、万人向けの哲学者でもなかった。世の中には、特別に深遠ではないものの、広く関心を集める事柄について話題を振りまき、有名になった哲学者もいる。公的な発言や活動をすることによって知名度をあげた重要な思想家も何人かいる。近年ではバートランド・ラッセルがそうした思想家の一人だろう。ラッセルの名声を築いた高度に専門的な哲学書を読んだ人はほとんどいないはずだ。パーフィットは教室のドアの外側にある現実の問題を基礎に思考を続けたが、メディアのインタビューに答えたり、論壇で論説や意見を書いたり、政治家や政治オタクに教えを垂れたりすることで話題に加わりはしなかった。社会運動をしなかった。ソーシャルメディア上に存在しなかった。決して名声を求めなかった。それゆえ哲学の外界では事実上知られていない。

私は本書によってこの不公正な現実を少しでも匡正したいと望んでいる。そしてまた、あのニュージャージー州の看護師への返事が真実だったのだと証明したい。彼は本当に重要なことについて仕事をしたのだ。

デレク・パーフィット　哲学者が愛した哲学者　上

目次

Parfit: A Philosopher And His Mission To Save Morality

はじめに　重要なこと　i
1　メイド・イン・チャイナ　Made in China　1
2　人生の予行演習　Prepping for Life　13
3　イートンの巨人　Eton Titan　31
4　ヒストリー・ボーイ　History Boy　47
5　オックスフォード文芸録　Oxford Words　57
6　アメリカン・ドリーム　An American Dream　84

7 ソウル・マン Soul Man 102
8 遠隔転送機 The Teletransporter 127
9 大西洋を越えて A Transatlantic Affair 153
10 パーフィット・スキャンダル The Parfit Scandal 166
11 仕事、仕事、仕事、そしてジャネット Work, Work, Work, and Janet 197
12 道徳数学 Moral Mathematics 220
注 241

下巻目次

13 霧と雪のなかの心の目
14 やった!　昇任だ!
15 ブルースとブルーベルの森
16 優先説
17 デレカルニア
18 アルファ・ガンマのカント
19 同じ山に登る
20 救命艇とトンネルと陸橋
21 結婚とピザ
22 生命と両立できない
23 パーフィットの賭け

注
パーフィット先生の思い出　森村たまき
訳者あとがき　森村 進
デレク・アントニー・パーフィット年譜
参考文献
索引

凡例
・原著者による挿入は［　］、訳注は〔　〕を用いた。

1 メイド・イン・チャイナ
Made in China

デレク・パーフィットは生涯、宣教師的情熱を持ちつづけた。重要な哲学的問題を解決し、自分が正しいのだと皆を説得したいという強い情熱である。

デレクの両親は宣教師だったが、驚くべきことに祖父母四人も全員宣教師だった。デレク自身は、信仰は捨てながらも宣教師的精神を持ちつづけた家庭で育った。その精神は「善を行い、人を助けたい」という根源的な衝動に深く根差していた。

＊＊＊

デレクの父方の先祖であるパーフィット家はおそらくは十七世紀にフランスの迫害から逃れたユグノー派プロテスタントの大流入に遡るフランス移民の子孫との説が一族には伝わるが、十一世紀のノルマン・コンクエストまで遡るとの説も有力である。パーフィットという名前とその変種（Parfitt, Parfytt, Parfait）は、数百年前までたどることができる。

デレクの一族に関する事実は十九世紀に入るとより明確になる。祖父ジョセフ・パーフィットは一八七〇年に生まれ、ロンドン東部の貧困地区ポプラのチェシャー通りで育った。ジョセフの父親は郵便配達夫になる前は絹織物職人であり、典型的な織物職人の住居に住んでいた。しかし一八九四年、聖公会宣教協会の助祭そして司祭となったジョセフは、イギリス国外での福音宣教に生涯を捧げるべく、中東に向けて船出したのだった。彼はボンベイ、バグダッド、エルサレム、ベイルートなど、さまざまな場所で暮らし、『ペトラとパルミラの不思議な都市』『レバノンとバシャンのドルーズ教徒の間で』『バグダッド鉄道のロマンス』など、少なくとも半ダースの本を書いた。一八九七年にバグダッドで結婚した最初の妻は、一年も経たず蒸し暑い夜にインフルエンザで亡くなった。聖公会宣教協会がノラ・スティーヴンスをバグダッドに派遣したのは、ジョセフの二番目の妻にしようとの意図あってのことだったろう。二人は一九〇二年に結婚し、それからの十年間にノラは六人の子どもを産んだ。次男のノーマンは一九〇四年に生まれた。

ジョセフはベイルートの聖ジョージ教会で司祭を務め、パーフィット一家は十数年間レバノンで暮らした。ノーマンはそこで幼少期の大部分を過ごす。暑い夏のあいだ一家は街を離れて丘の上の村に移り住み、そこでジョセフは英語を教えた。ジョセフとノーマンの関係は、後のノーマンとデレク同様、問題のあるものだった。ノーマンはおねしょをし、すると父親は彼をぶったのだ。

第一次世界大戦が勃発するとパーフィット一家は中東から帰国し、グロスターに居を構える。あまりにも多くの上級生たちが塹壕戦に出て行っては帰らず、やがてノーマンは平和主義者になった。「ドイツ人」を模した人形に銃剣を突き刺す教練も嫌でたまらなかった。

ノーマンはオックスフォードのブレズノーズ・コレッジに合格し、水泳のチャンピオンとなり、また生理学の学位を取得したが、成績はおそろしくひどかった（四級だった）から、ある種の快挙と讃えられるほどだった。その後、ロンドンのキングズ・コレッジ病院で医師として研修を受け、一九三一年から一九三三年まで、ロンドン北部のロイヤルフリー病院に勤務し、そこで後に妻となるジェシーと出会った。

ジェシー・ブラウンの生い立ちはノーマン同様、異国情緒にあふれている。一八九六年、彼女の厳格な父親、アーサー・ハーバート・ブラウン博士は、四十歳を目前にしてリバプールでの儲かる医師業を捨て、最初はインドのペシャワール、それからアムリトサルの宣教師となった。「国に留まれとの誘惑がどれほど強かろうと、外つ国よりの必要と天命に変わりはない。私は国に留まりたいのだが、義務が私を引き離すのだ」[*1]と彼は言った。ブラウン博士は豊かな白髪の持ち主で、それは数十年後の哲学者の孫の白髪と不思議なほどよく似ている。彼が始めた啓蒙的な事業では、キリスト教徒とイスラム教徒のあいだの公開討論が開かれた。世紀末の大飢饉で特にビルマ族が壊滅的な打撃を受けると、彼の医療支援が役立った。また一九〇五年、パンジャブ州のカングラ渓谷で発生し、約二十万人の犠牲者を出した大地震の後、ふたたびアーサーは必要とされた。最も困難だったのは遺体の身元確認と埋葬作業だったと、彼は家族宛の書簡に記している。

アーサー・ブラウンもジョセフ・パーフィットと同じ悲劇に見舞われている。最初の妻が第一子出産前に亡くなったのだ。ジョセフと同じく彼も再婚した（一九〇九年）。二度目の妻は看護師で、エレンという名だった。一九一〇年、ジェシーが生まれた。その後、ブラウン夫妻は宣教師の職務を突如休止した。本来、彼らにはパンジャブ地方の七百の村と三十万人の人びとにキリスト教を宣教する任務があった。しかしブラウン夫妻の住む地域では、よそから移住してきたキリスト教徒たちの共同体がいくつも孤立していた。エレンは「この人たちは、発見されなかったらすぐさま異教徒に逆戻りしていたはずだ」と考えたのだ。[*2]ジェシーは母親をあまり認めず、「母は治療すべき身体と、主のもとに導かれるべき魂をもった異教徒の患者としてインド人に関心をもったにすぎない」と後に書き残している。[*3]母娘の仲はかなり疎遠だったが、ジェシーは、自分の名前と、住所としてただ「インド」とのみ記した海外からの手紙を受け取ってもいる。

一九一三年八月、アーサー・ブラウンは敗血症と下痢を併発して死亡した。ある追悼記事は、彼の大きな心を「愛に満ち〔中略〕、しかしあらゆる熱烈な恋人たちと同じく、強烈な憤りを感じもした。不正や義務懈怠の話に鼻の穴をふくらませる姿には、彼の気質に『雷の子ら』の要素があることが示されていた」と描写している。[*4]ジェシーはまだ三歳だった。母娘はイギリスに帰国したが、大戦が始まるとエレンは従軍看護婦となり、ジェシーはノーサンプトンシャーのケタリングに住む叔父と叔母のところに身を寄せた。

休暇のたびに各地の宗教的修養所に送られ、ジェシー自身もだんだんと敬虔な信徒となっていった。第一次世界大戦後、母親のもとに戻ったときには、最後の審判の日のキリスト再臨が差し迫っているのだから「試験勉強をするのは無意味だと思う」とも言っている。[*5]それでもなお、彼女はトップクラスの学生に成長し、ノーマン同様、医学（当時、女性は非常に珍しかった）を学び、最初は一九二八年からロンドン女子医学校、それからロイヤルフリー病院で研究した。父親のことはほとんど知らなかったが、その職業には触発されたのだ。

学位取得の一環として、彼女はノーマンが勤務する救命（救急）センターでしばらく働くことになった。このときノーマンはすでにジェシーに注目していた。というのはその数か月前、ジェシーはワイト島で教会のキャンプに参加し、そこでノーマンの弟エリックと知り合っていたのだ。エリックはノーマンに、彼女を「いい子」だと報告していた。[*6]

まもなく二人は婚約した。ノーマンは数歳年長でロンドンでの学業をすでに終え、熱帯病研究のため単身インドに渡り、カルカッタ大学で学位を取得して一九三四年に帰国した。その年、ジェシーはロンドン大学最優秀生としてゴールドメダル（過去にはアレクサンダー・フレミングが受賞）を受賞し、外科と病理学の両方で優秀成績を収めた。合計十二の賞を獲得し、年度表彰式ではジェシーの名前が何度も読み上げられた。『デイリー・ミラー』紙ですら、この二十三歳のジェシーを取り上げざるをえなかったらしく、その真相を明らかにしようとした。ただし一人の学生の驚倒すべき優れた学業成績ではなく、ラブストーリーとして。「女医のロマンス」と見出しのつけられたその記事はこう始まる。「卒業生たちの拍手喝采が彼女の耳に鳴り響いていた。［中略］しかし、自席に戻ろうと歩く角帽ガウン姿のほっそりした彼女の目は、観客席に座る長身で日焼けした青年の目だけを探し求めていた。二人はお互いに了解したふうに笑みを交わした」。[*7]

誇らしげなノーマン・パーフィット医師は、「結婚が彼女のキャリアの妨げとなることは許されない」という、進歩的な姿勢の持ち主だった。[*8] ジェシーは研究を続け、ロンドン大学衛生熱帯医学大学院で衛生学の博士号を取得し、ノーマンも同じところで公衆衛生学の学位を取った。

ある時点でノーマンとジェシーはオックスフォード・グループに参加している。この団体は一九二〇年代にアメリカのルーテル派牧師、フランク・ブッフマンによって設立された福音主義的キリスト教運動で、中国と強いつながりがあった。この運動では、人間の弱さの核心である恐怖心と利己主義は、自ら人生を神に委ね、神のメッセージを他者に伝えることによってのみ克服されうると考えられていた。人間がこの運動の四つの絶対条件（絶対誠実、絶対清貧、絶対無欲、絶対愛）を達成することは期待されないが、そこへ導かれなければならない。そして、個人が自分の私的な生活や決断について話し合い、自らの罪を認め、また自らの行動を改めるための方法を説明することが実践されていた（アルコホリクス・アノニマスの創始者がオックスフォード・グループのメンバーであったことは偶然ではない）。

結婚する前に、ノーマンとジェシーは海外で宣教師として働くことを聖公会宣教協会に打診していた。協会は（一九三四年末に）、二人の中国派遣を認めたが、中国に慣れ、中国語を学ぶ時間をとるよう、最初の二年間は子どもを作らないよう勧めた。これはむろん禁欲か避妊を意味する。二人はカトリック教徒ではなかったが、母親のエレンはこの要求と娘が同意したことにあまりにも憤慨し、二人の結婚式への出席を拒否したという。

結婚式は一九三五年七月二十九日、ノースオックスフォードでおこなわれた。ウェディングケーキの頂上にはオックスフォード大学のモットーが書かれ、下段には新婚夫婦が数か月後に向かうことになっていた中国の地図と銀の鎖が飾られていた。二人はケーキの上半分を荷物に入れ、カナダと日本を経由して一九三五年末に同地に到着した（このケーキは結婚一周年の記念日にようやく食された）。二人の拠点となった成都は、西洋ではジャイアントパンダで有名な中国南西部、四川省の省都である。夫妻の第一印象は一九三六年一月の長文の手紙に綴られている。「私たちはただ、ここが信じられないくらいすばらしい場所だと感じ［中略］、神によってここに遣わされたことをきわめて大きな特権だと感じています」[*9]。まもなく二人は聖公会宣教協会の運営する華西協和大学で教鞭をとることになる。美しいキャンパスは中世に造られた城壁の外側にあった。だが、その前に二人は成都南東にある仏教の聖地、五明山の人里離れた集落へと向かう。標準中国語の方言である四川語を集中して学ぶためでもあった（ジェシーはすぐに中国語を覚えたが、ノーマンはそうはいかず苛立った）。

家の準備でノーマンが先に山へ向かい、一九三六年六月半ば、ジェシーが数人と一緒に後に続いた。この旅の途中、現地に向かう船で恐ろしい出来事に遭遇した。船に五、六人の盗賊が乗り込み、箱や袋を乱暴に開け、金銭を奪い、ジェシーの腕時計、万年筆、懐中電灯、蚊帳、指輪を盗んだのだ。後になってジェシーはこの事件を笑い話にできるようになった。聖公会宣教協会に書き送った記録には、盗賊が片手にリボルバー、片手に女性用お白粉コンパクトを持ち、盗んだ女性用の下着をベルトにたくし込んだ様がどんなだったかが記されている。

この逸話はどういうわけか、だいぶ歪曲されたかたちでデレクに語り伝えられた。盗賊はジェシーの金を奪いはしたが、結婚指輪と婚約指輪のどちらか一方を奪うだけにしてくれた、というのである。そして〔第19章で〕後述するように、彼はこれを十八世紀のドイツ哲学者イマヌエル・カントの格率を解釈する難しさを示す事例として利用したのだ。

一九三七年、ジェシーとノーマンは華西協和大学の公衆衛生学部で教えはじめた。受け持ったのは身体衛生、栄養学、運動、安全な飲み水をどう確保するかなどのテーマについてである。二人は二年間の子ども禁止協定を墨守したが、一九三九年にはセオドラが生まれ、一九四二年十二月十一日にはデレク・アントニー・パーフィットがこの世に誕生した〔口絵①〕。「自分は人類史上最悪の瞬間に生まれた」と、彼は語っている。[*10] デレクは自分の名前をずっと嫌い、古典的な姉の名前をうらやましく思っていた。後年デレクがスカイプのプロフィール名をテオドリカスとしたのは、自分にはテオドリカス・パーフェクタスという名の架空のローマ人祖先がいるのだという、遊び心からだ。

生後九か月くらいのとき、デレクは危うく死にかけた。嘔吐し、絶え間なく泣き叫んだのだ。地元の医師は困惑するばかりだったが、ジェシーは腸が絡まって激しい腹痛を起こす腸重積と正確に診断した。医師に水浣腸するよう命じ、するとたちどころに症状は治まった。

＊＊＊

セオドラとデレクの誕生当時、成都の暮らしはすでに戦争に侵食されつつあった。一九三一年、日本が満州に侵攻し、傀儡国家満州国（中国東北部）を樹立。パーフィット夫妻が成都に移り住んだ一九三七年、日中間は緊張から全面的な紛争へと突入している。悪名高き南京大虐殺では、一九三七年十二月から一九三八年一月にかけ、何万、おそらくは何十万人もの中国人の命が奪われた。

それは成都からは東に千マイル離れた土地の出来事ではあったが、戦闘が続くと難民たちが成都に押し寄せるようになった。同時に公衆衛生上の問題も持ち込まれ、ジェシーとノーマンは多忙を極めた。生活費は高騰し、子どもの栄養失調が深刻化した。そこでパーフィット夫妻は大豆を原料とした粉ミルクの開発にかかわることになる。大豆は乳製品より安価で、「中国の雌牛」と言われた。大学内に製造機器が設置され、最初の一年半で四万袋の粉ミルクが配給された。

公衆衛生に関するもう一つの大きな課題は、学生の健康問題だった。南京を含む他都市の大学から逃げてきた学生で寮はあふれかえり、結核がはびこる環境となった。これに対応し、パーフィット夫妻は検査と検疫体制を整えた。

成都は日本軍地上部隊の手の届かぬところにあったが、空からの攻撃には無防備だった。時折、日本軍の爆撃機が上空を通過した。ジェシーは空襲の回数を入念に数えていた。空を見上げる彼女の姿を、「神様を探しているのかしら」と思いながら見ていたことをセオドラは覚えている。

幼いセオドラとデレクがキリスト教の教義を吸収する一方で、親のジェシーとノーマンは信仰に幻滅しつつあった。二人は宣教者コミュニティで活発に活動していた。ノーマンは地元宣教会の会計係となり、ジェシーはニュースレターの発行に奔走した。しかし同僚の宣教師たちが人種差別主義者に思え、好感をもてずにいた。アメリカやカナダの宣教師たちは資金的に豊かで、ひどく尊大だった。表玄関は身分の高い客人用で、現地の中国人は裏口から出入りするべきだと彼らの多くが考えていた。パーフィット夫妻は、中国の歴史ある洗練された文化に貢献できるものなど自分たちの宗教にはほぼ何もなく、また信仰はよそ者が中国人に押し付けるべきものではまったくないと考えるようになる。一時期、ノーマンは毛沢東主義者になり、自分の平和主義とも一致すると巧く解釈していた。また個人的な事情もあった。夫妻は経済的に困窮し、物価高騰で給料が足りないと聖公会宣教協会に苦情を伝えていた。ノーマンの不幸は募るばかりで、深刻な鬱病に悩まされるようになった。

＊＊＊

一九四四年二月、九年間の中国滞在の後、対日戦の潮目が決定的に変わったにもかかわらず、協会はノーマンとジェシーの退避を指示した。パーフィット夫妻はずっと帰国休暇を取っていなかった。しかし一九四四年一月、ドイツ空軍によるイギリスへの新たな空爆、いわゆる「ベビーブリッツ」が始まったため、ノーマンとジェシーはイギリスにすぐ戻るのではなく、持ち物をすべて売り払い、まずはノーマンの弟エリックが住む比較的安全なアメリカを目指す回り道を選んだ。

ジェシーは予定外の第三子の妊娠二か月で、長く過酷な旅のあいだずっと不調だった。しかもB24爆撃機で昆明市に飛ぶことから旅路は始まった。そのためにノーマンとジェシーはパラシュート降下の練習をしなければならず、またその間セオドラとデレクはコックピット脇にある銃座の下の床に座らされていた。もし航空機が攻撃されたら、二名のパイロットが二人の子を膝にベルトで固定し、パラシュートで脱出する計画だった。

それからカルカッタ行きのフライト、そこからはボンベイまで西へ千二百マイルの汽車旅で、到着地では数千人の国外居住者と難民が送還を待っていた。パーフィット一家はぼろぼろのホテルに数日滞在したが、ある日ジェシーは「ベビーベッドで寝ているデレクに、トコジラミがびっしり貼り付いているのを発見した」[*11]。やがて彼らは出航する二隻の輸送船の一方に乗ることになった。非アメリカ人旅行者は名前のアルファベット順に海軍船と陸軍船に振り分けられ、「P」は後者に乗船した。

一家は船上で九週間過ごした。まずオーストラリアに向かいイタリア人捕虜千名を下船させ、それから太平洋を横断してパナマ運河を通過し、最終目的地ボストンへと向かった。食事は一日二食のみで子どもたちは朝夕組だったから、セオドラとデレクは日中は食事なしで過ごすことになった。ジェシーはほかの母親数人と、本来なら夕食のコースになるはずのスープを子どもたちに出すのを認めてくれるよう陸軍司令官に嘆願し、配膳と食器洗いはすべて自分たちでやるからと申し出た。しかし司令官は頑として拒絶した。「司令官は、戦時に女子どもが旅行する必要はなく、自分は彼らが過ごしやすいよう配慮するつもりは一切ないと言い切った」[*12]。ジェシーは朝食の品をひそかに持ち出す手段に出た。

ジェシーには耐えがたいほどの負担がかかった。彼女とセオドラ、デレクの三人はほかの九人と同室で過ごしたが、ノーマンは船酔いに悩まされ「ほとんどの時間、船内の男性側ベッドで寝ていた」[*13]。毎日避難訓練があり、ジェシーと子どもたちは救命胴衣を着て上甲板までよじ登らねばならない。疲れ果てたジェシーは、冷たい海水でデレクのおむつを洗った。幸い子どもたちはそんな親の感情にはまるで気づかなかったようだ。セオドラはこの船旅をとても楽しかったと回想する。デレクはパナマ運河でよちよち歩きを始めた。

＊＊＊

パーフィット一家はボストンで時間を無駄にすることなく、ニューヨークへと旅を続けた。クレアモント通りにあるコロンビア大学の教授のフラットで二、三か月過ごした後、マンハッタン北西部のワシントンハイツにある安いが「わびしい」[*14]アパートに引っ越した〔口絵②〕。ここはユダヤ系移民の街で、「ユダヤ人の祝日か何かしらで、いつも店が閉まっているような」ところだった。[*15]やがて十月になると、ジェシーは見つけられる限り一番安価な病院に予約し、三番目の子ども、ジョアンナを出産した。ジェシーはコロンビア大学で、新生児の世話と子どもの問題行動の研究とをなんとか両立させた。おむつサービスを活用し、また「有色人種の女の子」[*16]が毎週通いで掃除にきてくれた。ノーマンは学位がアメリカで承認されず、金を稼げなかったが、医学知識向上のためいろいろな病院を訪問した。一九四五年四月十二日、フランクリン・D・ルーズベルト大統領死去の悲報を耳にしたとき、彼はワシントンDCの連邦議会の階段にいた。

中国での窮乏生活後に目にした、商品がふんだんに並び混雑した店がひしめき合うアメリカは、すばらしい「豊かで贅沢な」[*17]国だった。パーフィット一家はオートマット――ファストフードの自動販売機――に、とりわけ心を奪われた。石鹸一つわずか七セントだということが信じられなかった。ノーマンはレーズンブレッドにクリームチーズとナッツをはさんだサンドウィッチを提供する「チョックフルオーナッツ」のランチカウンターに夢中になった。一家はセオドラとデレクを連れてセントラルパーク動物園に何度も行き、楽しい時間を過ごした。

目標はイギリスに帰ることだったが、戦時の大西洋横断は不可能だった。セオドラとデレクはホレスマン保育園に通うことになった。ある手紙に、ジェシーはデレクのことを「ブロンドの巻き毛の、いたずら好きで小さなやんちゃっ子」と記している。デレクが話しはじめたのはだいぶ遅く、ノーマンは学習障害児のための学校に入れなければならないかと心配した。だがその後、デレクはおしゃべりになった。デレクの好きな言葉は「ノー」で、公園へ行こうと提案されたとき、それまでで一番長い言葉を発した。「ボールもノー、散歩もノー、バスもノー、トラムもノー」[*18]。

赤ちゃんのジョアンナが生まれたことで、一家のイギリス帰国計画にはさらなる官僚主義的ハードルが課されることになる。アメリカで生まれた次女はアメリカ市民であり、イギリスのパスポートで帰国を許可されるには書類手続きが必要だった。しかし戦争が終わるとパーフィット一家は大洋航路定期船クイーン・メアリ号のチケットを購入した。この巨大客船は戦中は軍事輸送船に改造されており、一家は同船の平時初航海（したがって停電のない航海）の乗客となった。一九四五年六月にスコットランド西岸のグリノックに入港し、それからグラスゴー中央駅からロンドンのキングスクロス駅まで夜行列車で旅した。

一家はとうとう帰ってきたのだ。その後しばらく、デレクはどもるようになった。興奮しすぎたせいだと両親は考えた。

2 人生の予行演習
Prepping for Life

戦争直後のイギリスは、質素倹約で、憂鬱で、負債まみれで、飢えていた。第二次世界大戦中に肉、パン、バター、卵にまで配給制が導入され、ヨーロッパ戦勝日の後もしばらくは厳しくなり、一九五四年まで完全には廃止されなかった。

パーフィット家には金もなく、先の見通しも不安だった。イギリスに戻って最初の数か月、一家はノーマンの裕福な兄シリルの住むロンドン北部の郊外をはじめ、親戚の家を渡り歩いて数か所で暮らした。その後、精神医学の経歴のないジェシーが〔イングランド南東部の〕サリー州ホーシャム近郊に新たに設立された精神医療施設ロフリーパーク・リハビリテーションセンターに採用された。この施設はストレスや不安に苦しむ患者を治療し、活力を取り戻して職場復帰させることを目的としていた。パーフィット一家はロンドン南西にあるこの田舎町に引っ越した。仕事には魅力的な特典が二つついていた。広くて快適なアパートと、デレクが通うことになる職員の子どものための託児所である。

一方、ノーマンは再教育課程で勉強し、一九四六年春、中央衛生教育協議会の副医局長という肩書きの職に就いた。パーフィット一家はロンドン南部のダリッジにあるクロクステッド通り一一六番の、爆撃で傷ついた安物件に引っ越す〔口絵③〕。庭のわきには線路があり、ドーバー海峡フェリーに乗客を運ぶ豪華なゴールデンアロー号が通り過ぎるのを、一家は毎朝見た。デレクが庭でうねうね動くミミズに夢中になり、半分に切断したらどうなるか試してみようとし、それから自分の無慈悲さに深く心痛めたことを姉のセオドラは覚えている。それはデレクが手を下した唯一の残虐行為だった。

ジェシーはロンドン市評議会で非常勤職に就き、そのため三人の子どもたちの世話をするナニーを雇う必要が生じた。そのナニーが辞めると、彼らは外国人のオペア〔子どもの世話もする下宿人〕を次々と雇い入れた。ベルギー人のシモーヌ、夫がベトナム戦争に従軍中のフランス兵で金髪の優しいミシェル、スクランブルエッグも拵《こさ》えられないデニス、謎のノルウェー人、そして上流階級パリっ子のタチ、と。

ロンドンで一家は新居の家具をオークションの格安品で揃えねばならないくらい、経済的に逼迫《ひっぱく》していた。しかしこの窮状は一家の支出優先順位の結果でもあった。それから十五年間、ノーマンとジェシーは持てる限りほぼすべての資金を子どもたちの教育に費やしたのである。デレクは五歳になると、歩いて十分の地元の私立男子校、ダリッジ校プレパラトリースクール（現ダリッジプレップ・ロンドン）に通った。同校には綴りの間違った出席簿（「Derek Anthony G. Parfitt 一九四二年十二月十一日生まれ。一九四七—四九在学」）が残っているが、それ以上の記録はない。

ノーマンは就きたい職に就けないことから、自殺を考えるまでになった。しかし一九四九年、高給で地位の高い医官職に何年も応募しつづけた末に、ようやくオックスフォードに近いバークシャー州アビンドンで希望の職を得ることができた。十分立派な職で、終生その仕事を続けた。彼には強い興味の対象が二つあった――それを妄執と呼ぶ者すらあった――乳がんとフッ素塗布である。がん検診のキャンペーンをし、子どもの歯を丈夫にするため水道水にもっとフッ素を入れる活動に尽力した。また、白パン反対といった健康に関するこだわりもあった。彼は白パンを毒物とほぼ同一視したのである。

パーフィット一家はノースオックスフォードのノースムーア通り五番に居を構えた。当時は今と違って富裕層以外に手の届かない地域ではなかったのだ。それでも当時からそこは閑静で緑豊かな住宅街だった。つい数軒先で、J・R・R・トールキンが『ホビット』や『指輪物語』の大部分を執筆した。またノーベル賞物理学者エルヴィン・シュレディンガーもノースムーア通りで、新しい量子力学の論理に基づき、生きていると同時に死んでいる想像上の猫に関する論文を書いた。

七歳のときに蒸気機関車の運転士になる夢を捨てたデレクは、将来は修道士になろうと決意した。両親がキリスト教を捨てたことに動転し、夜ごと両親のために祈りを捧げた。しかし、一年かそこらで彼も信仰を捨ててしまった。キリスト教の神、善良なる神が、教義のとおり人間を罰し、地獄に落とすことが信じられなかったのだ。もちろん神についての自分の信念を変更することもできたろう。おそらく神は存在するが、すべてにおいて善良ではないのかもしれない。あるいは神は罰することを許してはおらず、地獄は存在しないかもしれない、と。こう考えても処罰に対するデレクの姿勢と矛盾はしない。しかし彼はキリスト教を完全に忌避することを選択し、二度と宗教の誘惑に屈しなかった。

オックスフォードに引っ越した後、デレクは地元のグレイコーツ・ジュニアスクールに一年間通い、その後ドラゴン・スクールに転校した。同校はオックスフォードで最も権威あるプレップスクールで、自宅のすぐ近くにあった。ドラゴン・スクールは女子も数名受け入れていたが、セオドラは車で四時間かかるデヴォン州の進歩的な私立共学校、ダーティントン・ホールの寮生となった。ノーマンは子どもを抱き締めるような父親ではなかったが、子どもたちが旅立つときはいつも目を涙でうるませた。

ノースムーア通りの家を訪れた人たちは、その雑然たる雰囲気を記憶している。この家の状態からは、ここに住む二人の大人が衛生学の専門家だとは想像もつかなかったろう。ノーマンとジェシーは不仲で、家庭内の空気はしょっちゅう緊張していた。おそらくデレクが生涯を通じ対立を嫌った理由の一つはそこにあるのだろう。子どもたちの友人が昼食に来ると、ノーマンはおしゃべりで親しみやすく、機知に富んでいるように振る舞った。しかし家族だけになると考え込み、怒りを抑えていた。彼の怒りは子どもが泣いたり、行儀が悪かったりといった日常的な家庭内の不満だけでなく、最近の——彼の見るところ馬鹿げた——政府発表のような、自分にはまったくコントロールできない出来事によっても惹き起こされた。また子どもの友達に癇癪を隠そうともしなかった。妹ジョアンナの友人は、バターナイフをジャムの瓶に入れて怒鳴られた[*1]。デレクの同級生は、ノーマンが人前でデレクをひどく殴った場面を目にした。とはいえ、セオドラは一度も殴られたことはないと言う。

パーフィット家の訪問客はノーマンの奇矯な振る舞いをいろいろと記憶している。またその奇矯さのいくつかは息子にも受け継がれた。ノーマンには溜め込み癖があった。一部屋まるごとに雑誌や新聞がうず高く積み上げられ、着なくなった古いスーツの棚がいくつも並んでいた。加えて吝嗇家でもあった。ガソリン節約のため下り坂では車を惰性で走らせた。あるときは人の食用には不向きと判断され保健所に没収されたハムを入手してきた。青カビの生えた縁をそぎ落として真ん中で切り、半分はパーフィット一家のために取り置いて、もう半分を友人たちに提供しようとしたが、友人たちは決して丁重とは言えぬ態度で断った。

ノーマンは昼食に現れるときはいつも最後にテーブルにつき、牛乳瓶を水でいっぱいにして持ってきた（おそらくデレクは無意識のうちにその影響を受けたのだろう。後にウォッカの瓶に水を入れて持ち歩く習慣を身につけた）。そして保温プレートの電源を入れた——それにはなぜか食卓上の電球を取り外す行為も付随していた。彼は困惑した客に、自分は食べ物は熱いのが好きなのだと説明した。あたかも、変わっているのは自分の好みであって、それを表明することではないかのように。

ノーマンの前ではどの子も緊張を強いられた。彼が最も心やすく感じた子は末っ子のセオドラだった。彼女は聡明で気立てがよく、従順だった。逆にいちばん折り合いが悪かったのはジョアンナだった。彼女はジョアンナのような子は、今なら学習障害と診断されるかもしれない。とにかく勉強が苦手で、それを隠すためか、学校ではいたずらばかりでいつも問題を起こしていた。両親は彼女の学校の成績表や罰点に絶望した。ジョアンナはデレクと遊んではけんかになるので、車の中では二人がけんかしないよう、あいだに仲裁役を座らせなければならなかった。兄姉は二人とも華々しいほど容姿端麗だったが、妹はどう見ても独特な顔だちをしていた。背は不可思議なくらいに高く、足も長く、青い目は飛び出ていて、髪は縮れて赤かった。そして父親と同じく大きくなってもおねしょをした。

デレクは一人息子で、ノーマンは彼のためには最も強引だったし、最も自慢にされ、最も強い父性的野心を投影された子どもだった。しかしデレクはノーマンにとって常に不可解でもあった。ノーマンが興味をもつべきだと考えた教科や活動に、この少年はほとんど興味を示さなかったのだ。特にノーマンはデレクを科学へと誘導しようとしたが、うまくいかなかった。また、自分が熱中したスポーツ——とりわけテニス——に興味を向けようとしたものの、息子はまたもや頑強な抵抗を示したのだった（ノーマンは競争心が強く、重要なのは参加することではなく、勝つことだった）。父と子の共通の趣味は映画で、家から歩いて十五分のオックスフォードのジェリコ地区にある映画館、スカラ座に頻繁に足を運んだ。

毎年十一月五日のガイ・フォークスの日に、パーフィット一家は花火大会を催した。ある年、ロケット花火が不発に終わると、ノーマンは花火に招待された客人たちが愕然とするくらい荒々しい態度で皆を戸内に入れた。十一月はいつも気の張る時期で、おそらくノーマンはストレスを感じていたのだろう。毎年その頃に年次報告書を作成しなければならなかったのだ。理論的には比較的簡単な仕事のはずで、賢い母親なら一時間もあれば仕上げられるとデレクは思っていたが、ノーマンには苦痛だった。また、フッ素塗布支持の主張を抑えられず、そのため困難な立場におかれることになった。委員会は一度彼を解雇しようとしたが、自説を表明する彼の権利はやがて認められた。後にデレクは、言葉を文章にしようとする父の猛烈な努力と自分のそれとを重ね合わせることになる。いずれにせよ、報告書を送った後は地元のスキーチームに混じり、医師として無料でアルプスに向かいクリスマスイブに帰ってくるのだった。

一方、ジェシー・パーフィットは夫よりも優しい、温かみのある存在だった。ノーマンは彼女に知的劣等感を覚えていたのかもしれない。デレクは、父親が大人になってから読んだ本は二冊しかなかったと言う。「誰かにもらったサッカレーの『ヘンリー・エズモンド』と、病気を媒介するハエを駆除する中国の作戦成功を描いた『害虫駆除』[*2]」である。他方、ジェシーはフィクション、ノンフィクションを問わず、熱心な読書家だった。彼女の仕事場は居間で、そこで仕事をし、また見た目は美しいが袖が長すぎる手の込んだセーターを編んだ。週末には子どもたちを連れて散歩に出かけ、植物や化石について教えてくれた。ベヒシュタインのピアノを上手に弾き、大好きなバッハを子どもたちに紹介した。土曜日になると子どもたちは蓄音機図書館に連れていってもらい、レコードを借りていいことになっていた。

たとえば一九五四年七月三十日に、デレクはピエトロ・マスカーニのオペラ「カヴァレリア・ルスティカーナ」を、母親はディーリアスの「人生のミサ」を借りている。ジェシーは十七—十八世紀の建築家ニコラス・ホークスモアの設計した数々の教会を訪れ、その建造物に夢中になることで、子どもたちの建築への興味を刺激してくれた。デレクが「早くから学問に秀で、幼少期ですら深い思考をもっていたことは、常に挑戦的な課題だった」[*3]がゆえに、彼女は彼が常に知的刺激を受けられるよう配慮していた。

ジェシーのキャリアは夫をしのぐ勢いだった。社会医学研究所でいくつもの研究課題に取り組み、そのなかには生後一年間の男女児の体重増加を比較した研究も含まれていた。それらと同時並行で、オックスフォードのセント・アンズ・コレッジで心理学と生理学の学位を取得した（彼女は児童精神医学をさらに学ぶことに関心があった）。一九五四年九月、ロンドンの主たる行政府である旧ロンドン市議会の主任医官となり、ほどなく児童精神医学医官長に昇進し、約三万人の障害児、貧困児、障害者のために幅広い責任を担った。

したがってパーフィット家は二か所からサラリーを得ていた——ジェシーの方が多かった——が、そのほとんどは学費にあてられた。後に多くの人が、デレクの一見上流階級らしい経歴に気づき、発言する。彼はたしかに特権的なエリート教育を受けてきた。しかしそれには犠牲が必要だった。ノースムーア通りの家の家具は安物で、洗濯機も買えなかったし、長いことセントラルヒーティングもなかった。休日も質素に過ごした。

新しい仕事のため、ジェシーは平日をロンドンで過ごさねばならなくなった。それゆえデレクは十一歳のときからドラゴン・スクールの寮生になり、週末だけノースムーア通りに帰宅するようになった。

＊　＊　＊

元生徒たちの多くは、ドラゴン・スクールの文化は楽しく気楽だったと回想するが、一方、傲慢で「とてつもなく競争的」だったと語る者もいる。[4] 生徒は数百名で、そのうち約半数が寮生だった。寮生のなかには両親が軍隊や植民地任務で海外在住の者もいた。優秀な生徒が多く、オックスフォードの教員の多くが子弟を通わせる学校でもあった。学内誌『ドラコニアン』は、オックスフォードの各コレッジのシニア・コモンルームで回覧され、教員たちは巻末にある同僚の子どもの成績表を読みあさったものだ。

教員たちは「サー」もしくは「先生」と呼ばれてはいたが、生徒らは彼らに臭い奴《ハム》、ダニ虫《ティックス》、びんた屋《ボックス》、色黒《インキー》、太っちょ《タビー》、ふわ毛《ファズ》、金持ち《ウーフ》などと、あだ名をつけていた。[5] 概して教員たちは、あだ名で呼ばれることも、それを偶然耳にすることも気にしなかった（デカッ鼻《パティノーズ》と呼ばれたバラクローでさえだ）。その頃の教員たちには第一次、第二次世界大戦に従軍し負傷した者もいた。ボーア戦争で若い兵士として戦ったときに受けた銃創が残る教員もいた。

間違えると生徒を紙クズカゴのなかに座らせるような、非常に厳しい教員もいた。しかし全体的には、規則でがちがちに縛るような学校ではなかった。制服のブレザーはあったが、そのほかは基本的に好きな服を着てよかった。ポートメドウ（近くの川沿いにある共有草地）に川の水があふれて凍結したときなど、校長が一日休暇を宣言し、生徒たちはアイススケートにくり出した。学校は生徒たちに自分自身で考えることを奨励した。これがおそらく同校が（アンソニー・プライス、リチャード・ソラブジ、ガレン・ストローソンなど）多くの哲学者を輩出した理由の一つだろう。

デレクは真面目な少年だった——人気者でもなければ嫌われ者でもない。そして早くから学問の才能を発揮し、学年が上がるにつれ、その才能を開花させていった。生徒たちは一年次にはラテン語を、二年次からはギリシャ語を、一日二時間ずつ教えられた。クラスは学力別に編成され、テストも頻繁にあった。

学校でのデレクの親友は、ビル・ニモ・スミスという名の困難な家庭環境で育った少年だった。ジェシーは彼を援助し、デレクと一緒にハンプトン・コート宮殿やオックスフォードのガス工場見学などに連れていった。ビルとデレクは「友好的な学業ライバル関係」[*6]にあった。二人が毎日前を通る学校の大きな表彰掲示板には、一流私立校への奨学金を獲得した生徒の名前が誇らしく掲げられていた。齢九歳にして、ビルとデレクはこの国で最も有名な学校であるイートン校の奨学生になる計画を立てた。

数年前から、この二人の少年は合同誕生生パーティーを開くほど仲が良かった。典型的な少年どうしの友情である。お互いの家に遊びに行ったり、ツリーハウスを作ったり、自転車で競走しながら棒でボールを打ち合う「自転車ポロ」というゲームを発明したりして二人は時を過ごした。ほかにもティドリーウィンクス〔小さなおはじきをカップに入れた数を競う〕、蛇と梯子〔イギリスに古くからある子ども向けボードゲーム〕、戦略ボードゲーム「ハルマ」、そしてデレクが作ったゲームもあった。ビルは後に、「彼に有利なルール満載だったとは言えないが、違反の抜け道を見つけるのに作者が有利だったのはたしかだ」と回想している。[*7]

学校でのデレクは、課外活動に全力で参加した。スポーツは得意でも不得意でもなかった。一年生のとき、ジュニアスクールの生徒を相手に、ボール四個、選手十五名、傾斜したフィールドで「ベビースクール」サッカー試合が開催された。デレクは「すばらしいディフェンス」をしながら、同時に「フォワードにアシストのパス」も送った[*8]。また図工や絵画が得意で、加えてチェスに夢中でトーナメント戦で優勝するほどの腕前だった。

数十年後、『ニューヨーカー』誌に掲載されたパーフィットの長い紹介記事には、楽器の演奏はできないと書かれている。しかし実際にはピアノ〔後にコルネット〕奏者として十分な実力を備えていた。学校では、ショパンやバッハの曲、一九五四年にはモーツァルトの「トルコ行進曲」など、学内コンサートで何度もピアノを独奏したという。ただし「パーフィットの弾き出しは良かったが、どんどん曲に呑み込まれてしまった[*9]」。

パーフィットは『ドラコニアン』誌にいくつか作品を寄せている。うち一つはロンドン塔への修学旅行についてで、王冠の宝玉に驚嘆していた。「私が唯一記憶しているのは金の平皿だ。なぜなら私が部屋に入ると、この皿から発される眩しい光はあまりにも強く、それから十分間というもの、何一つはっきりと見えないくらいだったからだ[*10]」。詩に夢中になり、国語教師のブラウン先生〔愛称はブルーノ〕からその有望な才能を伸ばすよう勧められた。デレクはもはや修道僧になろうとは思わなかった。いまや詩人を志していたのだ。

それから演劇と歌もあった。毎年学校では秋にはギルバート・アンド・サリヴァンのオペレッタが、夏にはシェイクスピア劇が上演された。一九五三年十一月、デレクは「ペンザンスの海賊」でスタンレー将軍の娘の一人を演じた。その後は「ミカド」の貴族のコーラスの一人。「夏の夜の夢」のデミトリアス〔彼は「演技に男性的な力強さをもたらした[*11]」〕〔口絵⑤〕。そしてお腹にパッドを入れて「十二夜」のサー・トビー・ベルチを演じ、姪のオリヴィア役の同級生、ティム・ハントと共演した。『ドラコニアン』誌にはこの舞台を賞賛する劇評が二本掲載された。最初の評者は、デレクの「演技力の高さゆえに、最初から最後まで、彼が五十歳以下だとは到底思えないほどだった」と賞賛。もう一人はデレクが「爆笑」を取ったと記している。[12]

＊＊＊

一九五二年、一九五三年、一九五四年の夏休みに、学校は少年たちに日記帳を配り、希望者は日記をつけることとした。デレクは喜んで応じた。現存するのは最後の二冊だけだが（一九五二年の日記で彼は「最優秀」の成績を得た）、そこには一九五三年と一九五四年の十歳から十一歳のデレク少年の姿がみごとに捉えられている。一九五三年の日記には「読者に捧ぐ」とあり、七月二十三日の記述にはこうある。

昼前に、祖父が亡くなったと聞いた。[13]八十三歳だった。祖父は私のたった一人の祖父だったから、私はしばらく不思議な気分になった。しかし母が言うには、祖父は一週間も意識不明で、安らかに死ぬことは彼にとって良いことだったそうだ。それでだいぶ気持ちが明るくなった。[14]

彼の気持ちは、その日のうちにバスで友人の家に行って、スポーツをし、「ものすごく面白い」海戦ボードゲーム、「ドーヴァー・パトロール」に興じるくらい明るくなった。帰りはバスの予定だったが、「残念なことに、グロスター・グリーン[15]で、うっかりアイスクリームに全額お金を使ってしまった！だから歩いて帰った！」[16]。

その二日後、デレクはプラトンの『饗宴』の簡易版を読んだ。それからフランスへと向う。前年、彼の家にホームステイしたフランス少年ジャン・ド・ラ・サブリエールの実家に滞在するのだ。フランス語力を向上させる機会になると、デレクは喜んでいた。フランスに着くと、彼は列車から見える景色を眺めてこう記す。「イングランドと違うと気づいた点が主に二つある。それがなければサリー州にいるのと変わらないかもしれない。第一に、男性十人中九人が青いダンガリーシャツと青ジャケットを着ていた。第二に、生け垣がなく、フェンスばかりだった[*17]」。

フランス人ホスト家庭で暮らしはじめると、彼は日記の一部をフランス語で書くようになった。しかし、この日記で最も注目すべきは、彼の関心――芸術、建築、オペラ――と文章スタイル双方の早熟さである。印象的な比喩、生き生きした描写、そして大人の語彙。ある日、一家で長距離ドライブに出かけ、デレクは窓の外をじっと眺めていた。

雄大な蒼いアルプスの山々が地平線上にそびえ立ち、その壮麗な起伏を見せている。［中略］この景色を四半時間ほど楽しんだ後、私たちの車は突然渓谷から丘の麓へ、まるで鳥を見てすばやく石の下へ逃げ込む甲虫のように駆け下りた。すると**アルプスはもはや見えなくなった[*18]!!**

揺れうごく木洩れ日、流れ落ちる小川、そして「液体のいのちを空中に優しく投げ出す」泉を描写する[*19]。十歳の自分を思い出せる読者なら、そのイメージや言語的成熟が典型的でないことに気づくだろう。デレクが将来、生活から味覚の楽しみを排除したことを知るわれわれからすると、彼がフランス料理を喜んだことは特筆に値する。食欲をそそるこんな描写もある。「始まりのみずみずしいメロンと黒く少し苦みのある五個のオリーブは、次に登場するオイル、酢、クレソン、パプリカ、その他多くの特別な香料で味つけられた『繊細なレタス』への『美しい前奏曲』だった」[20]。

現存する二冊目の日記は、デレクが十一歳のときの、一九五四年七月下旬から九月までのものである。そこには、家族の優しい描写、ウェールズで過ごした雨の休日、姉妹や母親との卓球大会、多くの書評（すでに速読家で一日一冊は読了した）、自作の油絵に関する記述（「熟したリンゴ三個、熟しすぎたバナナ一本、オレンジ一個、黄色い水玉模様の入った茶色の水差し、釉《うわぐすり》のかかった小さな花瓶」[21]）、そしてモリス・モーターズの自動車工場への旅行記がある。

工場に着くと、壁に特大の風景写真が掛けられた大きな応接室で待った。すると男性が入ってきて私たちを外に連れ出し、そこでガイドが出迎えてくれた。ガイドの案内で私たちは大きな鉄の桁と精巧な機械が並び、金属製の自動車の亡霊が何列も何列も並ぶ、私の目にはほとんど同じに見える作業場を数限りなく通り抜けた。[22]

家庭内の緊張はあまり感じられない。とはいえ、七月二十九日のマミー（原文ママ）の結婚記念日には、何のお祝いもしなかったという。デレクの生涯にわたる朝への嫌悪の念をうかがわせる記述もある。

私には理解できないことが一つあって、どういうわけで現代の子ども向け冒険小説では、少年主人公はいつも夜明けとともに目覚め、目を開けた瞬間、まるでアフリカのレイヨウみたいに勢いよくベッドから飛びあがり、すぐさま窓に駆け寄って雨戸を開け、まるで窒息する寸前だったみたいに朝の湿った冷風を取り入れるのかということだ。こんなことを私は一度もしたことがないし、これからもしないだろう。[*23]

これは面白いうえに、観察眼も鋭い。一九五四年八月七日、デレクはオックスフォード・プレイハウスで上演されたジョセフ・ケッセルリングのブラックコメディ「毒薬と老嬢」を観劇した。「劇の筋書きはすばらしいが、病的なユーモアがある。魅力的で一見無害な二人の老姉妹は、『貧しい愛すべき人びとに平安を与える』との誤った認識のもと、常習的に孤独な老紳士たちを静かに毒殺しているというのだ[*24]」。典型的な十一歳なら雨の日には「雨が降った」と記録するだろう。デレクはこうだ。「二日のあいだ完璧な好天が続いたが、天候の方ではわれわれに対し寛大すぎたと判断したようだ。したがって窓外に雨のしたたる不吉な音で今朝私は目覚めた[*25]」。

＊　＊　＊

デレクのドラゴン・スクールでの最終年は一九五五年から五六年である。最終学年までに生徒たちはギリシャ語の詩を書くようになる。デレクにとってこれは朝飯前のお茶の子さいさいだった。「彼はとてつもなく上手に弱強五歩格の韻文を書けた[*26]」。一九五六年初頭、サー・ウォルター・ローリーについて調べて学校の作文賞を受賞した。また、校内誌に掲載された「夢」と名付けられた驚くべき作品も書いている。この作品はその早熟さゆえに、全文引用に値する。語り手は魔法のかけられた異国風の庭園に入っていくが、それに嫌悪を覚え、なかの植物や建物を攻撃してしまう。

大きな色褪せた黄色い手稿が、私の方に浮かび流れてきた。かつてくるくると巻かれていたかのように、それはわずかにたわんでいた。そこにはエリザベス朝期の美麗な手書き文字で、曲線と装飾に彩られた複雑な物語が書かれていた。太陽の光がその上で心地よく微笑んでいた。この満足を反映し、奇妙にもそれは堂々と私の方に漂い流れてきて、文字はまるでオレンジが並んでいるかのように大きくなった。橙色の太陽の光がそれを照らすと、光のなかを抜け、文字は消えていった。

その先に静かな空き地があり、奥には廃墟化した塔がそびえ立っていた。塔は廃墟となりはしたが、今くらい平和で幸せでいたことは一度もなかったのだ。片側には大きな紫色の藤が温かい石に絡まり伝いあがっていた。もう片方の側には赤いつる薔薇が中央へゆったりと枝を広げていた。その下には、周りの石よりも大きな石が一つ嵌め込まれ、そこには奇妙な、しかし奇妙にも愛らしい、微細な文字がびっしり刻みつけられていた。もっとよく見ようとしたが、すべては私の前を浮かび流れ過ぎてしまい、そして私は石畳の中庭にいた。両側に柱が並び、柔らかな橙色の瓦屋根を支えている。屋根は上へと傾斜し、私の視界から外れた。優美な噴水が青空に向かい弧を描き、やがて砕け散り、霧のようにけぶりながら浅く澄んだ池のなかに流れ落ちていた。

私の足元の石は温かく、白い柱たちは優しく灰色の石の表面に、遠近法で優美な影を落としている。私の前方数ヤード先でテラスは終わり、幅広い階段を何段か降りれば庭園に出る。温かな糸杉の波が、陽光のなかで穏やかに揺れている。糸杉のあいだに、翼のついた三日月形の柱が並ぶのが見えた。私に向かって曲線を描くこの翼の上には、白、灰色、緑と、色とりどりのツタが覆いかぶさっている。その中央にアーチが立ち、その向こうには木々茂る丘と、陽光降り注ぐ村の外壁に寄り添い立つ白い神殿が見える。

しかし今、私は奇妙な感覚に襲われ、これらすべてを嫌悪した。私は苛立ち、前に走り、階段を飛び降り、糸杉を払いのけ、ツタを引きちぎり、アーチの土台を蹴りつけた。私は思い切り大きな声で、「お前たちはみんな醜くて大嫌いだ！　僕はお前たちよりずっといいものを見てやる！」と叫んだ。

そして、その叫びは谷を越え遠い海まで響き、ささやき渡り、風となって吹き荒れた。糸杉は激しく揺れ、泉は狂ったようによろめき揺れ、震える柱からツタはちぎれ落ちた。風の咆哮は暴風となり、空は昏く、糸杉は根こそぎ倒れて石畳の上を狂ったように転がり、噴水はびしょびしょの霧を柔らかな橙色の瓦に叩きつけ、むせるような音を立てて止まった。柱は崩れ落ち、土台の下の踏みつけられた草のなかにあった枯れたユリたちを押し潰した。谷は暗くなり、空には雷雲が垂れ込めた。最後の一本の木が敗北し、崩れ落ち、すべては暗黒になった。そして、私は変化を感じた。なにもかもが不恰好で、不安だった……。

私は自分の部屋の真っ白な天井を見つめていた。憧憬の悲しみが激しく私を襲った。自分が見、拒絶したものたちの美しさに今気づき、それらが永遠に失われたことを知って、私は激しく泣いた。[*27]

やや大げさで効果を狙いすぎとはいえ、実に印象深い文章である。寓意的描写──秘密の庭園、鬱蒼とした廃墟──ローマ式かゴシック式の舞台、さまざまな文学的手法の使用（擬人化など）、オレンジのライトモチーフ、唐突で鮮やかなドラマ的瞬間。おそらく、カントやプラトン的、そしてキリスト教的主題もここにある。すなわち、人間の理解を超えた超越的な美の世界、後悔と不幸をもたらす罪への誘惑だ。そして、夢の現象学を再現するために、これらすべてが質感とテンポをもって巧みに表現されている。デレクは十三歳になったばかりだった。

詩的でしばしば軽快で屈託のないこの少年の文体は、やがて成人パーフィットの硬質かつ緻密な散文に取って代わられることになる。このことは哲学特有の要求と大いに関係する。しかしそれ以上のことが起こっていた。

＊　＊　＊

常にクラスのトップ近辺を行き来していたデレクは、いまや他の追随を許さぬ存在になった。彼が通った学校はどこも競争が激しい。後に『ニューヨーカー』誌のインタビューで、自分は「数学以外では」ほぼ常に一位だったから、競争は楽しかったと説明している。[*28] これは虚偽の記憶である。彼は数学もトップだった。実際、最終期末試験で、古典、英語、フランス語、そして数学と、採点されたすべての科目で最上位クラスの一位だった。友人のビルも健闘した。ティム・ハントは古典とフランス語で最下位だった。しかし生物学ではいくぶん将来性を示した。後に彼は生物学でノーベル賞を受賞する（BBCのパリ特派員となったスティーブン・ジェッセルは、「十二夜」でハントが演じたオリヴィアの相手役セバスチャンを演じ、「自分はかつてノーベル賞受賞者と結婚していた」と語ったものだ）。それでもデレクは生涯を通じ、自分は数学が苦手だと言いつづけた。アメリカで友人と外食してチップを一五パーセント払わなければならないとき、そういう計算は自分には無理だと言っては、ほかの誰かに任せた。まったくのナンセンスである。あるいは彼の数学恐怖症の原因は、ほかの教科に比べれば数学が比較的苦手だったということかもしれない。いずれにせよ、実際よりずっと数学が苦手だとうまく信じ込むことに彼は成功したのだ。

最終学年になると、デレクはチェス賞、エッセイ賞、ラテン語散文賞、美術賞、フランス語学内賞、朗読賞、英文学賞、総合金メダル賞など、気恥ずかしいくらいたくさんの賞を手元に集めた。パーフィット夫人が学校で講演を依頼されたのは、おそらく息子の優秀さのせいだろう。パーフィット夫人は生徒たちに学校の日記をどう仕上げるかについて、冗談を交えて助言した。が、その皮肉に気づいたのはパーフィットと、ほんの一、二人だけだったろう。ジェシーは「とても口うるさくて気難しい母親」と、「優しく励ましてくれて、面白い場所に連れていって日記に書けるようなネタを作ってくれる父親がいること」が必要不可欠だと述べている。[*29]

野心的な計画を心に抱いてから四年後、ビルとデレクはイートン校の入学試験を受けた。ドラゴン・スクールから受験したのはこの少年二人だけだ。二人は年配の教師ジェイクス氏（あだ名はジャッコ）に引率され、近郊の町スラウのベッド・アンド・ブレックファストに泊まった。試験は数日間にわたる。デレクは試験の心配をし、自分の神経が耐えられないのではないかと不安にかられた。ストレスで体重が減ったのではないかと気に病み、毎日B&Bの体重計に乗った。一九五〇年代には、到着したときより体重を増やして帰すのが真っ当なB&B主人の役割だと思われていたから、必然的に彼女は不機嫌になった。「んまあ、私が十分に食事をお出ししてないとおっしゃるんですの？」[*30]。

デレクが心配する必要はなかった。イートン校は彼に最高の奨学金を与えたのだ。

3 イートンの巨人

Eton Titan

「私は彼が首相になって当然だと思っていた［中略］が、まさかオックスフォードの哲学者などという隠者になろうとは」[*1]。これがエドワード・モーティマーがイートン校での一番の親友について想像した未来である。デレク・パーフィットが首相になるだって？　ほかの学校だったら、こんな予測はあきれるほど馬鹿げた、世間知らずで何もわかっていない子どもの空想にすぎないと思えるだろう。しかしイートンはほかの学校ではない。

デレクがイートン校に入学した一九五六年秋、イギリスの首相はイートン出身のアンソニー・イーデンだった。スエズ危機でイーデンが辞任した後、ハロルド・マクミランがダウニング街十番地に引っ越してきた。彼もまたイートン出身者だった。一九六三年、マクミランの後任は同じくイートン出身のアレック・ダグラス＝ホームだった。ダグラス＝ホームの首相就任時の主なライバルはヘイルシャム卿クインティン・ホッグで、彼もイートン出身だった。国民の目から見てイギリスでこれほどまで階級的特権と結びついた学校はほかになく、またこれほどまで歴史的かつ継続的に、そして率直に言って途方もないほど権力と結びついた学校もほかにはない。

だから、デレクがいつの日か首相になるかもしれないという予測も、結局のところ、それほど荒唐無稽ではなかった。とりわけ彼の学内記録を考慮するならば。

＊＊＊

イートン校は一四四〇年にヘンリー六世によって設立された。国王は同校に貧しい人びとの教育資金を寄付した。入学試験で十分な成績を収め、財団の奨学金を受ける者はイートンでは「国王奨学生（King's Scholars）」と呼ばれ、定員は七十名であった。その後何世紀かのあいだに学校は拡大し、学費を自己負担する生徒も加わった。したがってデレクがイートンに入学した頃、生徒数は千名を超えていた。国王奨学生でない圧倒的多数の生徒は、ラテン語で「町」を意味する「オピダン」（あるいは「タウニーズ」）と呼ばれた。デレクは国王奨学生であるだけでなく、その学年に十四名いた国王奨学生の首席だった。彼の仲間は並外れて優秀だった。次席はエドワード・モーティマー、三位はドラゴン・スクール時代からの親友、ビル・ニモ・スミスである〔口絵④〕。

国王奨学生とオピダンを分けるカースト制度は、儀式、服装規定、物質的厚遇により強化され、今日に至っている。国王奨学生はコレッジに住み、コレッジホールで食事をし、オピダンたちはイートンの町中のあらゆる寄宿舎に住む。学校関係でデレクの名前が言及される際――たとえば試験結果――には、すべての国王奨学生と同様に、後ろにKSとイニシャルが付される。イートンの生徒は全員、燕尾服と襟元にホワイトタイの制服を着るが、授業と礼拝堂で国王奨学生は黒いガウンを着用する。「タッグズ」という軽蔑的なニックネームは、ラテン語で「ガウンを着る人」を意味する「togate」から付けられたものだ。ある元国王奨学生が言ったように、「ラテン語を知らない騒々しいオピダンたちには、タッグ〔強く引っ張るの意〕という言葉を、そうしてもよいという誘い文句のように受け取る傾向があった」[*2]。

一九五〇年代には六〇パーセントという驚くべき割合のオピダンがイートン出身者の子息で、その父親たち自身もほとんどがイートン出身者の子息だった。彼らは「古い時計を受け継ぐように学歴を受け継いだ」[*3]。こうした少年たちはたいていイギリスの貴族階級と上流階級出身者だった。国王奨学生とオピダンの関係も相互に俗物的だ。国王奨学生はオピダンを自分たちより知的に劣等な者とみなした。今日ではイートン校への入学は激しい学力競争だが、一九五〇年代はそうでなかったのだ。デレクの同級生によれば、少なくとも生徒の四分の一は「本当に頭が悪かった」[*4]。こういう凡庸な生徒は、軍人や株式仲買人、あるいは下院の保守党平議員になるくらいの知性しか備えていないと国王奨学生たちは思っていた。一方、オピダンたちは国王奨学生を、頭でっかちの下層階級出身者だと嘲笑した。そのうえ国王奨学生には外国人までいる。それどころか、なかには一人か二人、ユダヤ人がいるという噂だ、と。

＊　＊　＊

一九五六年のミカエルマス（秋）学期に到着したデレクの最初の仕事は、壮麗な学校図書館でおこなわれた儀式だった。国王奨学生たちはひざまずき、ラテン語の儀式でイートン校の一員となった。当時の校長ロバート・バーリーは中道的な政治思想の持ち主だった。しかしイートンの一部の生徒の目には革命派と映り「残酷で無知な」[*5]「アカのロバート」なるあだ名で呼ばれていた。

当初、デレクはいわゆる「ロングチェンバー」を提供された。カーテンで個室に仕切られた細長い部屋で、各個室には机、小さな洗面台、ベッド、衣類を収納できる足乗せ台が備えつけられていた。ベッドは「ボーイズメイド」と呼ばれる使用人が毎日整え、蝶番で壁に跳ね上げて居住スペースを作れるようになっていた。

入学してしばらくスケジュールは過酷だった。午前六時五十分になると、元兵士のたくましい執事、ホームズ氏が電気をつけ、「おはようございます、旦那様」と十三歳の子どもたちにうやうやしく挨拶する。一時間目は朝食前、七時半に始まる。九時五十分には礼拝堂に出向くのが義務で、国王奨学生は各聖人の日にはサープリス〔司祭が羽織るガウン〕を着用してそろって座った。デレクの一年次は礼拝堂の改修工事中で、教区教会までハイストリートを歩いていくことになった。

国王奨学生たちの仲間意識は非常に強く、デレクは大半の時間を彼らとともに過ごした。一緒に食事をし、またクラス分けは成績順のため、最上位クラスで一緒になることが多かった。デレクの親友のほとんどが国王奨学生である。モーティマーやニモ・スミスだけでなく、アンソニー・チーサムとフランシス・クリップスもそのなかにいた。このグループは国王奨学生とオピダンのあいだの社会的格差がどれだけ誇張されすぎかを示している。つまり、クリップスは元大蔵大臣スタッフォード・クリップス卿の孫であり、モーティマーの父親は上位聖職者として上院議員になった。デレクは決して社会的スノッブではなかったが、少なくともイートン校では知的スノッブだった。イートン校での最初の年に彼は「tritic」という言葉を造語し、「仲間になりたいと思うような人」と定義した。*6 エドワードとフランシスは真っ当な種類の人間だったのだ。

イートン校は当時も、そして今日も、生徒が自分の考えや興味を伸ばすための自由を与えてくれる学校として有名である。多くのエリート私立校とは異なり、生徒にはある程度のプライバシーが与えられていた。ロングチェンバーを「卒業」すると、少年たちは自分の寝室を持つようになった。寝室は学業成績に応じて割り当てられる。首席国王奨学生には部屋を選ぶ権利があった。そしてデレクはこの制度の恩恵に与った。

＊　＊　＊

イートン校には独自の固有言語がある。教師は「ビーク（beak）」だ。イートン校で最初の二年間デレクに語学を教えた若きビーク、デイヴィッド・コーンウェルは後にジョン・ル・カレの筆名で作家として活躍する（一九七〇年代、ノースオックスフォードでロケ地を探していたBBCの取材班はノースムーア通りを発見し、ル・カレの著書『裏切りのスパイ』映画化のための一シーンをデレクの実家で撮影した）。各年度のコレッジの同期生徒は「選出（election）」と呼ばれる。学期は「半期（halves）」であり、一年に三回半期があることになるから、格別に奇妙な言い方である。各半期の終わりには試験があり、それは「審判（trial）」と呼ばれる。

デレクは、同学年の一人が「最高級ロールスロイス型学問マシーン」[*7]と呼んだ、そのものだった。試験の結果は校長が読み上げ、次の半期の席次が決まる。二位に転落した半期一回（一九五八年夏）を除き、デレクは毎回首席だった。なのにデレクが試験のことでくよくよ悩むのに友人たちは苛立った。彼らにとっては必然的な結果だったからだ。友人のアンソニー・チーサムは回想してこう語る。「デレクはほかの誰よりもずば抜けて優秀だったから、僕らは彼が一位を取るのを当たり前だと思っていた。僕らにとって、それが明らかに自然の摂理だったんだ」[*8]。

休暇中は友人たちの家族を訪問しあった。十四歳のとき、デレクはモーティマー家と北ウェールズで休暇を過ごし、カードゲームの「レーシングデーモン」でイカサマをしようとして見つかっている。彼が実家に帰ってもモーティマー家宛に礼状が届かなかったので一家は狼狽した。しかしある日、ぶ厚い封筒が到着し、そこには休暇の様子を韻文で綴った叙事詩が入っていた。デレクはチーサム家も訪問し、アンソニー・チーサムが自動車の運転を習ったときにもその場にいた。「（デレクは）ありとあらゆることを独創的に考えることで知られていた。彼は車で右に曲がりたければ、ハンドルを左に切るのだと絶対に確信していた」。デレクは、自分の特異な仮説を検証しようとし、賭け金を失ったばかりか、危うく車まで失うところだった。

学校では課外活動でも優秀だった。極度に狭い範囲に対してだけ熱情的集中力を発揮する大人になってからの彼しか知らない者は、その興味の幅広さにびっくりするだろう。まずは音楽だ。デレクはその頃にはピアノを卒業し、コルネットとトランペットを演奏し、ハウス〔寮〕対抗オーケストラ演奏会に参加した。彼はラヴェルの「ボレロ」を演奏し、また一九五八年に伝統に反抗して燕尾服を脱ぎ捨て、ワイシャツ姿でベートーヴェンの交響曲第八番の変奏曲を演奏したときは、その晩一番の大喝采を浴びた。チャーリー・パーカーに傾倒し、セロニアス・モンクの伝道師にもなった。数年間、ビーバップグループのメンバーだった。アンドリュー・グリン（左派経済学者として有名になった）がクラリネット、ニコラス・ローサー（子爵）がトロンボーン、ブライアン・ガスコインがキーボードを担当した。彼らの合奏はメロディアスでなく、単独で演奏してもガスコイン以外はたいしたことはなかった。そのガスコインは音楽家の道を選び、「ハリー・ポッターと炎のゴブレット」などの映画音楽を担当している。

六年次には、[*9] デレクは『イートン・クロニクル』誌の編集長になった。この新聞は学校のニュース、賞、スポーツ成績、舞台などの記事のほか、詩や評論も掲載した。原則的には生徒たちは好きなことを記事にできた。ただし、ロバート・バーリー校長は、上級生がシードルかビールを二パイントまでなら飲んでもいいことになっていたハイストリート外れの半秘密バー「タップ」については、いっさいの言及を許さなかった。校長は「タップ」の不道徳な噂が広く世界に知れわたり、悪い評判になることを恐れたのだ。『クロニクル』誌が検閲されたもう一つの事例は、アンソニー・チーサムが、生徒の実家住所にホール、メイナー、エステート、キャッスルという単語がどれだけ含まれるかを調査して発表しようと提案したときだけである。社会的対立を招きかねないというのが、校長の判断だった。

デレクは言語的なゲームやパズルが好きなことでも知られていた。たとえば、ある詩を取り上げ、言葉やスタンザを別のところで区切ることがあった。六十年経った今でも、同級生たちは彼の言葉遊び──たとえば彼が机の上に落書きしていた文章──を思い出せる。「have some fundamental knowhow about American canticle melody（アメリカの賛美歌に関するいくつかの根本的な専門知識をもつ）」「have some fun, dame, 'n' talk. Now how about a meri can-can—ticle me, lady（娘さん、楽しいおしゃべりをいたしましょう。さあ陽気なカンカンダンスはいかがです。私をむずむずさせてください、お嬢さん）」[*10]。

音楽と新聞のほかにも、チェスクラブ、文学愛好会、そして演劇があった。デレクは学校公演「アントニーとクレオパトラ」でアントニーを演じ、『クロニクル』誌で高く評価された。「パーフィットの声には、心地よい軽蔑の響きがあった」[*11]。「テンペスト」では、「名人芸と大口を開けたカリバン」[*12]を披露した。各「選出」は、年の終わりに出し物を披露するが、生徒全員がデレクの学年を待ちかまえた。なぜならデレクの台本が一番面白かったからだ。

イートン校には哲学クラブがあり、各方面から哲学者が招かれた。デレクも参加し、自ら講演したこともあった。しかしこのクラブはあまり活発でなく、デレクはディベート・ソサイエティの方に深くかかわっていた。社会的、政治的なテーマになると、彼は進歩主義の立場から声を大にして発言した。通常ディベートでは、イートン校の自信満々な少年たちが言葉の器械体操や洗練されたウィットを見せびらかす、ごくごく巧妙な論題が提示される。デレクは誰の目から見ても流暢な雄弁家で、ウィットに富んで面白いという名声を確固たるものとしていた。

一九五九年九月に彼は「選挙権は十八歳以上の者に拡大されるべきである」という論題を支持する「傑出した演説[*13]」を披露した。また、女性だけが参加する投票や、八歳未満に制限された投票があるのもいいかもしれないと提案した。

十月二十五日にはもっと真剣なディベートがおこなわれた。すなわち、「本院は刑罰を廃止する」である。このテーマはデレクが生涯を通じ一貫してとりつづけた、「たとえ有罪の者の苦痛であろうと、苦痛によって世界がより良い場所になることはありえない」という立場ゆえに注目に値する。「パーフィット氏は、記憶に残る最高のスピーチにおいて、偶然、遺伝、環境だけがわれわれの行動の責任を負うのだから、刑罰は確実に無根拠であるという見解を自信をもって提唱した[*14]」。これは哲学者が「決定論」――すべての行動と出来事はそれ以前に存在した原因によって決定されるという立場――と呼ぶものである。パーフィットは、もし（彼がそう信じるように）私たちの行動がすべて原因によって引き起こされたものであるならば、われわれは一般に理解されているような自由意志をもちえないと信じていた。人間の行動は、指示に非常に影響されやすくなる幻覚剤を知らないうちに投与されたせいで行動を強制された人と同じくらい、自由ではない。われわれに行動を強制する原因が明白ではないというだけなのだ。薬物を投与された者は、行動に対して罰されるに「値しない」し、私たちもそうである。

一九六〇年五月初旬には、もっと意地の悪い論題もあった。「本院はコロンブスはやり過ぎだったと信じる」である。何らかの理由で、デレクは当時刊行されたばかりだったウラジミール・ナボコフの『ロリータ』について「英語という言語をひねくれの極限までねじ曲げた」[*15]と論じ、七月には「イートンが燃えているとき、本院はバイオリンを弾く」という論題について「駄洒落や警句や叙事詩や鋭い洞察力に満ちた、ながながしくも輝かしい演説」をぶった。だが、これは名演とは言えず、「彼のいちばん面白い発言も賞賛されることなく終わった」[*16]。

一九六〇年十月にも厳粛なディベートがおこなわれた。「本院は、軍隊でのキャリアは現代イートン校生にはふさわしくないと考える」である。出席者は多かったが、デレクの講演に関する評価はいつになく批判的だった。デレクはロベスピエールや「ルソーの馬鹿げた神秘主義的一節」を引用した。熱い情熱を込めて話したものの、記者兼評論子は「彼のスタイルには、用いた資料の内容の乏しさがあらわれている」と、手厳しい評決を下している[*17]。

しかし、こうした批判もデレクがディベート・ソサエティの会長になるに際しなんの障害にもならなかった。また会長就任後は、曖昧で軽薄なものから率直で重厚なものへと、論題に顕著な変化が起こった。一九六〇年十一月二十日の日曜日、「本院は死刑を完全に廃止する」という論題をデレクは支持し、「みごとな議論[*18]」を披露している。これは下院で議論中の、当時話題の問題だった。ここでもまた、デレクは死刑反対の立場をとった。

劇的かつ雄弁に、彼は公的殺人の卑劣な非人道性を痛烈に批判し、存置論者の通常の主張をすべて痛烈に嘲笑し、神聖な人命のはかなさを感動的に語った。彼はサッカレーを引用し、「この恥ずべき罪をわれわれのうちより放逐し、われわれの祖国から血を一掃する」ことを切望した。[*19]

この論題は六十一票対五十票で支持された。

一九六一年二月には、選抜チームが数マイル離れたメイドンヘッド・ディベートソサエティに挑む、イートン校では珍しい遠征があった。エドワード・モーティマーが「パブリックスクールは廃止されるべきだ[*20]」という論題を支持し、激しい身振りを交え、「階級差別の壁を破壊する」ことを主張した。そして「ミスター・パーフィット」が壇上に立ち、「パブリックスクールとほかの学校とのあいだの悲惨な社会的断絶を痛烈に非難し、いつもながらの革新主義的態度に立ち返った」「出生時にイートン校に入学予約することは、赤ん坊のお尻に宝冠を押しつけるようなものだ」と彼は断言した。[*21]だがこの猛烈な演説も、投票での敗北を回避するには至らなかった。それでも三月には、デレクと彼のディベート・パートナー、ジョナサン・エイトケンは全英パブリックスクール・ディベート大会決勝に進出し、ディベート能力の卓越性を証明したのだった。

＊＊＊

イギリスの教育制度では、Oレベル試験[*22]（十六歳頃に受ける基礎レベルの公的試験）の後、学校に残る生徒たちは一般教育修了認定Aレベル資格取得のため三、四科目だけに集中する。一九五八年十二月、デレクは、初等数学、高等数学を含む九教科のOレベル試験を受験した。その後、校内一位はデレクに固定された。イートン校ではドラゴン・スクールと同様、ラテン語とギリシャ語に重点がおかれており、デレクは科目選択時、「特に歴史をやりたかったわけではなく、ラテン語とギリシャ語を専門にしたくなかったから」[*23]近代史を選択した。イートン校において「近代史」とは、ローマ帝国がブリテン島を去った四一〇年以降のすべてを指す。彼は古代史と英文学のAレベルの勉強もした。

高校に相当するアッパースクール一年のとき、一学年上の生徒を相手にしながら、デレクは学内の歴史学の最高賞であるローズベリー賞を受賞した。ほぼ同じ頃、『デイリー・ミラー』紙主催の全国文学コンクールでも優勝している。一九五九年から一九六〇年にかけて書いた彼の四作品が並はずれて優秀と認められ、「献上」と呼ばれる慣例により校長に送られた。四作品中三点は十八世紀と十九世紀のフランス史に関するもので、四つ目はイタリアに関する問題だった。すなわち、「一八六〇年代にローマがイタリア王国の一部とならなかった事実には、どのような諸力が働いたか?」である。

一九六〇年末に、デレクは「残忍な美」という題名の論文でトレヴェリアン賞に応募し、受賞した。字数制限があったが、デレクは後におなじみとなるパターンどおり、自分はルールを免除されるべきだと考え、魅力的なたっぷりの謝罪と（しばしば詭弁的な）説明を組み合わせれば、規則無視も十分許されるだろうと考えた。「もし、私の冗漫が問題でしたらば、謝罪申し上げるしかありません」。規定字数を超えてしまったが、実際にはルール違反ではない、なぜなら「この後に書かれたことの多くは引用ですから」と、彼は主張した。[*24]

字数超過したこのエッセイは、言語に関するきわめて興味深い論文である。それは言語がどのように世界に言及するかという哲学的な問題——彼が関心を強くもつことのなかった難問——ではなく、より言語の現象学に関する問題である。すなわち、音やリズムは脳にどのように経験されるか。特に関心をもったのは「母音と子音、そして摩擦音、破裂音、唇音その他の複雑なパターンによって構成される音自体の本質そのものの恣意的な性質」であった。[*25]このエッセイは彼が言語の複雑な微細さにどれほど敏感であったかを明らかにし、また人生のこの時期になぜこれほど詩に夢中になったのかをも説明している。彼はこう記す。「詩のなかでこそ、われわれは話し言葉から歌へと移行し、われわれが聴く音そのものがわれわれの感覚に直接作用し、もはやたんなる名もなき感覚の伝達者ではなくなるのだ[*26]」。

「言葉の見え方」についての短い節もあった。数十年後、デレクは書籍の視覚的側面に過度に執着して編集者たちを激しく苛立たせることになるが、この妄執の種は、文字や単語がページ上でどう見えるかに対する脳の感受性に関する彼の議論のなかにすでに現れている。

＊　＊　＊

ふつう、イートン校で生徒に最も影響を与える教師はハウスマスター〔学寮長〕である。デレクの場合は一年次のスティーブン・マクウォターズと、その後はレイフ・ペインで、二人とも古典学者でイートン出身だった。しかし彼の人生においてより大きな役割を果たすことになるのは、歴史家のレイモンド・パリーである。パリーは「ウェールズの魔法使い」と呼ばれ、ウェールズ訛りの強い、多弁で興奮しやすい人物だった。彼はオックスフォードでクリケットブルーを受賞し[*27]、イングランド内戦の専門家であり、またアメリカ史では奴隷制度やアメリカ南部諸州の分離独立に関する人気講義を担当していた。

パリーは自分の研究分野の布教伝道師でもあった。デレクがオックスフォード大学かケンブリッジ大学に出願するのは明らかだったが、哲学・政治学・経済学（オックスフォードの有名な「PPE」学位）を学ぼうと思うと切り出したところ、パリーは「ナンセンスだ、少年。君は歴史をやるんだ」と答えている[*28]。デレクの説得は簡単だった。経済学には数学的要素がある。彼は方程式や記号が出てくるのではないかと恐れたのである。

オックスフォード大学は三十数校の独立したコレッジ制度によって運営される大学である。次なる問題は、どのコレッジに出願するかだ。パリーにとって、この問題も簡単だった。パリー自身かつてベイリオルの学部生であったし、歴史学の恩師で当時まだ教員だったクリストファー・ヒルとのつながりもあった（むろんこうした非公式なつながりが、すでに特権的な私立学校出身の生徒たちに優位性を与え、イギリス階級制度の存続を助けてきたことは間違いない）。一九六〇年二月二日、パリーはデレクの奨学生出願を支持する手紙をベイリオルに送っている。「彼はドラゴン・スクールでイートン校への最優秀奨学生の身分を獲得し、以来常に学年首席を維持してきました」。さらにこう続けた。「パーフィット氏は、私が十四年間の教師生活のなかで出会った最高の歴史家であると、躊躇なく断言できます」。デレクの数多くの課外活動の成果についても詳述した後、パリーはこう記す。「おそらく彼について最も印象的な点は、大変な才能の持ち主であるにもかかわらず、相変わらず謙虚で魅力的な人物でいるということです」[*29]。一か月後、デレクはオックスフォードに戻り、キーブル・コレッジで奨学生入試を受ける。結果発表までにそう時間はかからなかった。一九六〇年三月二十二日、ベイリオルの歴史学最高位奨学生であるブラッケンベリー奨学金を獲得したとの報せが到着したのだ。

＊＊＊

イギリスでは私立学校で教育を受ける子どもはごく一部であった（今もそうだ）し、さらに自宅を離れて暮らす寄宿生はそのうちのごく一部である。たいていの寄宿生は孤独だった。なかには不当な扱いを受けた者もいた。そんななか、デレク・パーフィットは決して内省的な人間ではなかったようだ。イートンから妹のジョアンナに宛てた手紙はまとまったかたちで残っているが、そこに彼の気分を知る手がかりや近況に関する情報はほとんどない。しかし手紙は愛情にあふれ、ふざけていて、将来のデレクとはまったく異なる。一九五九年十月十一日、彼は「いちばん夢見るようで、いちばん愛する、いちばんかわいい、いちばん優しい妹」に宛てた手紙を「バケツ何杯分どっさりの愛を込めて、兄より」と締めくくっている。[*30]

デレクはジョアンナに誕生日やピアノ試験の幸運を祈るといった特別な日に加え、ときどき思いついては手紙を書き送っている。妹には「勉強しすぎるな」と助言する。「一日十二時間以上勉強しちゃいけないよ。僕みたいにね。僕は十一時間しか勉強しないんだ[*31]」。一九六〇年の二月十四日には、ジョアンナと求愛者間のシュールな電話会話を想像して書いた面白いバレンタインカードを送った。そこでジョアンナは「あなたって、バカなの？　ちょっとだけね。ちょっとバカ？　ちょっとキチガイ？　ちょっと素敵？　クリスマス用のチョコちょっと！　もう、おだまり[*32]」と言うのだ。

デレクからの手紙はイートン校の住所（New Buildings, Eton College, Windsor, Berks）で装飾された便箋で送られてきた。便箋の装飾にはジョアンナが彫った版木が押されていた。一九六〇年十月十二日、国連でフィリピン代表がソ連の東欧における人権抑圧を非難した後、ソ連のニキータ・フルシチョフ書記長が演壇を激しく叩いて冷戦のイメージを確立させた日のこと、[*33]デレクは資本主義的な提案をおこなっている。「努力しないで大儲けしたいなら、いい方法を思いついた」。彼の便箋を見て皆が賞賛するので、妹のために「かなり高額で」売ってやろうと申し出たのだ。[*34]

＊＊＊

デレクはイートン校卒業生のなかで決して唯一無二の例外的に優秀な生徒だったわけではない。しかし、その功績ゆえに生徒たちのあいだで伝説的存在になった。卒業後数年経っても、イートン校の学内誌にはデレクが登場する。学問的才能は恨みや嫉妬の引き金になりそうなものだが、そんなことはない。決して派手でも、尊大でも、高慢でもなかったから、彼を嫌う者はほとんどいなかった。むしろ洗練されて、格好いいと思われていた。彼は自分が三柱の神を崇拝していると言い、この聖なる三位一体にこんなキャッチフレーズを付けた。「バード、エイヴォンのバード、そしてバルドー」。すなわち、チャーリー・パーカー、シェイクスピア、そしてブリジット・バルドーである。

少なくとも生徒にとって、校内で最も権威ある団体は「ポップ」として知られるイートンソサエティだった。ポップの新メンバーは、現メンバーによって選出され、またその名は「人気者（popular）」の略だと広く伝えられていた。実際には、ポップはラテン語で「台所」「食堂」「喫茶店」を意味する「popina」に由来すると思われる。元来はそこでポップの会合が開かれていたのだ。メンバーになると鮮やかな色のウエストコートを着用できるといった特権が与えられたため、メンバーになるのはひどく価値あることとされた。ポップは上級監督生の集いであり、したがってポップダンディたちはシャツの裾がズボンから出ていると言って下級生たちをたしなめながら、イートン校内を闊歩したものだった。

ポップに入れるのは二十名程度に限られていたから、とりわけ一九六〇年七月の「イートンが燃えているとき、本院はバイオリンを弾く」という論題でこのクラブを攻撃した後に、デレクがメンバーに選ばれたのは彼の人気の表れだろう。彼の選出は、社会的地位への渇望と人間の動機づけに関する現世的理解、双方の存在を示している。投票前夜の校内コンサートで、彼はマロングラッセの箱を買ってきて、ほとんどがポップのメンバーだった案内係たちに配ったのだ。[*35] 一九六一年二月九日、妹ジョアンナ宛に、「毎朝ベッドで横になりながら、どのウェストコートを着ようかと考えてはものすごく悩んでいる」[*36] と彼は手紙に記している〔口絵⑥〕。

デレクは六十代後半になってこう述べている。「もっと運が悪かったり、残忍な教師や別の少年たちがいたとしたら、どれほど多くの子どもたちが寄宿学校を嫌ったことか、私は容易に想像できる。『すばらしい新世界』と『一九八四年』という最も有名な二冊のディストピア小説が、ともにイートン校出身者によって書かれたのは偶然ではないだろう」*37と。しかし、デレク自身の学校生活は幸福だった。すでに徹底的に組織というものになじんでいたし、イートンのような組織ではうまくやれた。最終学業報告書には、五年間で獲得した賞や奨学金が列挙されている。総計十六個だ。イートンの文書係はこう書く。「これほど多くの賞が記載されているのは見たことがありません!」*38と。

もし、デレクが一九六〇―六一年の学年末までイートン校に留まっていたら、成績優秀者として自動的に学校のキャプテンになっていたことだろう。しかし、ベイリオルへの進学をすでに確実なものとしたデレクは、ぼんやりしているのは無駄だと感じていた。彼はきわめて異例の申し出を受けたばかりだったのだ。アメリカの有名雑誌社でのインターンシップである。

4 ヒストリー・ボーイ

History Boy

「思いがけなく突然に、私は編集者のウィリアム・ショーンから招待を受け取った」と、半世紀後にパーフィットは書いている。[*1] おそらくはアメリカで最も権威ある雑誌の編集部に来ないかという誘いを伝説的な編集者から受け取る生徒は、そうはいない。この『ニューヨーカー』誌からの夢のようなオファーが、どういうわけでもたらされたものか、筆者は突き止められずにいる。デレクの姉で、ニューヨーク在住かつ知人に有力者が多いセオドラ経由で、というのがもっともらしいルートだろうが、彼女は絶対に違うと言う。いずれにせよ、それは誰だって断るわけがない招待だった。

それからちょうど半世紀の後、同誌はラリッサ・マクファーカー執筆によるパーフィットの長い紹介記事を掲載した。

一九六一年の初夏、十八歳のパーフィットはニューヨークへ渡った。彼はもう少しでビザ発行を拒否されるところだった。入国審査官は彼が中国生まれだと知ると、中国人枠はすでにいっぱいだと言ったのだ。自分はイギリス人だと彼は抗議した。入国審査官は同僚と相談し、「君は好きなタイプの中国人だから、ビザは下りるよ」と告げた。こうしてパーフィットは『ニューヨーカー』の「トーク・オブ・ザ・タウン」取材班として働くことになった。アッパーウエストサイドの天井の高い立派なアパートに、姉のセオと彼女のオックスフォードの友人たち数名（ほとんどがローズ奨学生だった）と一緒に住んだ。彼は情熱と自信に満ちあふれ、あらゆる話題について発言した。ローズ奨学生のなかにはそれを面白がる者も、嫌がる者もいた。*2

「トーク・オブ・ザ・タウン」は、現在も続く『ニューヨーカー』の連載コラムである。パーフィットはアフリカの新興国、特にガーナについて書くことになった。当時はアフリカの脱植民地化の時代だった。一九六〇年、マクミラン首相は「大陸に変化の風が吹いている」と演説。ガーナ（旧ゴールドコースト）は、脱植民地化の先頭集団にいた。ガーナは一九五七年に独立し、アメリカで教育を受けた指導者クワメ・エンクルマは、汎アフリカ主義の提唱者として、西側諸国からこのうえなく熱狂的に注目される存在だった。

冷戦は最厳寒期にあった。一九六一年四月、ＣＩＡはピッグス湾上陸作戦に資金を提供した。この作戦はフィデル・カストロに反対するキューバ人亡命兵士たちが決行したものの、悲惨な結果に終わる。八月中旬には、ベルリン中心部に巨大な鉄条網が張られ、その後レンガとコンクリート、監視塔が追加されて「ベルリンの壁」が完成した。一方、もう一つの国際的な話題も同誌の関心事となった。パーフィットがニューヨークにいるあいだ、哲学者のハンナ・アーレントが『ニューヨーカー』の派遣でエルサレムに駐在し、ナチス指導者アドルフ・アイヒマンの戦争犯罪裁判を取材していた。彼女の報告は、過激な連載記事として発表された後『エルサレムのアイヒマン　悪の陳腐さについての報告』と題する書籍として刊行された。同書のアイヒマンとジェノサイドの官僚主義の分析については、依然評価が分かれるところだ。

パーフィットはE・B・ホワイトのオフィスを与えられた。ホワイトは『ニューヨーカー』のベテラン記者で、本職以外にも子ども向けの本を書いて成功していたが、出張中だった。『ニューヨーカー』のスタッフで、パーフィットと年齢が近かったのはインド出身のヴェッド・メータだ。メータはしばらく前までオックスフォードのベイリオル・コレッジで歴史学を学ぶ学生だった。パーフィットの選択と同じ組み合わせである。パーフィットは後に、メータがイースト四十三番通りで車の前に歩き出しそうになった自分をどんなふうに引き戻し、命を救ってくれたか、少なくとも大怪我から救ってくれたかというエピソードを語ったものだ。メータは全盲だった。

パーフィットはニューヨークを愛した。彼は高層ビルと、その合間に覗く空と川に魅了された。ジャズへの情熱に存分にふけることができ、マイルス・デイビスやセロニアス・モンクのライブに何度も足を運んだ。一九五九年に亡くなったばかりのビリー・ホリデイの音楽とも出会った。『ニューヨーカー』の内気な編集者、ウィリアム・ショーン（彼についてはメータが本を書いている）とは、音楽の趣味がぴったりあった。『ニューヨーカー』のオフィスを訪ねた初日にショーンと出会い、その夜ジャズクラブに行ったらまたショーンに出くわしたのだ。二人は禁酒席に座った。ショーンは酒を飲まないし、パーフィットは未成年で酒を注文できなかったからだ。

摩天楼立ち並ぶニューヨークで三か月間、喧騒と狂騒にまみれて過ごし、インターンシップを終えたパーフィットは、自分が育った低層で落ち着いた街、そして最も居心地が良いと感じる組織へと戻ってきた。十三世紀創立のベイリオルはオックスフォードで最も古いコレッジの一つである。このコレッジは著名な政治家、大司教、裁判官、外交官、詩人、小説家、学者ら、数多くの著名な卒業生を輩出してきた。

＊＊＊

パーフィットにとっては、通り抜けるべき新たな回廊と、慣れるべき新たな規則や習慣ができた。最初の学期末に彼は小さな失敗を犯した。学業成績の報告をするため学寮長に面会する際の慣習（ベイリオル用語では「マスターズ・ハンドシェイキング」と呼ばれる）が、本当に握手するものだと素朴に思い込んだのだ。サー・デイヴィッド・リンゼイ・ケアに手を差し出したことは、このベイリオルの学寮長をいささか困惑させたと言われる。

オックスフォードの学期は八週間と短いが、濃密である。その時代の学部生は週に二回のチュートリアル〔学生二名を教員が指導〕があり、一本のエッセイを書き上げ、指導教員と、通常はもう一人のチュートリアル・パートナーと議論することになっていた。イギリス史専攻の学部生にとって、ベイリオルほど恵まれた場所はない。パーフィットの在籍当時、同校には四人の歴史学教員がいた。パーフィットはさして評価しなかったものの、ジョン・プレストは親切で退屈なヴィクトリア朝イギリスの専門家だった。ベイリオルの元学生（後に内閣総理大臣、香港総督、オックスフォード大学総長となった）クリス・パッテンによれば、「りんごほっぺと優美なマナーを備えた礼儀正しい人物」[*3]だった。残る三名は非常に重要である。モーリス・キーンは優れた中世専門家で、四十年間をベイリオルで過ごし、フレデリック・フォーサイスの小説『ネゴシエイター』に歴史学教授として登場し人気を博した。[*4] キーンの教授法はソクラテスメソッドで、学生に鋭い質問を投げかけては主張の難点や矛盾に気づかせた。パッテンはキーンが「不潔きわまりない短い両切りタバコを吸いながら、学部生の小論文に耳を傾けつつ教室内を歩き回り、時折立ち止まってオックスフォード印の厚切りマーマレードの瓶に指を突っ込み、タバコをふかす合間に黙想するげに指をしゃぶった[*5]」と回想している。彼は気弱で自信のない人物で、後年、パーフィットのチュートリアル・パートナーだった中世史専攻の才気あふれるロビン・ブリッグズに、「自分はブリッグズ&パーフィット二人組の知性に気おくれさせられた」ともらしている。

キーンは酒好きで、チュートリアルでは二日酔いのこともあったが、彼のアルコール摂取量は、一九六二年にベイリオルに着任した大親友のリチャード・コッブと比べたら赤子同然だった。コッブはフランス革命の世界的権威であり、研究者になりたての頃はすべてフランス語で執筆していたという。彼の関心は「下からの歴史」であり、富者ではなく貧者、公爵ではなく娼婦にあった。カリスマ的かつ刺激的な教師であり、フランス革命をまるで現場で見ているかのように感じさせる技術をもち、また数々のフランス史の本に対して才気あふれる、しばしば手厳しい書評を書いて初期の名声を築いた気鋭の書き手でもあった。オックスフォードでの彼の講義は、まずビールを教壇に置くところから始まった。

面と向かっても文章同様きわめて好戦的で、権力者にも侮辱的な言葉を好んで浴びせた。あるときには友人たちとレストランで食事後、酩酊してベイリオルに戻り、学寮長公舎近くのブロード通りに駐車してあった車の周りをふらふら歩きながら「学寮長なんてクソ食らえ！」と叫んだこともあった。酔っぱらうと、ベイリオルの窓を開け放して立ち、流暢なフランス語でフランスのシャルル・ド・ゴール大統領の完璧な物まねをすることでも知られていた。

パーフィットはコッブに十八世紀イギリス史のチュートリアルを受け、その後、コッブがフランス革命を特別課題に選んだときも再度受講している。ベイリオルの四人の歴史家のうち、パーフィットに最も知的影響を与えたのは間違いなくコッブだが、彼のキャリアにとってより重要なのは、四人目のベイリオルの歴史家である。クリストファー・ヒルはマルクス主義の歴史家で、イングランド内戦やオリヴァー・クロムウェルの混乱した革命的支配を含む十七世紀イギリス史を理解する新しい枠組みを提示した人物だった。ヒル一家とパーフィット一家は長年家族ぐるみの付き合いをしてきた。両家の暮らすノースオックスフォードは昔も今も、社会的につながり合った小さな地域である。ヒルが一九五〇年代まで共産党員だったという事実は、オックスフォードでの彼のキャリアにはなんの障害にもならなかった。彼はみんなのお気に入りのマルクス主義者で親切な人物だった。とはいえ「親切でいる現場を見つからないよう細心の注意を払っていた」[*6]。パーフィットが卒業して間もなく、ヒルはベイリオルの学寮長に選出された。パーフィットは歴史から哲学への転向を支援してくれるよう、彼に要請することになる。

後年、パーフィットは、自分はもともと歴史には哲学ほど関心がなかったのだと告白している。実際、一年の二学期にはもう「PPE」(哲学・政治学・経済学)への転向を考えていた。だが経済学という構成要素がどうしても彼を躊躇させた。経済学に必要とされる数学は自分には無理ではないかと不安だったのだ。自分を試すために、彼は経済学の教科書を読みはじめた[*7]。その最初の部分は、えんどう豆を例にどのように限界効用が逓減するか(食べれば食べるほど、快楽は減る)という内容で、完全に納得がいった。

その主張が理解できたので、ホールでの夕食時に友人に「PPEに変えようと思う」と伝えた。

しかし食事後、さらに数ページ読み進んだ。すると上に点があり、下に点がある線という、よくわからない記号が出てきた。私は近くの部屋の人に、この記号の意味を聞きにいった。これは割り算の記号だ、と彼が教えてくれたとき、ひどく恥ずかしくなって、歴史学に残ることにした。[*8]

この話もどう解釈したものか難しい。パーフィットは自分の数学的無知を誇りにしていたが、学校時代数学で一番だった少年が、割り算記号を認識できなかったとは信じがたい。とはいえ、いずれにせよPPEを学ぶ者は誰でも基礎的な形式論理学を学ばなければならず、パーフィットは歴史学に留まってよかったと思っていた。この学位のその部分は嫌いだったろうし、「結果的に［中略］哲学から離れてしまったかもしれないから[*9]」。

＊＊＊

学業面でもパーフィットは相変わらず成功を収めていた。学部時代の同級生によると、あのリチャード・コッブにまで畏敬の念を抱かれていた。「彼はパーフィットのことを、天才だと思っていた[*10]」。パーフィットはチュートリアル・パートナーだったロビン・ブリッグズに、その強力な分析力と、重要な事実や議論をまとめ上げる能力で強い感銘を与えた。率直な質問と堅実な解答を好むタイプの歴史家で、興味をそそる問題を提起し、その解答を探求した。一年次の学年末試験終了時、彼はオックスフォード大学で最も優秀な歴史学専攻学生に贈られるH・W・C・デイヴィス賞を受賞している。

イートン校時代と同様、パーフィットは学問以外にも旺盛な食べ放題的興味を追求した。まずは学生政治である。オックスフォードユニオンという「エスタブリッシュメント」のディベート団体は、いずれは政治家になろうと考える野心的な学生たちの遊び場であり、ドレスリハーサルの場でもあった。講演者はブラックタイ着用を求められ、そのエリート主義的雰囲気は公立校出身の多くの学生にとっては不快なものでしかない。パーフィットはユニオンに入会したが、積極的に活動することはなかった。しかし大学の労働党クラブには積極的に関与し、著名な学者らによる講演シリーズを企画運営した。そのなかには、哲学者・思想史家のアイザイア・バーリン（演題はおそらく政治における想像力について）、社会研究者のリチャード・ティトマス（福祉国家について）、アイルランド生まれの生物学者J・D・バーナル（生物学におけるマルクス主義弁証法の重要性について）、スチュアート・ハンプシャー（心理分析、自由、政治について）らの講演があった。[*11]

しかし、政治的な面では保険もかけていたようだ。すなわちキャニングクラブでも副幹事長になり、後に幹事長となったのだ。このクラブは十九世紀初頭の英国トーリー党の首相ジョージ・キャニングの名より命名され、トーリーの原理を推進し、議論する場だった。少なくとも一九六〇年代には、きわめてエリート主義的な団体であったようだ。メンバーにはオール・ソウルズのウォーデン（学寮長に相当）であるジョン・スパロウや、著名な歴史家ヒュー・トレヴァー＝ローパーなどがいた。時折開催される会合は、スペイン内戦、帝国主義、第二次世界大戦前のイギリスのファシズム、キャニング卿など、政治史の話題を扱う講演者を中心に、学生の部屋で開かれた。パーフィットも一度会合を主催し、『ニューヨーカー』での自身の調査に基づいて、ガーナについて語った。[*12] 独立に至るまでのガーナ一千年の歴史を駆け足で振り返り、高く褒め称えられるクワメ・エンクルマの準神格化については、あまり真剣に考えるべきでないと述べた。エンクルマの抑圧的措置に対しては「緊急国家の例外的必要[*13]」によって正当化可能であり、一定程度の寛容が求められると主張している。ガーナがソビエトの勢力下に吸い込まれるのではないかという西側諸国の懸念については、見当違いだとパーフィットは述べた。ガーナは西側経済に圧倒的に統合されており、エンクルマはモスクワに依存することを望まない、というのである。

毎年、キャニングクラブでは豪華な晩餐会が開かれた。一九六一年の晩餐会の招待客リストは残っていないが、パーフィットが出席したのはほぼ間違いない。キャニングクラブの行事には欠かさず出席していたし、副幹事長に選ばれる寸前だったからだ。この晩餐会が開催されたのは一九六一年十二月十一日だから、パーフィットは十九歳の誕生日をイギリス首相ハロルド・マクミランと一緒に過ごした可能性が高い。晩餐会はロンドンの高級ホテル、ドーチェスターで催され、議事録には、その一年前にオックスフォード大学総長にもなった首相が「晩餐会の議長として席についた」と記されている。[*14] 女王に捧げる乾杯がジョン・スパロウにより提案され、クリセロー卿（上院を代表）と年金国民保険相ジョン・ボイド・カーペンター（下院を代表）からも乾杯が捧げられた。スパロウは上院から下院へとパワーバランスが徐々にどう変化しているかについて短いスピーチをした（首相はスパロウが歴史を間違って捉えていると思い、三日後にようやく時間を見つけ、彼の誤りを正す手紙を書いている）。

この後、フィッシュアンドチップスや脂ぎったケバブといった学生の夜の外食とは一線を画す料理が続いた。亀のコンソメスープ（Le Consommé au Fumet de Tortue）、シャンパンと焼き菓子添えヒラメ（Le Filet de Sole au Champagne et Fleurons）、グリュイエールチーズのスフレ（Le Soufflé au Gruyère）と、どのコースにも高価なワイン（ヒラメには一九五二年のシャトー・ムートン＝ロートシルト・ポーイヤックが供された）が添えられた。

キャニングクラブは弁論団体であって、ディベート団体ではなかった。オックスフォード大学でパーフィットが公開の場で雄弁を揮った機会はほぼない。しかし、イートン校でのディベートのパートナー、ジョナサン・エイトケンとふたたび組んだ、忘れがたい機会がある。西ロンドンの刑務所、ワームウッド・スクラブズで、「パブリックスクールは刑務所より悪いか否か」というディベートが開催されたのである[*15]（エイトケン自身がこの論題の両サイドに証言を提供できる経験をすることになるのは、事実は小説より奇なりである。一九九五年に保守党の閣僚を辞任した後、サウジアラビアの有力者との不正取引に関与した疑惑をめぐり、名誉毀損で新聞社を提訴したのだ。彼は敗訴し、後に偽証罪と司法転覆を企てた罪で有罪を認め十八か月の実刑判決を受け、七か月服役した）。

ワームウッド・スクラブズでの騒々しいディベートで、パーフィットは「高級コメディアンの資質」を発揮して私立学校の短所を論じたが[*16]、にもかかわらず彼とエイトケンは大敗した。相手方四人チームのスターはケンブリッジ大学で教育を受け、ソビエト連邦の二重スパイとして働いて受刑中のジョージ・ブレイクだった。一九六一年に正体を暴露されたブレイクは、四十二年の禁固刑を宣告されたが、ディベートでは「もし、自分の刑期が短縮されないなら、自力で短縮する」と言い出した。これは大学チーム側を困惑させた。いったい彼は何を言っているのか？　そしてほどなく一九六六年、世界はその意味を知ることになる。ブレイクは縄ばしごを使って（外に共犯者がいた）刑務所の壁を乗り越え、最終的にはロシアにたどり着き、そこで長い生涯を過ごしたのである。

ブレイクはソビエトにイギリスのスパイ情報を詳しく伝え、そのうちの何人かは処刑された。彼は輝かしい目的――共産主義社会――が、裏切り行為を正当化すると信じていた。こうした推論は、将来パーフィットが大量に書き記すことになる種類の推論である。しかし当面のあいだ、彼のペンはそれほど重大でない問題に向けられることになる。

5 オックスフォード文芸録

Oxford Words

イートン校時代同様、パーフィットはジャーナリズムに首を突っ込んでもいた。ベイリオルの風刺雑誌『メソポタミア』を編集し、ジョークを書き、雑誌を売ってくれる人材を集めようとしてもいた――歴史家でフェミニストのシーラ・ロウボサムが彼女のコレッジ（セント・ヒルダズ）の部屋のドアを開けた瞬間、その狙いを察知したように。ただしロウボサムはパーフィットを「優れた美的容貌」と思いはしたが、彼の髪が眉にかかる様が「アッパーミドルクラス特有」だったので、すぐ嫌いになった。「あっという間に私の部屋に入り込んできたかと思うと、私の反対側の洋服だんすの上に足を組んで座って、ルイス・キャロルに出てくるイモムシみたいに私を見下ろしていました」[*1]。パーフィットは決して特権的な家庭出身だったわけではないが、イートンでの教育は彼を確実に「お高く」見せていた。

パーフィットの主要寄稿先は『メソポタミア』だけではない。大学全体の学生出版物としては『チャーウェル』誌（オックスフォードのテムズ川支流の名前に由来）と『アイシス』誌（オックスフォード領域内でテムズ川を指す名前に由来）があった。パーフィットは、当時週刊だった『アイシス』を選んだ。同誌はイギリス国内で最も長く続く独立系の学生誌であることを誇りとし、多くのジャーナリストや作家たちを世に送り出してきた。寄稿者たちにはイヴリン・ウォーやシルヴィア・プラスがいる。

パーフィットがオックスフォードに到着した当初、『アイシス』は大学の講義を批判・揶揄する記事を掲載して全国的に悪名を馳せていた。大学当局からすれば、それは言論の自由の濫用であり、同誌は一時発行禁止となった。しかし、パーフィットは入学後一か月でこの雑誌に書きはじめた。キャバレーのレビューもしたし、奇妙なコラムでは「本院の意見では、大量宣伝の機構は破壊されるべきである」という論題をめぐるオックスフォードユニオンのディベートをレポートした。どう奇妙かというと、彼自身もこのディベートに参加し、記事中では裁判官と被告人の双方を兼ねる立場で書いたのだ。彼は自分自身の裁判官としては、甘いどころではなかった。「申し立てはロバート・スキデルスキーにより印象的に、デレク・パーフィットによっておふざけ半分に論じられた[*2]」。

彼はさまざまなタイプの文章を試し抜いた。二学期には詩を、夏学期には音楽評論を取り上げ、そして「神が存在するかどうか」を含むユニオンのディベートにたくさんの紙幅を割くようになった。神の存在はバートランド・ラッセルの息子コンラッド、そして哲学者のアントニー・フルーによって否定された。パーフィットによれば、ある妨害にフルーはあまりにも苛立ち、「口がきけないほど激怒した」。そして「地獄の目的としての地獄とともにすべての地獄が解き放たれた。永遠に断罪する神は、無限に善なのではなく、語るに耐えぬほど悪であった。『君たちは拷問者を崇拝しているのだ！』と彼は叫んだ[*3]」。

また別の記事では、パーフィットは保守党の国会議員イーノック・パウエルの演説を「加速は悪いが、トップギアでの勢いはすばらしい」[*4]と好意的に評価している。これはパウエルが悪名高き人種差別的「血の川」演説をして、保守党の対抗リーダー、エドワード・ヒースに下院の最前列席に座る保守党スポークスマンの役割を解任される六年前のことだった。パウエルは美徳をほぼ持ち合わせなかったかもしれないが、退屈であることも稀だった。対照的に、翌週のディベートは「注文書のように灰色」[*5]だったとパーフィットは記す。

一九六二年六月、パーフィットは『ニューヨーカー』に詩を発表した。弱冠十九歳としても驚くべき業績だったろうが、実はその二、三年前、十六歳か十七歳のときに書き、イートン校でトレヴェリアン賞を受賞したエッセイに収録されたものだった。彼は後にこの作品を「恥ずかしいくらい大仰だ」と告白している。[*6]これはあまりにも厳しすぎる判定だろう。最初の行は不器用で作為的だが、独創的で、痛烈な台詞もある。この詩には純粋な共感能力が示されており、後年の彼の哲学スタイルとは明らかに異なる。詩のタイトルは「ある伯爵夫人の写真」で、テーマは「老い」である。「時が捉えた」写真の少女と「皺寄り、枯れしおれ、日に苛まれ、熱にうかされた」老女とが比較されている。この作品は彼が十歳のときに交換留学で滞在したフランスの古いシャトーを再訪したことに着想を得たものだった。家政婦と老女を除き、住人は皆シャトーを出ていってしまい、彼はその老女と数分間、二人きりになった。パーフィット自身がこの詩と自らの哲学的業績とのあいだに類似性を見出すことはなかったが、ここに類似性を認めずにいる方が難しい。少女と皺まみれの病んだ老女は同一人物なのだろうか？

彼女の双眸は、あまねく鎮痛の甘露を吹きかける。

子どもらしい眉は彼女の顎の青白さをなぞる。
満月に張りつめた弓は昏い水晶のまなざしを飾り
黒く流れる髪は赤茶け色あせ
彼女の肌の輪郭の青白みを剝ぎ落とす。

その険しい表情が意味するのはただ、
年頃の少女のもつ見せかけの悲劇的な陽気さ。
磁器の感触の青白き腕。ネックレスは
彼女のドレスを明るく彩り、鯨骨で大きくふくらませた空は
白く消えたページにさらされ消えゆく。

時が捉えた——消えゆく笑み、捉えられ、蘇り、
レンズのなかで水を得たように、きれいに削ぎ落とされ——
日陰に吊られ、真昼の鎧戸が切り裂かれる向こうで、
砕け散った光に（そのイチジクの種のごと炎は
裂けて口開ける石を退色させ）彼女は寝台に横たわる。

皺寄り、どれほど枯れしおれ、どれほど日に苛まれ、熱にうかされていることか！
冬の霜がこの枯れた外皮をどれほど剝ぎ取ったことか。

どれだけのもつれた年月が愛し、嫌悪したことか
この老い、やつれた女性を、多くの光の流れが
この震える心を照らしてきたのか、そしてどれだけの夕暮れを。

甘き思いに頷きながら、彼女は半ば取り戻す
遠く紅潮した朝日を、しかし笑うその瞳は
めしい、あの同じ唇を飾る笑みが残すのは
しおれた薔薇。闇が訪《おとな》い、彼女は眠りにつく
一人、写真の中の小さな少女と。

韻律はＡＢＡＣＢである。そこまでは明白だ。しかし、パーフィットが秩序主義の人であることはこの詩の注意深く構成された音の効果に表れている。それは、彼がトレヴェリアン賞エッセイで二ページを費やして詳らかにしていることからもわかる。たとえば、次のように書かれている。

各構成の内部には、連動する韻律のあいだに音の上昇と下降の関係がある。つまり、Ｂは五回に四回はＡをゆるやかに補っている――したがって「ine」には「in」が、「ived」には「ed」がともなう［中略］。さらに、各スタンザでくり返される第三韻と第四韻の効果が、最後の行に平安と安堵を与えるのとまったく同様に、最初の四スタンザを通して泣き叫ぶ母音Ｉ（line のように）がくり返し使用されることで、Ｅの韻をもつ第五スタンザ全体に平穏と情熱の鎮まりの印象が与えられる。[*7]

第四スタンザで、さらに厳しい子音と予想外の感覚は衝撃を与えることを意図していると説明する。語りのなかで寝台にいるのが「老い、やつれた女性」であることが明らかになったように。

＊＊＊

詩は言語表現の一形態にすぎない。若い男性が休暇中に若い女性に夢中になる「小石のごとく」という短編小説も書いた[*8]（今日ではおそらく掲載されないだろう。男性が招かれもせず夜中に女性のホテルの部屋に入って、キスを盗むという結末である）。しかし『アイシス』でパーフィットがどうしてもうまくできなかったのは、風刺だった。二年の一学期に執筆した南アフリカ高等弁務官事務所が資金提供するアパルトヘイト推進派広報の無様なパロディがある。「先住民」はアパルトヘイトに感謝しており、「これは暴動がないことにより証明されている」とオチをつける[*9]。もう一つ、パーフィットの失敗作は、保守党中央本部を装って執筆されたものだ。

幸いにも、彼は政治的敵対者を風刺しようとする試みは捨て、もっと自然に身についたジャーナリズムのスタイルへと移行した。国際的な視野と国際問題への好奇心をもつ、弁論的、自己主張的な記事である。最も物議を醸したのは、「戦争国家」と題するアメリカのキリスト教右派の危険性について書いた記事である。この記事はその暗い予言だけでなく、『ネイション』誌のフレッド・J・クックによる連載との怪しい類似点ゆえに物議を呼んだのだ。『アイシス』は遅ればせながら（翌学期に）主な参考文献を明らかにしたが、すでにパーフィットは盗作で非難された後だった。パーフィットに対する非難が正当だったか否か立証はできなかった。彼はもともとの原稿には参考文献を付けて送ったが、『アイシス』の編集者が文献を掲載しなかったと主張する。内容については、彼は「同記事の『不鮮明かつ非合理な分析[*10]』に反発する怒れるアメリカ人に、自分は『アメリカに大きな希望をもっている』と公開の回答のかたちで主張することで、彼らの怒りをなだめようとしたのであり、たんに自分の恐れを書き留めたにすぎない[*11]」という。

パーフィットはまた、とりわけオックスフォードに住むパキスタン系移民の悲惨な住宅事情など、身近な不公正にも敏感なアンテナをもっていた。二年次の中間〔春〕学期に掲載されたコラムでは、世界の貧困を軽減するために行動を起こし、支援を必要とする地域にもっと援助や技術的助力を送るよう熱く訴えている。「もしわれわれが東や南に背を向け、人類の大部分を貧困のどん底に放置するなら、それは悪意以上のものである。狂気の沙汰だ。これは世界で最も重要な課題である[*12]」。

このテーマは一九六三年のトリニティ〔夏〕学期に、彼が『アイシス』の編集長になったときふたたび取り上げられた。編集長になるには立候補して、ほかの学生「編集部員」によって選出されなければならない。パーフィットの『アイシス』支持者・協力者にはスティーヴン・フライ[*13]や、親友エドワード・モーティマーがいた。フライは物理学を専攻していたが、別に物理が好きでも、理解できもしなかった。彼は面接の際、トリニティ・コレッジの伝説的なクリケット選手C・B・フライの孫であることを教員たちに聞き出され、入学を許可されたのだ。フライにスポーツの才能はなかったが、大学のクリケットチームの戦力になると教員たちに信じ込ませたのである。しかし彼は有能な写真家かつグラフィックデザイナーであり、彼が撮影したパーフィット編集の『アイシス』表紙写真は、商業出版レベルの出来だった。

『アイシス』のラインナップは調査報道と言えるほどではなかったが——学生誌にそれを求めるのは酷

だろう――パーフィットが注目したのは、切迫した時事問題だった。一九六三年五月一日号の囲み記事には、パーフィットが指揮を執る期間の所信表明が記されている。これはいま現在のわれわれの心を強く捉える。なぜなら彼の言う「二種類の苦しみ」に、五十年後の彼はふたたび立ち戻るのだから。

今期は教訓めいたことはなしだ。出発点はただ一つ。すなわち、すべての行動の目的は、苦しみを減らすことでなければならない。二種類の苦しみが他のすべてを凌駕して際立っている。すなわち使われるかもしれない核兵器の苦しみ（原子爆弾：世界の三分の一、十億人の死体）と、残り三分の二の人びととの現実の苦しみである。この二つの苦しみに対する二つの提案は、十ページと十一ページに掲載されている。人びとは少なくとも、第一の問題である「人口の三分の一の死の可能性」については認識しているようだ。第二の問題、すなわち残り三分の二の人びとの悲惨さの増大が、今期の主要なテーマとなる。[*14]

世界人口の三分の二の「現実の苦しみ」として、パーフィットは貧困のことを言おうとしていたと思われよう。しかし、この学期中の彼の論稿は経済的苦難に限定されない。反ベトナム戦争に関する論争（アメリカで反戦運動が実際に本格化するはるか前のことであり、注目に値する）、ドイツで元ナチ党員が権力の座にふたたび就いていることを強調する記事、ソ連がアメリカに経済的に追いつく可能性についての、今日から見れば無邪気で馬鹿げた記事もある。一九六一年にユーリ・ガガーリンが地球の軌道を一周し、ソビエト連邦は「宇宙開発競争」に勝利したかに見えた。共産主義が技術的躍進と経済運営のための効率的システムであることが証明されたと信じたのは決してパーフィット一人ではないし、急速に変化する消費者需要に中央集権経済が適切に対応できないことを予見できなかったのも彼だけではない。しかし、彼は少なくとも興味深い区別をしている。すなわち、「ソ連とアメリカ、どちらのシステムが豊かさを達成するのに優れているかを問うことは、豊かさがいったん達成された後に、どちらのシステムがより良いかを問うこととはまったく異なる」[*15]と。

＊＊＊

ジャーナリズムのほかに、もう一つ注目に値する課外活動があった。女性である。イートンは男子校で、パーフィットは異性と交際する機会がほとんどなかった。ベイリオルも男子コレッジだったが、ベイリオルから歩いて五分、セント・ジャイルズを下ったところにあるサマヴィルや、町はずれの大通りの突き当たりにあるセント・ヒルダズなど、女子コレッジもいくつかあった。しかし男女比は七対一と、進化の構想とはだいぶ齟齬をきたしていたため、若い異性愛男性間の競争はとりわけ激烈だった。しかし、勉強よりも酒やトランプ、女の子を追いかけることに夢中な男子学生という戯画像は、パーフィットにはほぼまったく当てはまらなかった。

それでもなお、若い女性はついに彼の人生に入り込んできた。とはいえ、はじまりは悲惨だった。一九六二年の春先、彼はセント・ヒルダズの二五歳の女子学生、ダイアナに恋をした。数年後、妹のジョアンナに宛てた手紙のなかで、パーフィットは彼女がはじめて本気で恋した女性であり、わずか六週間で彼女の方から別れを告げられてしまったと明かしている。「僕は生まれてはじめてくらいに、惨めな気持ちになった。［中略］完全に茫然自失して、自分は価値のない人間なんだと感じた」[*16]。なにより悪かったのは拒絶のされ方だった。どれほど愛しているかと告白したとき、「盛大な冗談として扱われた――

彼女に僕を愛する理由があるかもしれないと考えるだなんて、ってことだ。だから、失望ではなく僕は完全に侮辱されたと感じた——まるでこのことが、僕を愛することなど不可能だという証拠であるかのように[*17]」。

だが落胆は短かかった。この不首尾にもかかわらず、女性たちはパーフィットを放っておかない。社会的地位、知性、パブリックスクール仕込みの自然な魅力、そして六フィートの長身に金髪碧眼の美貌である。いかにもなオックスフォードの男子学生とは違い、野暮ったくもなかった。加えて、ロマンチストでもあった。最初の失敗の直後、彼はその後の数年間付き合ったり別れたりをくり返す関係を続ける女性と出会う。物理学専攻の学部学生、メアリ・クレメイはリヴァプール出身のスポーティーでパーティー好きの人気者で、魅力的だが、もろいところがあった。「彼はとても美しいラブレターやカードを送ってくれました。川の写真に添えて詩を書いてくれたこともあります[*18]」。メアリがバスで旅をしていて、オックスフォードから一時間のバーミンガムに途中下車したとき、パーフィットは二十分の乗り換え時間に彼女とおしゃべりするためだけにバーミンガムまで出かけて行った。

当時はまだ避妊ピルもなく、したがって身体的な面では制約があった。メアリ・クレメイが言うところの「汗だくの手探り」がたくさんあったのだ[*19]。後に人生を立て直し、出版で成功することになるが、彼女にとってオックスフォード時代は幸せな時期ではなかった。一九六二年のミカエルマス学期（十月から十二月）のほとんど、彼女は神経衰弱でウェンフォード病院に入院していた。パーフィットは毎日彼女を見舞い、サマヴィル・コレッジの学長宛に学業に復帰できるよう嘆願書を書くのを手伝った。

一時期、彼女は病院から外出することも許されなかった。ある日、メアリはパーフィットに、『デイリー・ヘラルド』紙宛の「無人島に何を持っていくか」という応募原稿を投函するよう頼んだ。ディズニー冒険映画「難破船」宣伝用の企画だった。応募には郵便為替で支払いをしなければならなかったが、パーフィットはその仕組みがわからず、封筒にセロテープでコインを貼り付けた。それでもなんとか応募は成功し、そして優勝した。その年のイースターに、退院したクレメイは三週間の無料世界一周旅行を楽しんだ。

ウェンフォードに入院する前も後も、メアリとデレクは一日三回配達されるオックスフォード大学内郵便システムを使い、頻繁に連絡を取りあった。デレクは彼女からの手紙をずっと保管していた。多くにピカソ風のみごとな鉛筆描きの絵が添えられている。彼の個人的な書類のなかにも、彼自身が彼女に宛てた手紙の下書きと思われるものが残っている。パーフィットは一九六二年十二月の二十歳の誕生日をオーストリア・アルプスへの大学スキー旅行で過ごし、特権的で有力者に囲まれて育った友人たちとの休暇中のスナップ写真は上流社会雑誌『タトラー』に掲載された。しかし、彼はメアリに、自分は休日気分に浸れず、「八百人が大規模遠征隊を組織し、準軍隊的な訓練グループに分かれて八百のあごを食いしばり、二週間、丘をヒューーッと降りつづけ、もし自分がヒューーッと降りたいくらい速くヒューーッと降りられなかったら悪態をつく以外に何もしないだなんて」と当惑したと書き送っている。[20]

残された手紙（ほとんど日付は記されていない）から、パーフィットがクレメイに夢中だったことがよくわかる。

> 僕は全然酔っていない。ただ君と一緒にいたいだけなんだ。信じられないくらいに。言葉では言い表せない。ただ僕の指、僕の肋骨、僕の喉、手、膝、僕の胸でそれを感じるんだ。［中略］君が世界の反対側に離れていってしまわないといけないとき、僕は自分が一人だとはまったく思

えない。お互いのことを考えていれば、僕らは幸せで、本当に一緒にいるんだから。だけど君がたった八百ヤードしか離れていなくて、一緒にいられることがわかっているときは、胸が痛むんだ。[*21]

あるとき彼は家族への愛――彼が無作為の愛と呼ぶもの――と、自分で選んだ愛とを対比させた。「前者の種類の愛は偶然によるが現実であり、後者の愛はその背後にあるすべての設計と理性の力をもって、最高の頂点にある現実である」[*22]。一方、メアリがかかえる心の混乱は彼女の手紙の多くに現れる。

デレク、私は高揚と絶望のあいだを揺れ動くコルクのように、いつだって夢でいっぱい。人に求められない理論や思考が、龍の歯を身ごもっているみたいに感じるほど、内臓を叩きつけてくる。昨日、私はとても幸せだった。でも今日は乾いた痛みのよう。

そして、

親愛なるデレク、昨夜はあまりにもひどい状態でごめんなさい。だけど私の想像力はあまりにも深く、あまりにも意識的に暴走したの。私が存在しえないものを探しているとあなたが言うのは、そのとおりかもしれない。そして、あなたには理解する準備ができていないと私が言うのも、正しいかもしれないと思う。私の痛みは本物で、いつも続いている。目を覚まさない私はばかだ。[*23]

あるメモには、ただこうある。「親愛なるデレク。あなたに会いに来てごめんなさい。私がめちゃくちゃでごめんなさい。本当にごめんなさい」[*24]。

一九六四年二月、彼は彼女に七石のムーンストーンのクラスターリングと五石のサンゴの指輪、そして彼女がバラの「大海原」と表現した花束を贈った。[*25]彼女は「ああデレク、私が善良で優しかったらよかったのに。でもそうじゃない。私はすべてのものを自由に操る情熱に満ちている――だからヒュームだったら喜ぶだろうけど、私はそうじゃない」と謎めいたお礼を記している。その年の別の手紙に、彼は金色のインクで彼女にこう書いた。「ここ数日、奇妙な新しい感覚を覚えている。何が起ころうとも、何ものにも（別の愛によってすら）決して破壊しえないたしかな愛で、僕がいつだって君を愛することが、今僕にはわかっている。そして僕はいつも君の目を通して世界を見、君を通してでなければ、誰にも何も感じることはない。だって君は僕の一部なんだから」[*26]。

＊　＊　＊

パーフィットが命を落とす寸前になったのは、ある晩、サマヴィル・コレッジでメアリ・クレメイに会った帰りのことだった。一九六〇年代、ベイリオルは十時になると守衛詰所の門に鍵をかけた。入学したばかりの新入生は「時間外に一階に入ろうとする者は厳罰を科せられる」と学長に警告される。しかしうなずきと目配せとともに、「二階以上からならば大丈夫」というメッセージも伝えられるのだ。というのは、それが少なくとも相当な難題だったからだ。

侵入方法はいくつかあったが、どれも危険だった。パーフィットが好んで利用したのはモードリン通り側にある排水管経由ルートである。一九六三年五月十八日の土曜日、彼は午前零時頃サマヴィルを出た。パイプをうまくよじ登って窓台の上を歩き、窓に飛びつけば侵入できるはずだった。しかしこのときは悲惨な大失敗に終わった。足を滑らせ、金属製の大くぎに腕を挟まれ、動脈と神経が露出する十二インチの傷を負い、「失血死する寸前」だったのだ。[*27] 病院に連れていってくれるよう頼んだタクシーの運転手は、「俺のタクシーを台無しにする気か！」と言って拒んだ。[*28] かわりに救急車がぎりぎり間に合って到着した。

この事故で、パーフィットの左腕には永久に消えない傷跡が残ることになった。彼はペンも握れず、その週の『アイシス』の編集作業は、グラフィックデザイナーのスティーヴン・フライに一任された。フライはデビュー記事で同誌編集長を見舞った災厄を伝えた。ラドクリフ病院のクロンショー病棟にパーフィットを見舞った代表取材班は、彼の叡智の言葉をこう伝えた。すなわち「外出の際、食事は絶対に遅い時間にしないことだ。午前一時半まで麻酔を投与してもらえないし、胃洗浄までされる」。[*29] 患者本人が最も動揺していたのはコレッジの発するメッセージの矛盾である。「つまり、連中がそこに大くぎを設置したのは、(a) 登らせないためだ。だがおかげで (b) 足場として使えるようになってしまった」というのである。[*30]

友人たちはパーフィットに読むものを差し入れようと申し出た。何がいい？ ベッドに寝たきりの編集長は出版されたばかりの『マルクス主義の倫理的基礎』と題する本と、軽い読み物として日曜紙『オブザーバー』をリクエストした。その後、大学には「紳士諸君におかれては［中略］手すりが設置されるまで登攀ルートを使用しないでいただきたい」と警告する貼り紙がされた。[*31]

＊＊＊

オーストリア出身の哲学者ルートヴィヒ・ウィトゲンシュタインは生涯に『論理哲学論考』（一九二

一年）一冊しか出版しなかったとよく言われる。しかし実際には一九二〇年代半ばに子ども向けの辞書を編纂している。パーフィットは通常、著書を二冊しか書いていないとされる。それは本当だが、しかしもう一冊、『イートン小宇宙』を共同編集し、一部執筆している。友人で共同編集者のアンソニー・チーサムによれば、この本は「遊び心があって、ちょっとイカれた」[*32]類いのものだった。二人ともが『イートン・クロニクル』誌の元編集長で、『クロニクル』誌の一番出来のいい記事を集めて冊子にすることを思いついたのだ。その後、チーサムはある編集者と出会い、ハードカバーの書籍にするよう提案される。一九六三年に出版されたこの本は、「規律」「余暇」「危機」「世論」などイートン校生活のさまざまな側面を記した、奇妙な寄せ集めの雑学本である。オルダス・ハクスリーのような著名なイートン出身者からの抜粋や、イートンの恋愛事情から学校のスポーツであるウォールゲームに至る何もかもが載っていた。

パーフィットはイートン校出身であることを決して隠さなかったし、また、一部のエリートだけが特権的なパブリックスクール教育を受けられる制度の改革を求めて運動することもなかった。この本には愛情に満ちたイートンの肖像が描かれている。とはいえ著者たちは、「イートンを嫌う人びとには、平均的なイートン生がうぬぼれた子犬と頭の悪いカモシカの中間に見える」[*33]ことを認めてはいる。パーフィットが同書に寄稿したのは、釣りに関する暗く長い詩（「あなたが巻いた糸が／肉を貫き尖った針を引きちぎる喜びと恐怖」[*34]）と奇人変人を擁護する論稿で、それには大文字（capital letters）が用いられていない。

注目、注目。こちらは緊急ニュースをお伝えするただ一人の生き残りレポーター。革命が起こりました。そうです、ここイートン・クロニクル誌の一面において、小文字狂信者の一団に率いられ、大量の小文字が反乱を起こし、編集部を占拠したのです。一撃で彼らは政府を乗っ取りました。勝利の高揚に紅潮し、彼らは今、自らの声明文を宣言しています。[*35]

マルクスとエンゲルスの『共産党宣言』のスタイルを模倣し、パーフィットの宣言文は、大文字ならびに既存のすべてのタイポクラシー〔活字主義〕の打倒を求めている。「うすら笑いを浮かべるこの文字は、その特権的取り扱いに値する何をしたというのだろう。どんな輝かしい美点が、それを慎ましい仲間たちの上に持ち上げるというのか？[*36]」。パーフィットに関するその後の数百の逸話を考えると、奇矯さを賞賛するマニフェストの一文は引用に値しよう。

なぜ私は歯磨き粉を食べてはいけないのか？　自由世界なのに。なぜ私は足の爪を噛んではいけないのか？　私はたまたま蜂蜜を踏んづけてしまった。なぜセントラルパークを繊細な横跳びで跳ね歩いてはいけないのか？　あなたの答えはわかっている。「そういうことはされない」。しかし、ただ「されない」と言うだけでは、まったく何の意味もない。理由があるなら、その理由を述べ、理由がないなら、私がそうするのを止めようとしないでほしい。ほかの条件がすべて等しければ、何かが「されない」というたんなる事実それ自体が、それをおこなう最高の理由なのである。[*37]

迫害された奇人たちはそれなりの報酬を得たと、この文章は宣言する。逆立ちした者は、周囲の世界を新たな視角で見たはずだ。「ピンクの短パンとターコイズブルーの寝室用靴下で礼拝堂に散歩に行く者［中略］は、美味なる興奮を味わうだろう[*38]」。

二人は印税生活ができたわけではないが、チーサムは「楽しんでやっていたし、なかにはなかなか良いものもあった」と語る。[*39]

＊　＊　＊

セシル・スプリング・ライスの旅行奨学金を獲得し、パーフィットは一九六三年の夏をパリで過ごした。フランス国立図書館で、最終学年の専門にしようと思っていたテーマ──フランス革命──について調べる日々が続いた。また彼はカフェ・プロコプ（マクシミリアン・ロベスピエールが集会所として使用した）など、フランス革命ゆかりの史跡を街じゅう探し歩いた。もちろんベルサイユ宮殿を訪れたり、劇場に足を運んだりというふつうの観光もした。シェイクスピアの「ベニスの商人」のフランス語訳に慄然とし、「聞いているのはトラウマ的だった」と記している。[*40]その年は画家ウジェーヌ・ドラクロワの没後百周年にあたり、パーフィットは三つのドラクロワ展にも足を運んだ。フランス語を完璧にするためにも『ル・フィガロ』紙と『ル・モンド』紙には目を通した。晩餐会でフランスとイギリスの国民健康保険制度の比較に関する長い議論に加われるくらい、彼のフランス語は流暢になった。一九六三年十月十四日、帰国した彼は、ベイリオルの校長であるサー・デイヴィッド・ケアに感謝の手紙を書いた──こうした礼儀は当然に期待されており、簡潔すぎたり、逆に大げさな手紙を書いたりする学生に対しては眉がひそめられた。パーフィットは「おかげさまでこの夏、人生で最も楽しく、有意義な夏を過ごすことができました」と書いた。フランスの言語と文化にどっぷり浸かり、「要するに、九月末にイギリスに帰国した際には、自分はイギリス人であるのと同じくらいフランス人だと感じていました」。[*41]

そしてついに学部三年の最終学年を迎える。学期のはじめ、歴史学専攻学生を対象にしたギブス賞の試験があった。歴史学は数学に比べ明らかに採点に主観が入りやすい——したがってパーフィットがまたしても一位になったことは、なおさら注目に値する。教官や試験官たちは気づかなかったが、実はパーフィットは試験で引用捏造をしていた。ひとえに可能な限り最高点を取るためだ。彼はある友人に、オットー・フォン・ビスマルクからの引用を創作したと話した。パーフィットはビスマルクをほかのどの歴史上の人物よりも憎んでいた。この十九世紀のドイツ人政治家こそ、次世紀に解き放たれた諸悪の根源だと信じていたのだ。

最終試験は翌年夏に迫っていたが、パーフィットの頭のなかは学位取得後の生活に移っていた。研究継続を望むも、ちょっと気分を変えたいとも思ったのだ。一九六三年十一月、彼はコモンウェルス財団が運営するハークネス奨学金に応募し、アメリカの大学に二年間留学する資金を得た。応募書類の将来志望する職業には、「私は政治的、社会的な問題について研究したい。また将来はおそらく官僚か政治家になりたい」と記した。[*42]

奨学金に応募した彼の研究案はいい加減だった。全体的な目的は「未来を見、それがどのように機能するかを見ること」だと記した。豊かさ、自動化、余暇の増加など、社会の新しい発展への関心を示し、こうした動向はどこよりもアメリカで進展しており、「私は伝統的な社会・政治理論がこうした進歩を包摂しうるのか、すなわち新たな社会は旧来の方法で民主主義的にコントロールできるのか、伝統的な社会的・道徳的規範（例：労働に対する態度）は、依然新しい事実に適合するか否か、といった点を問いたい」[*43]と。

特に興味をもったのは、心理学や動機の研究が、政治・社会理論に応用できないかということだった。仕事、富、成功、安全に対する人間の態度は、社会理論にどのような影響を与えるのか。「攻撃性、欲求不満、不安といったさまざまな動機をより深く研究することで、最近の歴史における不合理な出来事を説明できるか？　単純に言えば、政治・社会システムは、人びとが本当に望むものをどこまで与えられるのか？」[*44]。

興味深いことに、「活動」の項にはほぼ何も書かず、大学の労働党クラブには一切触れることなく、キャニングクラブの幹事をしたと書いている。おそらくアメリカの奨学金は、政治的には中道か右派が有利だと思ったのだろう。

その内容の薄い計画書は、いかにも急ごしらえで、熟考なしに作られたように見えた。しかし次は推薦状の出番だ。パーフィットは三名の推薦者を挙げた。恩師R・H・パリー、そして歴史学のチューターであるヒルとコッブである。彼らの推薦により、奨学金の授与は確実なものとなった。パリーは、「以下に記す内容が盛大すぎる賛辞と思われるなら、パーフィット氏が私がこれまで指導したなかで最も優秀な青年であることを指摘しなければならない」と書いている[*45]。盛大すぎる賛辞はさらに続いた。コッブは短い添え状を書いて、パーフィットを「絶対的に一流の人物で、聡明かつ魅力的、それでいて無警戒なほど謙虚」[*46]と表現している。もっと詳細な推薦状では「まったく例外的な天才」であり「疑問の余地なく、ベイリオルで、そしておそらく大学全体でも、同年代中で最高の歴史家である。［中略］現代史の最優等生として一等を獲得することを、これほど確信した学生はほかにいない」。パーフィットは歴史家として多くの能力をもっているが、「とりわけ非常に優れた散文スタイルの持ち主である。彼のエッセイと論文は小さな傑作である」[*47]。一方ヒルは、パーフィットは「多くの意味で私がこれまで受け持ったなかで最も優秀な弟子である」と書いた[*48]。彼は、パーフィットが強い社会的良心をもち、世界をより住みやすい場所にするために質の高い学問的研究を応用することに関心があると、ハークネス委員会に保証した。
ハークネス奨学金の取り決めでは、奨学生の身分終了後、少なくとも二年間はアメリカを離れることに同意しなければならない。申請書には、終了後どのような仕事に就く予定かを書くことが求められた。「オックスフォード大学研究フェローの職を希望。未確定」とパーフィットは書いた。また、ほかにも研究費を求めているかという質問には、助成団体である英語交流連盟に資金を申請していると書いている。

実はパーフィットは、ブランダイス大学とコロンビア大学にも資金援助を申請していたのだが、これが大きな悩みの種となる。返答が来る前に、ハークネスの拠点となるさまざまな組織――ハーヴァード、ニュースクール大学、NYU（ニューヨーク大学）などに打診していた。そして結局、コロンビア大学、ブランダイス大学を含む全校が彼を望んだのである。コロンビア大学は社会学のファカルティ奨学生として五年間の資金援助を提示した。ブランダイスはウィーン国際奨学金を申し出た。パーフィットがブランダイスに惹かれたのは、ドイツ生まれの哲学者ハーバート・マルクーゼがそこで教鞭を執っていたからである。マルクーゼは哲学におけるフランクフルト学派の新マルクス主義者で、一九六八年には学生反乱の知的源流となる人物である（ヨーロッパの学生たちは、「三つのM」の旗を掲げて行進した。すなわち、マルクス、毛沢東、マルクーゼである）。

この大量のオファーをどうしたらよいのだろう？　コモンウェルス財団の親切な職員、ジョン・B・フォックス・ジュニアは、五月にパーフィットの窮状を憐れむ手紙を出した。彼にはパーフィットが「富めるがゆえの困惑に苦しんでいる」ことがわかっていた。[*49] 複数の機関を失望させることは避けられない。彼はフォックスに、「富めるがゆえの困惑」が「もはや悪夢と化している。［中略］私はヴィクトリア時代のメロドラマに出てくる悪役のように、不当な扱いを受けた三人の女性から同時に婚約不履行で訴えられ、その一方でほかの二人を追いかけているような気分です」と返事を書いた[*50]。

このような混乱に自ら陥った彼に、コモンウェルス財団は自力で解決する道を見つけさせようとした。ジョン・B・フォックスは一九六四年五月十五日に、「貴君はまるで、ただちに入学決定を得る秘策を発見されたかのようです」と書いている。「貴君より学問的に恵まれない同僚らに、かなりの高値で売れるはずです。現状況の解決は貴君にお任せします[*51]」。

結局、全部の進路を検討した結果、パーフィットは社会心理学のコースがあるNYUとニュースクールの二校で、学位なしの身分を得たいとの結論を出した。とはいえコロンビアは、辞退を簡単には認めてくれなかった。辞退を申し出ると、傷心の手紙がコロンビアから届いた。「われわれは、あなたが来年コロンビア大学で研究されないことをきわめて遺憾に思っています。われわれの立場を検討するため、あなたの決断理由をご送付願えるでしょうか。あなたのような高い能力をもった学生を将来、失いたくないのです[*52]」。事態改善のため、彼はふたたび謝罪し、ロバート・D・カミング教授の「功利主義、あるいはジョン・スチュアート・ミル」という講義を受講することはできないでしょうか、と伝えた。

＊　＊　＊

オックスフォード大学の学部成績は、最終学年の夏におこなわれる試験の結果だけで決まり、学生に耐えがたい緊張をもたらす。パーフィットはほかの大勢の学部生同様、三年次には勉強量を増やしたが、社交行事など勉強以外の活動をする時間はまだあった。一九六三年十一月二十二日、モーリス・キーン主催のドリンクパーティーに出席中、ジョン・F・ケネディ大統領がテキサス州ダラスで暗殺されたとのニュースが飛び込んできた。それを聞いて彼は「動転した」[*53]。二十年前に彼の父親がルーズベルトの死去を知ったときのように。

学部卒業後の進路については、一九六四年三月下旬に決着がついた。ハークネス奨学金は大変な競争率で人気が高かったが、パーフィットはこの手の成功には慣れきっていた。ハークネス財団からの祝賀の手紙には、九月三日に出航する大洋航路定期船クイーン・エリザベス号に仮予約をしたと記されていた。

その前にファイナルズ（学位試験）があった。ほかの年であれば、パーフィットが最優秀を取るのは確実だったろう。しかし、一九六四年の歴史学の試験官は「いささか難物」[*54]のチャールズ・スチュアートだった。彼は俗物で傲慢なヒュー・トレヴァー＝ローパーの元学生で、間違いなくその影響を強く受けていた。トレヴァー＝ローパー自身もその年の審査委員だった。彼は「自分と同程度（彼の考えではエドワード・ギボンと同程度を意味する）に優れていない者に最優秀を与えるべきでない」と決めていた[*55]。しかし、学生をパドックで行進する馬にたとえた高慢な『サンデー・タイムズ』紙の記事で、自分は成績にはあまり関心がないとも公言している（といってもかなり関心があったのは明らかだ）。「私の最も優秀な研究生や最も尊敬する同僚の何人かは優学位を獲得し、さらに研究を続けた。最優秀獲得者には、そこで満足して研究を止めた者もいる」[*56]。

過酷な一週間は六月四日の木曜日に始まり、土曜日を含めて六月十日の水曜日まで続いた。途中の月曜日に一般試験があった。これは必修科目ではなかったが、受けなければ最優秀獲得の可能性はなくなる。一九六一年当時、受験者は三つの問題に立ち向かわなければならなかった。すなわち、ヨーロッパのユダヤ人の大量殺戮は、二十世紀前半の最も重要な出来事であることにあなたは同意するか？

偉大な芸術と高い文明状態とのあいだに直接的な相関関係はあるか？

そして、

「自由は決して与えられない。それは奪うものだ」。スバス・チャンドラ＝ボースのこの言葉について論じなさい。

六月九日の午後と十日の午前中、パーフィットはフランス革命に関する特別試験を受けた。火曜日の論文はすべて必修で、フランス語で書かねばならなかった。最終水曜日には選択問題を与えられた。ロベスピエールの失脚に関するものと、フランス革命初期の指導者であるミラボー伯爵に関する、いかにもオックスフォードらしい利口ぶった「メタ」クエスチョンもあった。「本試験の主題に場所を与えられたことにより、ミラボーの政治的意義は誇張されたか？」。

試験初日、ドラマのような瞬間があった。パーフィットは試験会場のノースルームで受験しており、四十分ほど論文に没頭していたが、突然顔を真っ白にして椅子から立ち上がり、ロビン・ブリッグズによると「大柄でよぼよぼのとんがり頭と分厚い二重顎の男で、興奮すると自分の後頭部を肉付きのよい大きな手でたたく習性がある」オール・ソウルズの元フェロー、ジョン・クーパーという人物に向かってよろめき歩き出した。デレクが話しかけると、クーパーは後頭部を叩く習性を開始した。「そして、振り返って立ち上がり、助けを呼ぼうと背後にあったベルを鳴らそうとした。その瞬間、デレクは紙袋が潰れるようにぐしゃりと倒れ、世界の終わりのような音を立てて教壇にぶつかった。教壇の下は大きな空洞だったから、太鼓のように響いたのだ」[*57]。

クーパーに向かいながらジグザグによろける途中で、パーフィットは酔っぱらいのようにほかの机に激しくぶつかった。彼のチューターのリチャード・コップが呼び出された。後年、彼は手紙にこう書いている。

パーフィットは発作を起こしており、自分の机をひっくり返した後、うめきながら床に横たわって、おそろしい嘔吐音をあげていた。インクが私のサマヴィル・コレッジの学生一人とP（ミス・ピンダー）の身体中に飛び散り、MからZの教室は阿鼻叫喚に陥った。［中略］私はパーフィットの腕をつかんで外の中庭に連れ出し、何周も歩き回った。彼の両親は二人とも医者で、効果が正反対の二種類の薬が投与されていたのだ[*58]。

ブリッグズは、パーフィットは意識がないように見え、彼を運び出すには大柄の男性四人の力が必要だったと回想している。論文試験が終わってブリッグズが部屋を出ると、パーフィットが試験の再開を許されロビーのテーブルに着席しているのを目にした。

その週のあいだ、もうそれ以上の騒ぎは起こらず、パーフィットは総体的には高得点を獲得したと確信したにちがいない。つまり、最後の試験が終わるとすぐ、彼はオール・ソウルズの受賞フェローシップ（Prize Fellowship）に応募しようと考えはじめたのだ。受賞フェローシップは七年任期で、まずまずの給与と部屋と食事が提供される。競争は通常きわめて激しく、最優秀の成績なしに合格する現実的な見込みはない。

しかしオール・ソウルズの試験は十月上旬だった。九月から彼はニューヨークに行く予定だ。そこで彼の頭のなかに、新しいアイディアが芽生えはじめた。おそらくハークネス奨学金は数か月延期できるだろう。一九六四年の秋ではなく、一九六五年の一月に渡米すればいいのだ。ニューヨーク大学とニュースクールに問い合わせたが、どちらにも異論はなかった。そして六月二九日にコモンウェルス財団に送った長文の手紙のなかで、延期の理由を三つ挙げた。

第一に、それまで自分は歴史の勉強をしてきたため、「次の一年間は、心理学、社会学、道徳哲学という三つの新しい学問の基本事項を勉強することに多くの時間を費やさなければならないでしょう」。パーフィットは財団にとっての有益性に訴えかけた。事前に数か月間、集中的な読書ができれば、アメリカで受講する講義から最大の利益を受けられるだろう。「しかしこうした基礎的な研究は、アメリカでもイギリスでも同じようにできるはずです。私はコモンウェルス奨学生として与えられた大きな責任を強く自覚しており、［中略］したがってこの基礎的な勉強にかける時間に財団の資金を用いるのは無駄だと確信するのです[*59]」。

第二の理由は、「自分が一番興味ある講座は、ほとんど来年まで開講されないから」である。第三の「個人的な」理由は、それによって自分は十月におこなわれるオール・ソウルズの奨学金試験を受けられるという点である。そのためには新しい専門科目に変更した後ではなく、歴史学で受験するのが最善だと彼は考えた。

いつもどおりパーフィットの希望は叶い、コモンウェルス財団は彼の提案に同意した。八月、最終試験の結果が発表された。試験官たちは大量の良学位を授与したが、最優秀は二百九十九人中十一名しか獲得できなかった。パーフィットはチュートリアルのパートナー、ロビン・ブリッグズとともに最優秀を獲得した。メアリ・クレメイに興奮した手紙を送り、金色の絵の具で縁取りして、ハニーサックルの小枝を添えた。さらにパーフィットは、試験官がつける成績に迷ったがためビバ（口頭試問）に呼び出された友人たちの準備を手伝いもした。すぐアメリカに行かなくてもよくなって安堵したものの、オール・ソウルズの試験に向けてこれから二か月間、ひたすら勉強しなければならない。彼はオール・ソウルズの過去問を熟読し、「とてもエキサイティングだと思った」[*60]。

一九六四年十月一日から三日（木曜日から土曜日）、たった十数名の受験者に交ざって、パーフィットは予定どおり試験を受けることになった。合否はこの濃密な三日間の成績だけにかかっていた[*61]。選択した専門分野（パーフィットの場合は歴史学）に関する論文が二本。そしてオックスフォードの学部入試で受験生が直面するような問題を含む一般論文、『金持ちが神の王国に入るより、ラクダが針の穴を通る方が簡単である』これに同意するか」「芸術とは何か」「科学は宗教と両立するか」「死者に対してわれわれは義務を負うか」「大学は何のためにあるのか」などなど、である。ロビン・ブリッグズの記憶では、その年の論文は「音楽に合わせられた詩は、破壊された詩である。これを論じよ」といったような出題だった。

この試験で最も悪名高いのは、受験者が白紙の紙を渡され、「小型発火装置のように[*62]」一語と対峙して小論文を書き、その博識を示さなければならないという三時間の試験である。おそらくは都市伝説のようなものだろうが、この試験は外部の世界にはあまりにも魅力的に映り、それゆえ受験者でない者たちもコレッジの外に集まってきては、どの単語が選ばれたかを知ろうとするという[*63]。それまでに選び出されてきた単語は「調和」「混沌」「慈悲」「慈善」「堕落」であった。パーフィットが答案用紙をめくったとき、現れたのは「無垢」だった。

そうして迎えた土曜日、最後の、最も恐るべき試練が訪れる。翻訳と口頭試問である。受験者はギリシャ語、ラテン語、フランス語、ドイツ語の文章のどれかを選ぶために一分間与えられる。それから陰気な談話室に送り出され、薄明かりのなかで彼らを見つめるガウン姿のおよそ五十名のフェローの前でそれを読み、翻訳するよう言われる（不合格だったある受験生は数十年後に、彼らは「血吸いコウモリみたいに部屋中を覆い尽くしていた」[*64]と述懐する）。その後フェローから、「合格したらどんな研究をするのか」といった漠然とした質問がある。この試験の流れには馬鹿げた面もある。たとえば口頭試問で受験者たちに答案について質問することはできない。フェローたちはまだ読んでいないからだ。

フェローによる投票はおよそ四週間後のオール・ソウルズ・デーか、その近辺におこなわれる。学力競争で首位にならないことはパーフィットには稀有な体験だった。したがって拒絶されたことはショックだったろうし、彼のチュートリアル・パートナーだったロビン・ブリッグズにその年唯一の受賞フェローシップが授与されたのは、おそらく格別に心傷ついたことだったろう。

どう見ても、オール・ソウルズは奨学金に値する二人目の受験生が存在するとは考えていなかった。それでもなお、オール・ソウルズの学寮長ジョン・スパロウからの「決定はごく僅差であった」と告げ、再受験を勧める手紙に、パーフィットは心慰められたことだろう。彼は実際に再受験することになる。しかし当面は、延期していたアメリカでの奨学生生活を開始できることになった。そしてこの期間中に、新たな学問と恋に落ち、その後の生涯すべてを捧げるのである。

6 アメリカン・ドリーム

An American Dream

一九六五年一月十三日、デレク・パーフィットはサウサンプトンで老朽化した大洋定期船クイーン・エリザベス号に乗船し、ニューヨークへと向かう六日間の大西洋横断航海へと出発した。これから二年間、彼はハークネス・フェローとなるのだ。

ハークネス奨学金はスティーヴン・ハークネスの息子、エドワードによって創設された。スティーヴン・ハークネスは馬具職人に弟子入りして仕事を始め、後にスタンダード・オイル社となる会社の創業時に投資して巨万の富を築いた。ハークネス奨学金プログラムは当初イギリス人のみを対象とし、ローズ奨学金と相互補完関係にあった。一九六〇年代、この奨学金は二十代前半で学士号を取得したばかりの前途有望な学業優秀者を主に対象としていた。フェローのなかには多少年長の者もいた――たとえばパーフィットの同期生には小説家のデイヴィッド・ロッジがおり、彼は二十代後半ですでに結婚して子どもがいた。[*1] ほとんどのフェローたちは大学に所属し、また奨学金で学費と滞在費をまかなった。

アメリカを知ることはアメリカを愛することである。少なくともそれがハークネス財団の希望であり目標であった。また、おおむね事はそのとおりに運んでいた。BBCのブロードキャスター、アリステア・クックは一九三〇年代のフェロー時代にアメリカに感嘆し、イギリスの視聴者に向けてアメリカについて報告し説明することに人生の大半を捧げた。『ニューヨーカー』インターンシップ時代、パーフィットもアメリカ合衆国と恋に落ち、その愛はフェロー時代にさらに深まった。彼はロンドンよりもニューヨークになじんでゆく。

＊　＊　＊

その年のハークネス・フェローはパーフィットを含めて十五名だった。彼らはアメリカ全土の大学に散らばり、また学問関心も化学から銀行業、人類学、法学、都市設計から小説創作と多種多様だった。パーフィットは当初ニューヨークを拠点とし、最初の宿泊先に猥雑でいかがわしいウェスト二三番通りの赤煉瓦造り十二階建チェルシーホテルを選んだ。怪しげな魅力を漂わせるこのホテルは、無数の芸術家、作家たちのお気に入りの溜まり場だった。チェルシーは長期滞在に理想的なアパートメントでもあった。アーサー・ミラーはマリリン・モンローとの離婚後の一九六一年に越してきて、六年間ここに暮らした。チェルシーには「真空掃除機も、掟も恥もない」[*2]、そして「マリファナの煙の残り香で、エレベーター内でハイになることだって」[*3]できる、とミラーは書いている。パーフィットの滞在当時、ミラーは「二〇〇一年宇宙の旅」をスタンリー・キューブリックと製作中のアーサー・C・クラークと朝食をともにしていたことだろう。クラークは最上階に滞在し、お茶とクラッカーとレバーパテで生きながらえていた。ある日、彼らの話題はきっとウィンストン・チャーチルの死の件に転じただろう。チャーチルが死去したのはパーフィットが入居した五日後のことだった。

二月七日から五月末まで、パーフィットはイースト二二番通り一四四番のアパートメントを借り、その後ブロードウェイと交差するウェスト一〇四番通り二四五番一Eに移った。彼はニュースクールとニューヨーク大学の双方に所属し、ハークネス奨学金は試験を受ける義務なしに講義を聴講できるという贅沢な身分を与えた。パーフィットが出席を計画していた講義が何かはわかるが、実際にどの講義を受けたかは不明である。計画書では「民主主義、自由、そして責任」「社会心理学」「文化と人格」「心理分析と社会」が入っていた。NYUでは、C・W・ミルズに影響を受けた社会学者、デニス・ヒューム・ロングの授業に出席したいと考えていた。ロングは、人間行動は内面化された社会規範に導かれるという観念を否定する、よく引用される論文を執筆したところだった（人間行動は性的衝動と人間本性に支配されるとする説の方が優れていると彼は主張した）。しかし出願願書に特にロングの名を挙げていたにもかかわらず、パーフィットが彼の授業に出席した形跡はない。

パーフィットの希望は、アメリカでの二年間が「大学院に進んで研究するかどうか、そして専攻科目を歴史から哲学に変更するかどうかを決定する時間を与えてくれる」[*4]ことだった。マンハッタンのアパートメントの近くには、ニューヨーク最古の大学、コロンビア大学があり、パーフィットがここの授業に出ていたのは確実である。一つはシドニー・モーゲンベッサーの授業で、彼は話の面白いごく少ない哲学者のなかでも、最も機知に富んだ人物とみなされていた。とはいえモーゲンベッサーの気の利いた話や逸話の数々は、哲学界の外ではあまり知られていない。プラグマティズム（言語と思考を、現実を表わすよりも問題解決のための道具とみなす考え方）に関する見解を訊かれ、モーゲンベッサーは「理論上は大変結構だが、実践はうまくいかない」と答えた。コロンビア大学で開かれたとある研究会で、オックスフォードの言語哲学者J・L・オースティンが、「彼は魅力的でなくはない」というように英語では肯定を表す二重否定が用いられるが、否定を表す二重肯定の例は英語には存在しないと指摘した。モーゲンベッサーは割って入って言った。「ああ、そうだ、そうだとも」。ほかにもレストランでデザートを注文したときの話がある。ウェイトレスは「アップルパイかブルーベリーパイがお選びいただけます」と言った。彼はアップルパイを注文した。ほどなくウェイトレスは戻ってくると、「チェリーパイもお選びいただけます」と言い、それに対してモーゲンベッサーはこう答えた。「それならブルーベリーパイを頼むよ」。これは決定理論の専門家には古典的なジョークである。モーゲンベッサーが扱う問題は幅広い。飛び出しナイフのように鋭い彼の知性と学生たちを尋問するやり方――ある表現を借用するなら、イディッシュ訛りのソクラテスメソッド――は、学生たちをたじろがせたが、この学問を始めたばかりのパーフィットにとっては、目を瞠《みは》るような体験だったにちがいない。

パーフィットが深く身を投じるつもりだった社会学や心理学を含むさまざまなトピックのなかで、彼が夢中になったのは哲学だった。やがてこの教科を帰国後オックスフォードで専攻することを考えはじめる。オックスフォード大学は概念の詳細な検討を強調する分析哲学で知られていた。ウィーン生まれでケンブリッジを拠点としたルートヴィヒ・ウィトゲンシュタイン（一九五一年没）にいくらか影響され、一九五〇年代のオックスフォードはいわゆる日常言語学派哲学の中心地になっていた。この学派によると、伝統的な哲学的問題は、日常的な意味で言語が実際にどのように使われているか――哲学者たちがそれをどのように用いるかではなく――に哲学者たちが詳細に注目すれば解消されうる。パーフィットは二〇一一年にアメリカで『ニューヨーカー』にこう語っている。「私は『大陸』哲学者によるある講演に行った。［中略］それは自殺や人生の意味といった重要な主題に関するものだったが、非常に曖昧だと感じた。私は分析哲学者の講演にも行った。それはごく瑣末な主題に関する、きわめて明晰な講義だった。大陸哲学者が変化して重要な主題をもっと明晰で議論を尽くしたかたちで論じるのと、分析哲学者が変化してその明晰さと論理性を重要な主題に適用するのと、どちらが有望だろうと考えたことを覚えている。私は後者の方がより有望そうだと判断した。自分は正しかったと思う」[*5]。曖昧な「大陸」哲学者とは誰だったのか？　確定はできないが、ロバート・カミングであった可能性が高い。パーフィットは彼の講義に出席しようという関心を表明していた。またカミングはパリのソルボンヌ大学で勉強した人物で、ジャン＝ポール・サルトルの実存主義に関心があった。

詳細はこれまた不明だが、ある時点でパーフィットはイギリスの哲学者、スチュアート・ハンプシャーのもとを訪問している。彼はプリンストン大学にいた。ハンプシャーはパーフィットの哲学への専攻変更に影響を大きく与えた人物となる。彼も歴史家としてスタートしたという点も大きかった。

＊＊＊

一九六五年の夏は旅行に費やされた。ハークネス・プログラムの目的の一つは、フェローたちが旅行しながらアメリカ合衆国を肌で感じてくれるよう奨励することだった。筆者自身がハークネス・フェローであったときは、フェロー全員に六十日間有効のアメリカ大陸内どこにでも行ける航空パスが渡された。大量のプレッツェルとピーナッツの小袋が空になったものだ。しかし、パーフィットの時代には、フェローたちには自動車購入資金が渡され、夏のあいだは可能な限りアメリカ中を縦横無尽に見て回るよう期待された。誰もがアメリカ旅行に価値を見出したわけではないし、パーフィットと同期のフェローのなかには制度を悪用し、自宅で書いた絵葉書を友人たちに各地の街から送ってもらった者もいた。

しかしパーフィットはこの要求を真面目に受け止め、週末にはニューヘイブンの姉の家で運転を練習し、ニューヨーク発の綿密な周遊ルートを作り上げた。メアリ・クレメイに一緒に来ないかと誘うと、彼女は大喜びで同意した。そして彼女をＪＦＫ空港（ケネディ暗殺後、つい十八月前にアイドルワイルド空港から名称変更したばかりだった）に迎えに行くと、二人してニューヨークからボストン、バッファロー、ナイアガラの滝、シカゴをめぐり、中西部を横断した〔口絵⑦〕。どこに行っても、パーフィットは訪れるべき場所とすべきことを調べてあった。バッファローでは、フランク・ロイド・ライトの建築を見に行った。町から町へと車を運転しながら、地元ラジオ局の番組を聴いた。中西部のどこかでは、マーサ・アンド・ザ・ヴァンデラズの最新曲「ダンシング・イン・ザ・ストリート」にあわせて屋外ダンス場で若者たちがツイストを踊っているのに遭遇した。それからアイダホ州スネークリバー、そしてシエラネバダ山脈のクレーターレイクに到着し、すばらしい眺望を楽しもうとハンドブレーキをかけずに車外に出たパーフィットは、もう少しで車を失ってしまうところだった。幸いにも自動車は崖を落ちずにゆっくりと山側に進み、止まってくれた。

やがて二人はサンフランシスコに着いた。パーフィットの姉の友人たちのところに滞在する予定だったが、そのうちの一人ががんの診断を受けたため、一泊したら別の家に移らなければならなくなった。二人はバークレーからスタンフォードへと車で移動し、そこでメアリの大学の友人、アン・チザムとアンの友人でスタンフォードでサマーコースを教えていたデイヴィッド・ウィギンズと合流した。ウィギンズは後に著名な哲学者となる。三十代になったばかりで、オックスフォードのニュー・コレッジで哲学講師をしていた。彼がスタンフォードの夏の仕事を引き受けたのは、当時まだほとんど知られていなかったドナルド・デイヴィドソンに強く惹かれていたからだ。当時デイヴィドソンは、言語がどのように意味を獲得するかに関する複雑怪奇だが影響力の大きい理論を展開中だった。意図や信念のような心理学的状態を、命題はどのような場合に真または偽になるかに関する理論と結びつけようというのだ。

この四人組はパシフィックコースト・ハイウェイをロサンゼルスに向かい、ワッツ暴動の直後、同地に到着した。アフリカ系アメリカ人青年が無謀運転で停車させられ、警棒で顔を殴られたことをきっかけに勃発した大暴動である。パーフィットはこの話を追いかけて読んでおり、メアリたちにあらましを詳しく説明している。その後彼らはアンの知り合いのジョン・グレゴリー・ダンとジョーン・ディディオンという作家志望の女性とビーチへピクニックに出かけた。

次なる目的地はラスベガスで、デスバレーを経由して向かった。車にはエアコンがなかったから、夕方デスバレーを横断し、ベガス到着は深夜になった。唯一空きがあったのはダブルベッド二つの部屋が一つだけで、純潔を尊ぶ時代、男性二人が一方で寝、女性二人がもう一方で寝た。ベッドの片方に二五セント硬貨の投入口があり、コインを入れると一分半揺れることに気づくと、一行は寝るのを忘れて一晩中面白がった。

ウィギンズが「クッソまずいベガスのビュッフェ朝食」と形容した朝食後、グランドキャニオン行きとなった。時間削減のため飛行機ツアーで見物することに決めて乗り込んだ小型飛行機の先の滑走路には、明らかに胴体着陸した別の機体が見え、操縦士が航空管制官に「頼むからあれを見えないところに片付けてくれ！」[*6]と叫ぶ声が聞こえてきた。

地上に戻ると、彼らはアリゾナ州とニューメキシコ州を抜けてテキサス州ヌエボ・ラレドへ向かう千二百マイルの旅へと出発した。パーフィットがずっと運転し、歩みは慎重だった。つまり彼とウィギンズは哲学を論じ合い、議論が白熱してくると速度を落とし、ほぼ徐行運転になったからだ。パーフィットは言語哲学にまったく関心がなかったから、二人を夢中にさせたのがドナルド・デイヴィドソンの著作だったとは思えない。パーフィットが自己同一性の問題に緻密なかたちではじめて接触した可能性の方がずっと高い。一九六四年の秋（オックスフォードのミカエルマス学期）に、ウィギンズは「自己同一性の絶対性」と題する一連の講義をおこなっている。彼は実体とは何かという問題、あるいは後に用いた表現によれば「われわれが語り、考え――そしてわれわれ自身が交流しなければならない――事物とは、この世界においてどのように明確化され、特定され、見つけ出され、引き出され、形作られ、あるいは削り出されるのか[*7]」に関心があった。

　このことは自己同一性の問題と結びついていた。もし大理石の塊が実体であるなら、それは彫刻にされたとしても依然として同じ実体なのか？　それは古代以来続く難問である。紀元前五百年頃、ソクラテス以前の哲学者ヘラクレイトスは、同じ川に二度足を入れることは不可能だと主張したとされる。彼はまた伝説の英雄テセウスの船について論じている。テセウスの船はくり返し港に係留された。そしてその木が腐っていくため、木材はゆっくり少しずつ交換された。やがてもとの船の木材が一片もなくなったとき、この船は依然として同じ船か否かという問題が提起されることとなる。腐った木材がすべて保存されていて、もとの形に組み立てられたと想像すると、この難問はますます頭痛の種となる。さて、**これ**はもとの船なのだろうか？

　人間は大理石の塊や船のような生命のない物体ではない。しかし同様の難問は可能である。デレク・パーフィットは自動車旅行のはじまりと終わりでは同一人物だろうか？　自動車旅行をしている彼と赤ん坊だった彼とは同一人物だろうか？　そうだとすると、何が彼を同一人物にしているのか？

パーフィットとウィギンズは、とてつもなく奇妙な哲学者の組み合わせである。その後半世紀にわたって、二人とも幅広い問題について思考を展開することになるが、二人の知的領域はほとんど重ならず、友人にもならなかった。それでも、たまたま助手席に座っていた人物がきわめて優秀な哲学者であるばかりか、その時点ではこの学問に自分よりはるかにずっと通暁し、没頭していたことをパーフィットは幸運と思っていい。また、人格の同一性問題への関心により、ウィギンズはパーフィットの将来の哲学の方向性に大きく影響したようだ。

ヌエボ・ラレドで、パーフィットは車を駐め、四人の旅人たちはメキシコシティ行きの豪華列車に乗車した。彼らは数日間その地に滞在し、国立人類学博物館を訪問し、バスに乗ってテオティワカン・ピラミッドに行き、また地元民がハンドボールゲームの一種バスク・ペロータに興ずるのを観戦した。このゲームは親縁の球技イートン・ファイブズをパーフィットに思い出させたにちがいない。それから一行は別れ、ウィギンズとチザムはユカタン半島へと向かい、パーフィットとクレメイは列車で戻って車に乗り、ルイジアナ州、ミシシッピ州、アラバマ州を経由するニューヨークへの長い帰途についた。

アラバマで、二人は当時アメリカ南部にはびこっていた野蛮な人種差別と遭遇した。この頃はアメリカの人種関係にとってきわめて重要な時期だった。公民権革命は二つの立法的支柱、すなわち、一九六四年公民権法と投票権法を基盤とする。公民権法は、レストランが人種や肌の色ゆえに差別することを禁じた。投票権法は一九六五年八月六日にリンドン・ジョンソン大統領によって署名されたばかりだった。アフリカ系アメリカ人たちから公民権を奪おうとする識字試験やほかのインチキな手段を違法としたのだ。ジョンソン大統領はこれをいかなる戦場で勝ち取られた勝利とも同じくらい偉大な勝利と呼んだが、アラバマの白人有権者たちの見方は違った。人種差別的慣習は生活のそこここに依然根強く残されていた。ある蒸し暑い夜、パーフィットとクレメイは小さな家族経営のハンバーガー店に食事に行った。エアコンはなく、ブンブンと音立てて回る扇風機が天井にあるだけだった。白人の十代の娘が「おびただしく汗をかきながら」メニューを手渡してきた。「ハンバーガーが五〇ドル六五セント、コカコーラが五〇ドル一五セントと書かれているのを見て、私たちは大いに面食らいました。聞き質すと、彼女は南部訛りの間延びした口調で、『そこの値段は気にしないで。黒人向けってだけだから』と言ったのです[*8]」。

パーフィットとクレメイがマンハッタンに到着すると、イートンとオックスフォードで友人だったエドワード・モーティマーがニューヨークにいた。三人はロウアーイーストサイドにある「極東のナメクジ」という名のうす汚ないジャズクラブに行った。ジャズは爽快だったが、数時間後に店を出ると、車のタイヤがパンクしていた。誰もどうしていいかわからなかったが、一番わからずにいたのがパーフィットだった。おそらく同じジャズクラブから出てきたらしき通行人が手を貸してくれた。彼はパーフィットが崇拝するジョン・コルトレーンにそっくりだった。パーフィットたちが「あなたはコルトレーンですか?」と訊ねると彼は「そうだ」と答えた。だがクレメイは「私は違ったと思う![*9]」と言う。モーティマーは「それじゃあなたはセロニアス・モンクをきっとご存じですね?」といったようなことを訊いた。すると彼はこう答えた。「モンクだって? もちろんさ。あいつは今犬の散歩に出ていったよ[*10]」。

一九六五年九月、ハークネス・フェローの一人ベン・ザンダーと婚約者のパトリシアがパーフィットのウェスト一〇四番通りのアパートメントをシェアすることになり、引っ越してきた。ベンは才能あふれるチェリスト兼指揮者で、アメリカに音楽を勉強しに来ていた。パトリシアはスターピアニストだった。パーフィットは二人とほとんど顔を合わせず、会うのはたいてい夜だけだった。すでにほぼ夜行性になっていたのだ。ザンダーはとりわけ彼の声をよく覚えている。「思い浮かべると声がはっきり聞こえてくる人物は二人きりだ。一人は子どものときに教わったベンジャミン・ブリテン、もう一人はパーフィットだ。彼の声は息もつけぬ興奮と強い活力と、とてつもない熱情に満ちていた」[*11]。

パトリシアとベンは一九六六年に結婚し、一九七〇年代に友好的に離婚した。早い段階から、パーフィットとパトリシアは付き合っていた。関係は婚約時代に始まっていた証拠がある。もし露見していたら、彼らのリベラルな仲間内においてすら、衝撃であったろう。パトリシアはハーヴァードの教授となり、その後世界で最も権威ある音楽大学の一つ、ニューイングランド音楽院の教授となる。彼女はドーセットの労働者階級家庭で育った。父親は、派手で退廃的な社交家であるスティーヴン・テナント（イヴリン・ウォーの『ブライズヘッドふたたび』の登場人物セバスチャン・フライトのモデルとされる）の邸宅の庭師だった。彼女は邸宅にこっそり忍び込んでピアノ演奏を学んだという。後に神経を損傷するまでは世界的チェリスト、ヨーヨー・マの世界ツアーで伴奏をし、レコーディングも二回している。新進気鋭の演奏家たちが世界中から彼女の指導を受けに訪れ、数多くの有名作曲家たちが、自分が今作曲中の作品について彼女に打ち明け話をしたものだ。

彼女は一冊も本がない家で育ち、若い頃は自らの文学的、文化的教育の欠落に不安を覚えていた。やがて彼女はハーヴァードスクエア近くのデュプレックス・アパートメントに立派な書斎を作ったし、そこには哲学書も多くあった。パーフィットが本を勧めてくれた。しかし、初期の二人の会話は、ほとんど音楽ばかりだった。一九六〇年代半ば、パーフィットはバッハ時代にあった。「彼はすばらしくバッハと調和していました」。ベン・ザンダーは回想する。「バッハはまるで彼のために書かれたかのようでした」[*12]。彼はザンダー夫妻に、宇宙にはいつでも入り込める円環が存在すべきで、そこではバッハの音楽が常に演奏されているのだと説いた。

＊＊＊

車中でのウィギンズとの会話はパーフィットの哲学への関心を強化したはずである。一九六五年の秋、彼はコロンビア大学でロバート・ポール（ボブ）・ウルフの講ずる倫理学の授業に出席した。パーフィットはこの論題に強い関心をもった。「デレクは留学生としてやってきて、倫理学に関する私の講義に出席できるかと訊いてきた。当然私は『イエス』と言った。学期の終わり、彼は単位のためにこのコースを履修していないがペーパーを提出してもいいかと訊いてきた。どうせ二十本も論文を読むんだから、もう一本くらいどうってことはない。だからイエスと言った[*13]」。

だが浅はかだったことが判明した。やがてパーフィットは行間を開けずにタイプした四十八ページの論文を持って現れた。その中身は、いかなる状況においてもわれわれは常に可能な最善の帰結をもたらすように行為すべしという行為功利主義（ジェレミー・ベンサム、ジョン・スチュアート・ミル、ヘンリー・シジウィックが推進する）の擁護論だった。「言うまでもなく、それは私が読んでコメントする時間を費やすに値した[*14]」。その学期の後、ウルフはパーフィットと一度も会っていない。「だが彼のことが私の脳裡から離れなくなっても、驚きはしなかった[*15]」。

一九六六年の一月までに、パーフィットは二年間の哲学学位（BPhil）への出願を決意し、オックスフォードの哲学教員の長であるギルバート・ライルに手紙を書いた。ライルは著書『心の概念』で有名である。同書で彼は心身二元論――身体と心は分離した実体であるという観念――は哲学的にはつじつまが合わないと論じた。二元論は元来、十六世紀のフランス哲学者ルネ・デカルトと結びつけて考えられる。

ライルはそれを嘲笑し、「機械のなかの幽霊」という言葉を造語した。ライルはパーフィットに激励する返信を送ったが、パーフィットには正式な哲学の訓練がないわけだから、哲学学位課程の修了に二年ではなく、三年かけることを考えてはどうかと提案した。また哲学の論文二編を送ってくるべきだとも書いた。

一月十日にパーフィットはベイリオルの哲学講師の一人、アラン・モンテフィオールに手紙を送っている。彼はモンテフィオールに、哲学・政治学・経済学に専攻を変更しようかどうか考えていた一九六二年に自分が会っていることを思い起こさせた。しかし「そのときは、経済学への恐怖ゆえに断念しました」。アメリカに出発する前、彼は哲学学位で政治学を勉強するよう提案されていた。しかし「私の関心はもっと哲学を中心にしていることがわかってしまいました」[16]。ライルに送る論文は経験的価値論と道徳感情に関するものになるはずだった。手紙には、前者に関してはすでに草稿ができているが、後者を提出する前にモンテフィオールに読んでもらえないか、とあった。

次に彼は哲学学位申請のための照会状を書いてくれるよう三人の人物に接近した。ステュアート・ハンプシャー、ボブ・ウルフ、クリストファー・ヒルである。彼のチューターだったヒルは、ベイリオルの学寮長に昇任していた。「私の脆弱な精神に一年間の自由をお与えください。そうすれば必ずや新たな学問に向かってぎこちない歩みを進めることでしょう」。彼はヒルにこう書き送った。また、自分の歴史学の学位は「哲学委員会には間の抜けたものに見える（彼らはわれわれの学問の繊細な緻密さを理解しないのです）」だろうと心配していた。彼はヒルに、書くべき表現をそっと提案した。すなわち、「私の穏健な理屈っぽさ（必ずや先生もそれに苦しめられたことでしょう）は、『彼は哲学専攻に適性があると思われる』と書く正当な理由になることでしょう（「とてつもなく」、「適性がある」ということです）」[17]というのである。
それから数週間で照会状はすべて到着した。ウルフは、パーフィットが彼のために書いた論文は「博士論文の一部としても十分である。［中略］彼の議論の熟練と文章能力は、正式な哲学教育をほぼ受けていない者としては驚くべきものがある」と述べた。[*18] ハンプシャーは「彼の知的能力がきわめて高いことに満足している」。パーフィットは二十世紀の文献を驚くほど大量に読んで理解しているが「明らかに読むべき文献はまだまだ多い。とりわけ論理学において」。[*19] 彼を最もよく知るヒルは、最も雄弁だった。「パーフィット氏は数多くの点で、私の教えた最も有能な学生である」。彼はさらにパーフィットがイートンとオックスフォードで獲得した学術賞のリストを書き連ねた。「どの段階においても彼は最優秀賞を目指し、一度たりとも逃したことはない」。[*20]
申請書には研究資金をどこから得るつもりか記す欄があった。パーフィットは国費奨学金を獲得したいとの希望を表明している。しかし自分はそうした奨学金に頼っていないとも記入した。次の欄には奨学金や助成金が取得できない場合にはどうやって自活するかという質問があり、彼の回答は「両親？」だった。[*21]
一九六六年三月十八日、ギルバート・ライルはアラン・モンテフィオールに、パーフィットが合格したと知らせた。彼は通常の二年ではなく三年で課程を修了することが本人の利益になるとパーフィットに念押しするよう示唆している。モンテフィオールはパーフィットにこの件を伝え、パーフィットは一九六六年三月三十一日に合格に導いてくれたことに感謝する返信を送った。手紙の文頭には「**投票日**」と記されていた。労働党の首相ハロルド・ウィルソンが不意打ちで解散総選挙に踏み切り、その日、労働党が地滑り的大勝利を収めて再選されたのだった。

いつもどおり、パーフィットは自分に適用されるルールにはある程度の柔軟性が許容されると考えた。彼は一九六六年の秋学期をハーヴァードで過ごせるよう、一九六七年一月まで哲学学位の開始を遅らせる許可を求め、許可された。五月二日、ボブ・ウルフはコモンウェルス財団に、パーフィットをハークネス・フェローに選んだ彼らの選択は賢明だったと請け合っている。「パーフィット氏は私の授業に出席し、また私は彼の書いたものを百ページ以上読んできた。パーフィット氏は私がハーヴァード大学、シカゴ大学、コロンビア大学で教えた八年間で出会った三、四人の最優秀の生徒の一人だ。彼はすばらしい研究に取り組んでおり、ここに留まるよう説得できたらと私は切に願っている。これほど有意義な資金提供先はありえない[22]」。

一九六六年の夏は、オックスフォードの友人の結婚式でフランスに短期旅行したほかはイギリスで過ごした。パーフィットは八月二十六日までにはアメリカに戻り、哲学学位の学費および年間生活費三七五ポンドを三年間にわたって支給するメジャーステイト・スチューデントシップを獲得した朗報を聞くことになる。

＊＊＊

ハーヴァードでの学期中、パーフィットは正義と平等、とりわけリベラルな民主主義に関係するこれらの価値の問題に関する哲学的関心を再興させた大著『正義論』によって、埃にまみれた政治哲学の蓋を吹き飛ばすことになる教授と出会った。第二次世界大戦以降、政治哲学の重要な業績はいくつかある。たとえばカール・ポパーの『開かれた社会とその敵』（一九四五年）やハンナ・アーレントの『全体主義の起源』（一九五一年）のように。しかしこの学問は依然としてウィーン学団――科学的知識のある哲学者と数学者のグループで、一九二〇年代、一九三〇年代にオーストリアの首都に集まり、「殺人は不正である」や「民主主義は良い」といった規範命題は無意味である、なぜならそれは経験的に検証できないからだ、と主張した——の影響に阻害されていた。その後、理論家の任務はただ「所有」「権利」「権力」「民主主義」のような政治的用語がどう用いられるかを分析することだけだと主張し、日常言語学派の哲学者たちが政治理論への熱意をさらに挫いた。

『正義論』の著者ジョン・ロールズがすべてを変えた。彼は実質的な問題と格闘したのだ。それも言語分析の狭いプリズムを通してではなく。正義の原理——そして資源の正しい配分——は、彼が「原初状態」と呼ぶものから導き出しうると主張した。われわれが自分たちの社会的位置、階級、人種、性別、自分の利害や才能、あるいは自分が数学が得意かスポーツが得意か芸術が得意かどうか、あるいはそもそも何らかの技能をもっているのかどうかに関する知識をすべて覆い隠す「無知のヴェール」の背後にいると仮定すれば、われわれは社会の資源をどのように配分するだろうか、とロールズは問う。そうした状況下で、さまざまな正義のルールを採用することだろうとロールズは主張する。最も重要なのは、われわれは何らかの不平等を許容するだろうが、それが社会のなかで最も暮らし向きの悪い人の利益のためである限りにおいてである、ということだ。たとえば、野心ある有能な人への報酬としておこなう経済その他の優遇措置は、社会のなかで最も貧しい人にとってすら良いものになるだろう。ロールズは学界外ではほぼ無名だという、九九・九九パーセントの哲学者と同じ運命を甘受してはいるものの、世界中のおびただしい数の人びとが彼から受けた影響をどう表現したとて誇張しすぎではない。官僚たちが潜在的政策を調査し、それが最も恵まれない者たちにどう影響するかを問うとき、彼らはロールズ的問題を提起しているのである。

『正義論』の刊行は一九七一年だが、それは長年にわたる思考の蓄積結果で、パーフィットは一九六六年末、すでにそのアイディアの一部に接していた。パーフィットのロールズへの個人的紹介はデニス・トンプソンによって用意された。トンプソンとパーフィットはオックスフォードで知り合っており、当時トンプソンはハーヴァードの政治学部の院生だった。ロールズはパーフィットが「おそるべき哲学的知性と、きわめて明敏かつ洞察力に富んだ頭脳を備えている」[*23]ことをただちに認識した。またパーフィットは間違いなくロールズに魅了されていた。彼はロールズに自分の行為功利主義論文を見せ、またハロウィンの日付の付された書簡に、二人は「とりわけ面白い話をした」と記している[*24]。

過去において、パーフィットは自分に有利な方向に制度的ルールをねじ曲げることに常に成功してきた。ルールはほかの人たちのためにあると信じていたようだ。一九六六年十一月二十四日の感謝祭の日に、彼はもう一度運試しをした。ハークネス奨学金は、終了後少なくとも二年間はアメリカを離れることという条件付きで授与されていた。しかしパーフィットには別の目論見があった。コモンウェルス財団にこう書き送った。「こちらの道徳哲学者ロールズ教授が私のしたいこととときわめて近接した仕事をされていることを知り、興奮を覚えています。一部にはこの理由から、一月前、ロールズ教授と、私が一緒に仕事をしているもう一人の教授が、ハーヴァードで奨学金を申請して九月にこちらに戻ってきてPhDを取得するべきだと提案してくれました[*25]」。

ロールズ教授の道徳哲学に対するアプローチはイギリスのアプローチとは顕著に異なるのだと彼は説明した。ロールズにはこの主題に関するより広い知見があり、経験的仮説を導入している。自分は道徳における経験的仮説に関する学位論文を書きたいと考えており、またそれはオックスフォードの哲学者たちが足を踏み入れようとしない領域なのだ、とパーフィットは書いた。すなわち、ロールズ教授はオックスフォードの哲学者を何人か知っている（また好きでもある）とのことですが、その彼が、私がしたいことが現在のオックスフォードの枠組みにはまったく当てはまらないと警告してくれました。もっと広い意味では、私のほかの関心のいくつかはハーヴァードが特に取り扱っている分野（たとえば人工頭脳の重要性や新しい言語学に関してパトナム教授がMITであげている業績）にあります。[*26]

ロールズのPhDの提案は魅力的だった。「このアメリカでの経験を得たうえで、三年後にイギリスで哲学研究キャリアを開始するのはきわめて胸躍る実り多いものではないかと思われるのです」[*27]。もしパーフィットの計画が承認されていたら、二十世紀後半の政治・道徳哲学はどう変わっていたことか？　それを想像するのは非常に興味深い。後に平等について書いた影響力の大きい論文一本を除けば、ほぼ避けて通った政治理論に引き込まれていたかもしれないのだ。そして『正義論』のなかの議論をいくつも形作っていたかもしれない。この本は著書と論文の文字どおり小産業を生み出したが、パーフィット自身は『正義論』をまだ曖昧で説得力に欠けていると感じていた。

しかし今回に限っては、彼の魅力と説得力も官僚主義の壁にぶち当った。コモンウェルス財団は態度を変更しなかった。パーフィットはオックスフォードと哲学学位へと帰っていく。少なくとも彼は専攻を変える決断はした。友人エドワード・モーティマーが言ったように「その後のことは……、そう、まだ歴史ではないでしょう[*28]」。

7 ソウル・マン

Soul Man

パーフィットはもっと大きな賞を狙っていた。しかしひとまずは権威ある哲学学位課程に席を獲保し、ノースムーア通り五番の実家に住みながらベイリオルに戻った。

第二次世界大戦前、イギリスにおける最も重要な哲学の発展はケンブリッジ——G・E・ムーア、バートランド・ラッセル、そしてルートヴィヒ・ウィトゲンシュタインの学問的本拠地である——で起こっていた。しかし戦後になるとそうした動きは決定的にオックスフォードに移る。哲学学位は二年間の大学院学位だった（今もそうである）。学生は試験と学位論文双方で評価される。ほかのオックスフォードの教科では、哲学学位（Bphil）は修士課程であることを反映して哲学修士（Mphil）へとブランド名を変更した。しかしオックスフォードの哲学教員たちは、哲学学位は哲学の世界ではあまりにも有名だからこの用語法にこだわるべきだと主張し、守り通した。一九六〇年代には（博士号なしの）哲学学位だけで十分、若手哲学者が権威ある大学職に応募できる資格だったのだ。

当時、オックスフォードで道徳哲学といえば、メタ倫理学が主に論じられていた。つまりそれは道徳的主張の身分を問うたのである。もし私が「殺人は不正である」と言うなら、私は客観的事実を陳述しているのだろうか？　もしそうなら、そのような「事実」はどう理解されるのだろう？　過去十年間にわたり、オックスフォードは日常言語哲学の「中心地」としての地位を確立していた。そこでは伝統的問題とは言葉が通常どのように用いられているかに関する誤解の結果生じたものであると考えられた。J・L・オースティンが言語哲学の指導的主唱者で、彼のアプローチは必然的に倫理学研究に浸透していた。

哲学学位でのパーフィットの同期はみな一九六六年十月から学位課程を始めていたが、ハークネス奨学金同様、彼だけルールを曲げて延期を申し出ていた。そうして第二学期（オックスフォードではヒラリー学期として知られる）が始まる一九六七年一月十五日に入学した。彼のチューターたちはオックスフォードの哲学部隊の強さ深さを反映している。彼はアルフレッド・エイヤー、ピーター・ストローソン、デイヴィッド・ピアズ、アラン・モンテフィオールの教えを受けた。最初の著書『理由と人格』の謝辞では、最初の恩師としてR・M・（ディック）ヘアの名も挙げた。全員が哲学の巨頭である。

モンテフィオールは有名なユダヤ人一族出身で、おそらくそうしたこともあって、彼の関心には自らの自己同一性をどの程度までコントロールできるかという問題が含まれていた。またモーリス・メルロ＝ポンティのような大陸の哲学者たちもよく知っており、彼らに共感する点でオックスフォードでは異質だった。デイヴィッド・ピアズはウィトゲンシュタインの専門家だ。オックスフォードの学生時代、乱闘騒ぎから逃げようとして上流階級御用達ランドルフホテルの窓から飛び降りた直後、ウィトゲンシュタインを発見した。救急車に運ばれる途中で、友人から『論理哲学論考』をひったくり、入院中にこの本に魅了されたのだ。

エイヤーとストローソンは哲学的探求を幅広くおこない、ヘアとともに倫理学に重要な貢献をした。華々しく派手な「フレディ」エイヤーもまたイートン校出身者だ。彼は救いがたい女たらしとして――正当にも――名高く、友人たちの一部からは非難を（そして一部からは羨望を）集めていた。前述したウィーン学団の議論（一九六〇年代には信用失墜した）は、一九三〇年代にエイヤーが英米世界に導入した。ウィーン学団はいわゆる論理経験主義として知られるもの（論理実証主義とも呼ばれる）と、それに関連した「検証原理」を押し出す。論理経験主義によれば、命題が有意味であるためにはそれが定義上真か（「すべての三角形は三辺を有する」）、あるいは検証可能（「ベネチアには四一七の橋がある」）でなければならない。これは倫理学にとっては過激な意味をもつ。「殺人は不正である」のような倫理的主張は定義上真でも検証可能でもないから、ウィーン学団によれば意味がないのだ。*1 エイヤーは論理経験主義のこの発想を拡大して、道徳的命題とはたんなる感情の表出でしかないと主張した。彼の情緒主義（「ブー／フレー理論」と呼ばれることもある）は「殺人は不正である」という命題は「殺人、ブー！」と翻訳される。

ウィーン学団は一時期哲学界隈で熱狂的人気を博した。しかし、検証原理を含むその枠組みはいたるところ難問の穴だらけであることが判明する。そもそも検証原理は自分自身のテストにも失敗しているようだ――定義上真でも経験的に検証可能でもないのだから。パーフィットが哲学学位課程に入った直後に『哲学百科事典』が刊行され、そのなかで論理実証主義は「死んだ。あるいは哲学運動史上かつてないほど死んだ」*2 と宣言された。

パーフィットの哲学学位時代にずっと影響力が大きかったのはヘアの著作である。ヘアは一九六六年に道徳哲学ホワイト教授に就任した（ホワイトはオックスフォード最古の哲学教授席）。彼は第二次大戦中、日本軍にビルマとタイを結ぶ「死の鉄道」（泰緬鉄道のこと）で強制労働させられ、戦後になって戦争捕虜の生き残りとして解放されると、やつれ果ててオックスフォードに帰ってきた。それほどの経験をしてもなお、道徳は客観的であり、客観的に正しい行動あるいは不正な行動が存在する、と彼が確信することはなかった。むしろ彼の最初の二冊『道徳の言語』と『自由と理性』はオースティンの言語哲学に依って立ち、道徳言語の分析で名声を確立したのだ。「べき」のような語は、たとえば「私は真実を語るべきである」とわれわれが言うとき、われわれに何をさせているのか？　彼の答えは、「同様の状況に置かれたとき真実を語るようにという各人への命令を意味する」だった。この命令はまた、われわれが行為者ではなく、行為の結果を受け取る側にいる状況でも変わらない。私がどうするべきかを見つけるためには、私はその行為を自分の観点からのみ欲してはならず、当の行為によって影響を受ける一人ひとりすべての立場に自分がいると想像し、彼らの観点からもそれを受け入れられるのでなければならない。

パーフィットのチューターの最後の一人はピーター・ストローソンである。「自由と怒り」という論文が最も有名だ。この論文はパーフィットの学部生時代に発表されている。それが論ずるところでは、もし人間は宇宙のほかのすべての物事のように因果律に従う、真の自由意志をもたない決定論的世界の一部だとわれわれが考えるとして、それでも依然としてわれわれはストローソンが呼ぶ「反応的態度」を他者に対してとることになるだろう。言い換えれば、たとえわれわれが、自分を不当に扱った人物に「ある意味で選択の余地がなかった」と信じるにせよ――なぜなら彼らは自らの性格についても自らの置かれた状況についても責任がないのだから――それでもわれわれは彼らに対して怒りと敵意を感じるということだ。

こうした考え方すべてがパーフィットに影響したが、主として否定的なかたちで、抵抗をつづけた。とりわけストローソンの立場に彼は困惑した。なぜなら彼、パーフィットはストローソンが自然だと主張した反応的態度をもたなかったからだ。もし誰かが意地の悪いことをしたら、彼の心はある程度傷つくだろうが、だからといって敵意や復讐欲求は感じない。

意見を同じくするにせよ、違《たが》えるにせよ、哲学はものすごく面白いと彼は思った。後に、オックスフォード哲学会ではじめて哲学ディベートに参加したときのことを回想している。ある講演に応答して、ある哲学者がその議論は誤った前提に基づいておりすべて無効で、またその結論は仮に真であったとしても取るに足らないとコメントした。「私は思った。『ワオ!』と」[*3]。パーフィットはボクシングファンを苦手に感じていたが、その態度はこうした哲学的殴り合いから自分が得る愉悦と両立可能だろうかと考えもした[*4]。

＊＊＊

当面のあいだ、パーフィットの目的はできる限り大量の哲学を吸収することになった。彼はアメリカ滞在時にヘンリー・シジウィックの著作と出会ったにちがいない――後に一八七四年版『倫理学の方法』を古本で買ったと述べている[*5]――が、この「単調な大著[*6]」に対する彼の愛はオックスフォードで深化した。シジウィックがわずか三十六歳で書いた『倫理学の方法』にはパーフィットがとりつかれることになる中心テーマが記されていた。すなわちエゴイズム(私は自己利益のために行為すべきだという主張)と帰結主義（私は全体の結果が最善となるよう行為すべきだという主張）の相反する魅力である。パーフィットにとって、シジウィックは「哲学をどのようになすべきか」のお手本だ。シジウィックは真理追求者であり、議論の論理に従うのに十分なだけ純粋かつ無私であり、またヴィクトリア時代の規範に挑戦する結論に到達するのに十分なだけの勇気をもっていた。たとえ真理が不快なときでも、自分もまた真理を追求すべきだとパーフィットも信じていた。

パーフィットとシジウィックはどちらも信仰にどっぷり浸かった家庭の出身である（シジウィックの父親は聖職者だった）。どちらもイギリス上流階級の学校で教育を受けた（シジウィックはラグビー校とケンブリッジで）。パーフィットはシジウィックと似た執筆スタイルを発達させることになる。簡潔で単刀直入で何よりも明晰さを目指す文章だ。『倫理学の方法』は「哲学の金鉱」[*7]と描写され、パーフィットは教室へ大股に入ってくると机上に『倫理学の方法』をどんと置き、「これはこれまで書かれたなかで最も偉大な道徳哲学の著作[*8]」だと熱弁をふるって学生たちに強烈な印象を残した。

＊　＊　＊

「ここでの僕の生活は（愛に関する限り）今現在とても、とても空っぽだ。不幸だとか何かというわけじゃない、ただ空白なんだ（たぶん僕はあまりにもえり好みがすぎるんだろう。よくわからないけど）。［中略］（あるいはたぶんみんな僕から逃げてるとか等々、自己憐憫[*9]［後略］）」。パーフィットは二十二歳の妹、ジョアンナに宛てて、オール・ソウルズの試験の直前、一九六七年六月二十七日付の手紙で書いている。ジョアンナは一時的にコネチカット州ニューヘイブンに引っ越し、幼い子どもを育てる姉のセオを手伝っていた。この手紙は、パーフィットはジョアンナが自身の恋愛について助言を求めて書いてきた手紙への返信だ。彼女はオハイオ州のオーベリン・カレッジの学生、情熱的で情緒不安定なジョンという名の恋人とニューヘイブンで辛い日々を過ごしていた。彼女とジョンの関係に未来はあるのだろうか？ジョンはオハイオへ戻っていく。パーフィットは相手の気持ちが変わるかもしれないと言う。「女性の愛はより『スピリチュアル』だから、長距離恋愛でも貞節でいるのにずっと向いているんじゃないかと思う、等々」[10]。そして、自分自身はオックスフォードを出ていくとわかっている人と深く付き合うことには慎重でいると伝える。

ジョアンナは恋人との肉体関係についても意見を聞いている。ジョンは彼女を求めていた。その方が精神衛生によいと精神科医が提案した、と彼は言ったようだ。パーフィットは反対してこう忠告する。

ジョンの情緒的困難を克服する役に立つ（彼の精神科医が提案するように）と考えるという**だけ**の理由で彼と寝るべきだと僕は考えない。僕がこう考える理由は、そうすることが不道徳だと思うからじゃない。まったく反対に、とても道徳的で親切な行為だと僕は思う。だが問題なのは、その理由だと、気持ちが悪いと君が感じるかもしれないし、そうなったらかわいそうだってことだ。出だしからしくじることになるからね。女性にとって（ここは世知に長けた男が話しているところだよ！！！）他人と寝ることに慣れるのは時間がかかるものだ。最初は大きな失望なのがふつうで、時間が経ってからようやく有意義になるものなんだ[11]。

むろん、ほかにも考えるべき潜在的結果はある。現在は避妊ピルが手に入るが、アメリカ女性に堕胎する権利が保障されたのは一九七三年のロウ対ウェイド最高裁判所判決以降のことだ。パーフィットは堕胎の倫理性について一度も書いていないが、一九六七年時点で彼の立場は明白だった。彼は妹に、思いもよらない状況になったらそうするようにと言った。

もし妊娠するようなことがあったら、セオにすぐ言うんだよ。そうすれば一週間以内にすべて終わる（トラウマになるのは後になってのことだ）。僕とセオはほぼ目に見えないくらい小さな胎児を難なく掻爬《そうは》した人をものすごくたくさん知っている（一人ひとり名前は挙げない。だけどほとんど誰でもだ）。僕は自分のことをあまり直接に言ったことはなかったね。もしそういうことが必要になってセオに話をすれば、どこに行けばいいかは彼女が知ってる。もしセオに話したくなかったら、たまたま僕は二年前ニューヘイブンにとてもいい不可知論者の医師が未婚女性向けの中絶クリニックを開業したのを思い出した。多分電話帳に番号が載ってるはずだ。［中略］もし僕が女性なら、絶対にピルを選ぶ。[*12]

そのあと手紙はもっと楽しい話題に移っている。ひと月前にビートルズが「サージェント・ペパーズ・ロンリー・ハーツ・クラブ・バンド」をリリースしたところだった。ジョアンナは兄にレコードを買ってくれと頼んだが、兄は「ちょっとばかばかしいよ。だってアメリカでもレコードが安いってほかは一曲残らずまったく同じなんだから」と指摘した。パーフィットはこのアルバムの、B面の最終曲（「ア・デイ・イン・ザ・ライフ」）が特にいいと思った。ほかに新しいニュースはあまりない。パパは「ときどき機嫌が悪くなるが、そのあいだはとても陽気だ」。彼自身の生活には、「これといったことはない」。そしてジョアンナの気分が良くなるよう願って手紙を締めくくっている。「身体に気をつけて。僕はお気に入りの妹が落ち込んでいるのは嫌だからね」[*13]。

当然ながら、ジョアンナとジョンの関係は長続きしなかった。別れは突然だったようだ。ジョアンナは兄宛に、自分がどれだけ愛されていないと感じるか絶望する手紙を書き送ったのだろう。そんなのはナンセンスだ、と兄は妹に請け合った。「君のことを知っている人は誰だって君が好きだ。問題は君がアメリカでたくさん人を知らないってことだ」「たとえば僕は君よりたくさんの人を知っているが、知り合いのなかで僕を好きな人の割合はもっと少ないだろう――僕のことを本当に**嫌悪する**人だっている」[*14]。パーフィット青年を実際に嫌う人はほぼ皆無だったから、これはたんに妹の気持ちを上げるために書かれただけだろう。

ジョアンナは、自分が知的刺激に満ちていないと不安を感じ、苦しんだ。パーフィットは違うと否定することもできたが、そうはせず、自分の見方では知的に刺激的であることの価値は高く評価されすぎだと彼女に告げた。

かわいい妹よ、本当のところ、こうだ。一月にハーヴァードから帰ってきて以来、僕は夢の女の子を探しに探しているけれど、見つからない――僕がデートしてみた五、六人の女性は全員知的に刺激的だがそれだけ、というのが理由だ。ひと月くらい前には、とても頭脳明晰で才知あふれる女性を励ましていた。彼女はものすごく惨めな気分でいて、いちばんの問題は、誰に対しても強い感情を感じられないってことだった。頭脳が支配すると心は脆弱になる（君が僕よりずっといい手紙を書けるのはなぜかっていうと、僕の手紙は自意識過剰で直接的でないが、君のには心がこもっていて直接的だからだ）。僕が結婚してもいいって感じた唯一の女性は（むろん彼女が婚約中じゃなかったらってことだけど)——(これは**絶対に秘密**だよ)——僕がこれまで会ったなかでいちばん「知的」でない女性——ベンジーの奥さんのパトリシアだ。彼女はものすごい劣等感をもっていて、自分にはベンジーのように物事を議論することができないって悩んでいた——だが彼女はベンジーよりはるかに繊細で思いやりのある人だった(**これは秘密**)。だからアルバート・アインシュタインに誓って、お願いだから、男が女に求めるのはオーケストラ指揮者の優劣を論じられること(そんなのは新聞で読めばわかる)だなんて考えるのはやめるんだ。*15

＊＊＊

一九六七年の八月末、パーフィットはエドワード・モーティマーと彼の当時の恋人で後に妻となるエリザベス(ウィズ)と一緒に、北イタリアへ自動車旅行に出かけた。旅程にはベネチアもあった。『理由と人格』で、パーフィットはその年、哲学者のギャレス・エヴァンズとスペインに旅行したと主張している。だが遠隔転送機を使用しない限り、物理的に不可能だ。エヴァンズとの旅行は翌年だったにちがいない。

パーフィットはすでに、オックスフォードに戻ったらオール・ソウルズの受賞フェローに再応募しようと決意していた。前回一九六四年のときは、歴史学、つまり高校でも大学でも優秀だった分野で、それを証明する成績と数々の受賞歴、奨学金授与歴があった。過去の成績も将来の可能性も証明するものがほぼ皆無であるにもかかわらず、哲学で自分を売り込む準備があると考えたのは彼の自信——ハッパー(イディッシュ語で図太さ)と言う者もあろう——の表れである。

ふたたび、彼は木曜日に始まる三日間の試験に臨んだ。一九六七年の一語の小論文の題名は「スペース」だった。むろん、またそこが眼目であるのだが、受験者はこの語から理解しうるいくつもの意味を追求することができる。しかし意識的にせよ無意識的にせよ、熾烈に進行中だった冷戦期の宇宙開発競争に出題者が影響されていたのはたしかだろう。

次はオール・ソウルズが照会を求める番だ。当時オール・ソウルズに君臨した学寮長は、法廷弁護士で反動的論客、そして「ほかの誰もしないなら、自分で自分への反論をでっち上げられる」癇癪持ちのジョン・スパロウだった。彼は現在あるがままの世界が好きだった。自力で地球の回転を止められるなら止めていたことだろう。彼は「ひげ面のだらしない学生世代」[*16]の活動家らを忌み嫌った。友人の思想史家アイザイア・バーリンは、スパロウの関心上位三つをこう述べた。「一、自分自身。二、セックス。三、以上二つからはるかかけ離れた場所に、古書」[*17]と。

一九六七年十月三十一日、スパロウはベイリオルの学寮長クリストファー・ヒルに手紙を書いている。[*18]ヒルはただちにパーフィットのベイリオルでのチューター、アラン・モンテフィオールに彼に関する見解を求めた。モンテフィオールは翌日のオール・ソウルズ・デー〔万霊節〕に返答した。彼はベイリオルの同僚たちとパーフィット擁護の主張を議論した。歴史家たちはパーフィットを頭はいいが不真面目だと見ているとモンテフィオールは書いた。「しかし、彼は哲学にたどり着いた。この学問に対する彼の全面的に真面目な態度には何の疑いもない。彼はきわめて勤勉で徹底主義者だが、私が強い印象を受けるのは、彼の哲学的想像力の強烈さである。私はいつの日か彼が偉大な独自性と力をもった業績を生み出せると考える」[*19]。

ヒルはそれからスパロウに手紙を書いた。一通ではなく二通。一通目の手紙はオール・ソウルズで投票権をもつ者全員に読まれるという前提のもとに送られた。そこにはパーフィットの数多くの学業的受賞歴が列挙されていた。「彼［パーフィット］は、私がこれまで担当したなかで多くの意味で最も有能な学生である」。ヒルはこう書いた。

三年前、傑出した能力をもってはいるものの、デレク・パーフィットは本当の意味では自分を見出していないのではないかという印象を私は受けた。歴史学は、彼が手をつけたほかの何もかもと同じく、彼が最上級にうまくできるものにすぎなかった。しかしいまや、彼は自分は哲学者だと明確に断固として決意したのである。彼が何かの最高峰に上り詰めることは常に明らかだった。[*20]

さらにヒルは二通目の手紙を書いた。一通目の手紙は当時受賞フェローで、一九六四年にパーフィットより先に選出されたベイリオルでのチュートリアル・パートナー、ロビン・ブリッグズも読んだかもしれないが、二通目の手紙はスパロウだけに宛てて書かれた。

数年前あなたがたがデレク・パーフィットよりもロビン・ブリッグズを選んだとき、われわれは喜びました。あのときまで、デレクはいつもナンバーワンで、ロビンは（ただの）ナンバーツーでした。オール・ソウルズのフェローたちはデレクの表面的な利口さよりも、より堅実なロビン・ブリッグズの価値をお見通しだったのだとわれわれは感じました。実際、あなたがたの決定は大いにデレクのためになったと私は思います。それは彼にとって生まれてはじめての真の競争における敗北でした。しかし彼はやっと馬鹿げた利口さを手放し、私が知る限り彼の同世代で最も有能な男であると同時に、真面目な人物となったのです。[*21]

別の言い方をしてみよう。成功はあまりにも容易にパーフィットの手に入ってきた、つまり彼自身のためには一度高い鼻をへし折られる必要があった、というのだ。しかしパーフィットが研究において、またもっと広く人生において、いささか軽薄だったという非難は不可解で的外れと思われる。軽薄さはパーフィットにふさわしい悪徳ではない。

まもなく、パーフィットは受賞フェローに選出されたという知らせを受け取った。もう一つのフェロー席は歴史学のジョン・クラークに授与された。ヒルはパーフィットに祝福の手紙を書き、一九六七年十一月九日、パーフィットはこう返信している。「一般論文の詐欺的な出来栄えのおかげで合格したのだと思っています──私が（アマチュアではない）職業的哲学者の基準に達するにはまだ時間がかかることでしょう（いずれにせよそれは私が本当に指したい一手ではないのですが）」[*22]。これは不可解な発言である。彼は何をほのめかしているのだろう？　おそらく彼はまだ哲学が自分の天職だとは確信していなかったのだろう。アマチュアとして哲学的問題へのアウトサイダー的なものの見方を維持し、それゆえ複雑な問題をより明確に見通すことができる、と。もっとありそうなのは、たんに現世的な意味かもしれない。つまり、職業的哲学者の生活で彼が魅力を感じなかったのは、付随する義務、とりわけ教えることだったのだ。

いずれにせよ、人に教える退屈な骨折り仕事は七年間延期された。つまり彼はついに高尚なオール・ソウルズの空気のなかに入るのであり、したがって純粋に研究と彼の宣言した学問、「哲学、とりわけ心の哲学と道徳哲学」[*23]に集中することができる特権的立場を手に入れたのである。実際オール・ソウルズがこれから四十三年間、自分のホームとなることを、彼はまだ知る由もなかった。

＊　＊　＊

ハイストリートはオックスフォードでいちばん交通の激しい通りで、街の内外を結ぶ幹線である。日中はバス、タクシー、自動車で混み合い、またそのあいだを縫うように進み、時にカミカゼと化す自転車隊を何とか避けようと車たちは忙しい。しかし守衛詰所の分厚い木製扉を通り抜け、「今は亡き信仰篤き人びとすべての魂のコレッジ」、オール・ソウルズ・コレッジとして世に知られるこの中に入ると、不気味なまでの静寂がある。静かすぎると感じる者もいる。コレッジの秘書には音のなさに耐えられず、一週間もせぬうちに離職した者もいる。コレッジの図書館員は冗談めかして、「コレッジの外で第三次世界大戦が勃発しても、私たちは気づかないでしょう[*24]」と語る。

研究者が教育の義務を課せられない学術施設は世界でもごくわずかしか存在しない。そのうちの一つ、プリンストン高等研究所（ＩＡＳ）は一九三〇年に設立された。ＩＡＳに資金ではなく頭脳を提供したエイブラハム・フレクスナーは、「匙ですくって食べさせるような過保護を必要とせず、またそれを嫌悪する、有能で教養ある人びとに開かれた」、また「世俗の心配事や未熟な学生に対する親じみた責任に気を散らされることのない」場所の実現を思い描いた。「それは小さいが、その推進力は巨大であろう」。またそれは「何よりも静寂を[*25]」提供することだろう。公式の共同設立者であるヘンリー六世の治世中（また彼がイートン校を設立する数年前）、一四三〇年代に創設されたオール・ソウルズは、ＩＡＳに先行すること六百年。設立当時のオール・ソウルズのフェローたちは、フランスとの戦争で殺された魂のために祈ることを期待された。しかし当時ですら、彼らは主として研究するためにそこにいた。当時も、また現在も、このコレッジは学部学生の入構禁止ゾーンである。

オール・ソウルズの現在の組織体制は、さまざまなカテゴリーのフェローシップ――受賞フェローシップを含む――を導入した十九世紀末の改革まで遡ることができる。それでもなお、オール・ソウルズはその存在の大半において、改革よりも伝統を重んじてきた。オール・ソウルズの政治哲学者ジェリー・コーエンは、かつて変化に反対する自説を擁護する論文を書いた。それはこう始まる。

「コーエン教授、電球を一つ替えるにはオール・ソウルズのフェローが何人必要ですか？」
「変える、ですか[*26]？！？」

パーフィットが受賞フェローになった当時、オール・ソウルズはまだ全員男性のコレッジだった。これをこのまま維持しようと固く決意したフェローは数多く、「進歩」や「時代の流れ」名目でおこなわれるあらゆる変化を阻止していた。その一人は多作な歴史家A・L・ロウズで、彼は自分以外の歴史家はみな二流だという見解の持ち主であり、その見解の普及に喜んで務めた。自信の不足した組織ではない。フェローたちはここを学問の頂点だと考えていたし、訪問者たちはその組織的な尊大さ、うぬぼれの強さに衝撃を受けた。

圧倒的多数はイートン出身者やベイリオル出身者だった。「多様性」は課題にもならなかった。スパロウ学寮長は一九五九年にコレッジがガーナ人のウィリアム・エイブラハムをフェローに選出したとき、不本意ながら渋々同意した[*27]。また、コレッジの使用人の一人が、マホガニーの家具を背景にするとエイブラハムが判別できなくなると苦情を言ったときも、大いに面白がった[*28]。スパロウはエイブラハムに、ガーナに帰国するよう勧めた。

もちろん、後述するように、オール・ソウルズ・コレッジの運営方法にはいくつか重要な進歩があったし、フェローたちの人口構成にも根本的な変化がありはした。しかし、脈動、つまりこの施設の心臓の鼓動に大きな変化はない。コレッジはフェローたちの基本的な欲求の大半を満たしてくれる。朝食、昼食（軽食堂で）、そして正餐——そこでは学寮長がラテン語で食前の祈りを唱え、ガウン着用が義務である。朝食にマーマイト〔トーストに塗る発酵ペースト。イギリスの朝食でよく食べられる〕を頼めば、銀のねじ蓋のついたビンに入れられ銀製の小型トレイに載って到着する。毎日午後には喫煙室と呼ばれる部屋で、焼きたてのケーキとチャイナカップに注がれた紅茶が供される。ディナーテーブルにはカトラリーとグラスが花のように並べられ、新参者はどの料理にどの道具を使うべきか学ばねばならない。部屋については、掃除の必要はない。掃除は「スカウト」と呼ばれる用務員の仕事だ。現在ではほぼ女性だが、一九六〇年代にはスカウト全員が男性だった。

パーフィットはノースクァッド（十八世紀にニコラス・ホークスモアによって設計された〔口絵⑬〕。彼が設計した教会を子ども時代にパーフィットは見て回っている）のXI階段に面した四号室を割り当てられた。入ってみると三部屋（小寝室、小研究室、かなりの広さのラウンジ）の続き部屋で、付属の電気ヒーターをパーフィットは暖炉のなかに設置した。クァッドとその先のラドクリフカメラのドームの眺望はすばらしく、見飽きることなどありえなかった。ノースムーア通り五番は徒歩圏内で、パーフィットは定期的に訪れた。しかしそこはもはや彼のホームではなかった。

コレッジでの生活になじむのに時間のかかるフェローもいる。まったく折り合いのつかないフェローもいる。食事は供され、食器を片付けなくともよく、スタッフに決してファーストネームで呼ばれることはない。それが逆に落ち着かず、よそよそしいと感じるフェローもいる。パーフィットは違った。彼がコレッジのスタッフに不作法な振る舞いをすることはなかった。そうするには優しすぎ、繊細すぎたのだ。しかし彼は歴史ある学校で使用人たちに仕えられて過ごしてきた。オール・ソウルズに二十歳前半でやってきた若いフェローのなかには、強烈な社交上の圧力に怖じ気づく者もいた。正餐時にテーブルで隣に座る客人のなかには、総理大臣や高級官僚、外交官や裁判官がいるかもしれないのだ。パーフィットはその種の不安には鈍感だった。さらに身分意識に疎く、世間の人たちの人生や業績に無関心・無感動だった。

オール・ソウルズがパーフィットに対して与えた影響はいくら強調しても足りない。しかしその影響がどう作用したかを評価するのは難しい。オール・ソウルズは彼が常にあるがままの姿でいることを許しただろうか——いや、彼の真の自己表現を許しただろうか？ あるいは彼をゆがめ、後年の偏執狂へと、ゆっくりと彼を変貌させていったのだろうか？

＊＊＊

それからしばらく、パーフィットは哲学学位での研究を継続し、教師たちを驚愕させつづけた。デイヴィッド・ピアズは一九六八年三月の報告書に、「つい最近哲学を始めた者としては、今期の彼の心の哲学の業績は驚くほど優れており、独創的だ」[*29]と書いた。彼はこの夏にこの学位も取得できただろう。だが公式の学位なぞは無意味な紙切れにすぎないと考えるジョン・スパロウの勧めで、パーフィットは哲学学位から博士課程、オックスフォード用語ではDフィル（Dphil）に移籍することを決意していた。彼の指導教員はアラン・モンテフィオールで、パーフィットの提案した学位論文のタイトルは「自己同一性の哲学的概念」だった。ただしこれまた完成させていない。その結果、パーフィットの哲学の高等教育資格は歴史学の学士号に留まっている。

専攻分野の正式な訓練を受けていない事例は、パーフィットだけではないが稀である。その帰結として、ほかの同業者たちより彼の哲学的関心の幅は狭い。論理学や科学哲学のような、彼が基礎すら知らない多種多様な分野が哲学にはある。ライプニッツやウィトゲンシュタインのように、正典とされる哲学者でほとんど知識がないものも多い。『理由と人格』の索引にアリストテレスの名前を探そうとしても徒労だ。しかし、パーフィットはこれには良い面があったと『ニューヨーカー』に答えている。「私は哲学で学位を取らなかったから、自分で読みたい本や論文だけを読んできた。おかげでこの学問が好きになった[*30]」。

＊＊＊

先述したとおり、ギャレス・エヴァンズとの夏のスペイン旅行は、おそらく一九六八年のことである。エヴァンズはパーフィットより四歳年下、PPE最終試験で学年一位になり、有名なクライストチャーチ・コレッジで一年間の奨学金を得た。エヴァンズとパーフィットがどのように知り合ったかは不明である。おそらくは二人を指導したストローソンを通じてだろう。いずれにせよ、知的スターたちは互いを見出すものだ。エヴァンズの哲学的関心は論理学と言語哲学にあった。

エヴァンズの短い生涯で最もドラマティックな瞬間は、一九七〇年末、メキシコシティで友人の有名なメキシコ人政治家の息子と車を運転中に起こった。男四人が友人のヒューゴ・マーゲイン誘拐を企て、彼は死亡し、ボディーガードと間違えられたエヴァンズは膝を撃たれたのだ[*31]。まもなく彼は肺がんを告知された。あまりにも激しい苦痛に、最後のチュートリアルでは床に寝そべっていた。彼の著書『言及の多様性』は没後刊行となった。そこでは名前（たとえば「明けの明星が今朝ははっきり見える」）や代名詞（「彼は書店に行った」）がどのように対象を示すか、あるいは「外延を示す」かという問題を論じている。このテーマはドイツの論理学者ゴットロープ・フレーゲやバートランド・ラッセルを夢中にした。人の名前を挙げよう。ラッセルは名前（たとえば「デレク・パーフィット」）は記述として機能する（この場合だとたとえば「『理由と人格』の著者」に相当する）と考えた。しかしアメリカの論理学者ソール・クリプキが批判し、この見解は支持を失っていた。私が「デレク・パーフィット」という名前を使ったとして、もしパーフィットが『理由と人格』を一字も書かずに、別の哲学者に金を払って書かせたことが判明したとしても、それでもなおその名はパーフィットを指すだろう。『言及の多様性』はフレーゲとラッセルの部分的復権を目指していた。

言語哲学におけるこうした問題にパーフィットは取り組んでいないし、この二人が長い自動車旅行中に何について議論したかはわからない。だが誰に聞いても、エヴァンズは驚くべき鋭さと深さを兼ね備えていたという。彼の死後、パーフィットはこう書く。「私は哲学者になる希望をもっていて、フランスをドライヴしている間に、私の未熟な考えを彼に提起した。彼の容赦ない批判は私を絶望させた。スペインに着く前に希望が戻った。彼は彼自身の考えに対してもほとんど同じくらい批判的だということがわかったのである」[*32]。

言語と道徳はオックスフォードでは大きく重なり合う。先述したように、一九六〇年代の道徳哲学は倫理命題の意味と地位を中心としていた。これはかなりの難問だ。メタ倫理学も言語哲学も、堕胎や死刑のような、一九六〇年代に激しい論争を引き起こした実践道徳の問題を扱わなかった。イギリスでは一九六七年に堕胎は合法化され、死刑はその二年後ついに廃止される。社会的、文化的、政治的世界は激動期を迎えていた。一九六八年、ベトナム戦争はテト攻勢を迎え、ソビエトはチェコスロバキアを侵略し、マーティン・ルーサー・キングとロバート・ケネディは暗殺され、アフリカ系アメリカ人選手二人がメキシコオリンピックの表彰台で黒手袋の拳を突き上げ、黒人差別に抗議するブラックパワー・サリュートをおこなった。パリでも、ロンドン・スクール・オブ・エコノミクスでも、学生による抗議集会が開かれた。オックスフォードの抗議活動は穏やかだったが、オール・ソウルズはいくらか怒りの表明を受け取った。ワドハム・コレッジの学部生マイク・ローゼン[*33]が、ジョン・スパロウとオール・ソウルズの特権を激しく批判する論文を学生紙『チャーウェル』に書いたのだ。もし誰かに「頭が一度で理解できないくらいすばらしい事物を発明せよ」と言ったとて、「オール・ソウルズより荒唐無稽な概念は作り上げられまい[*34]」。またオックスフォード革命的社会主義学生連合のメンバー三名は直接スパロウに「あなたの施設の存在理由、構造、活動すべてが革命的社会主義者の立場と矛盾します[*35]」と書き送った。

しかし一九六〇年代の盛り上がりも、ほとんどはオックスフォードの哲学者たちのもとを素通りした。それでも数人は実践的な道徳問題を取り上げ、実践的活動にかかわっている。たとえばエリザベス・アンスコムは一九五六年、ハリー・トルーマンへのオックスフォード大学名誉学位授与を阻止しようと闘った。彼が日本への原爆投下を命じたからだ。マイケル・ダメットは移民とエスニック・マイノリティのためにたゆまず活動した。ダメット同様オール・ソウルズのフェローだったアイザイア・バーリンは、一九五八年に政治的自由の本質に関する「二つの自由概念」と題する有名な講義をおこなった。消極的自由——強制や介入の不在——と、自己の思想、価値、情熱を統御する自己統治の自由からなる、積極的自由とを区別したのだ。

しかし応用倫理学はオックスフォードのシラバスには載っていなかった。パーフィットはジョナサン・グラヴァー、ジム・グリフィン（それぞれニュー・コレッジ、キーブル・コレッジで教えていた）という若い哲学者とともに、刑罰、市民的不服従、堕胎、安楽死、慈善、貧困といった現実の道徳問題の授業を担当する考えを温めていた。グラヴァーは「生命と幸福と道徳」と呼ぼうと提案した。パーフィットが出したタイトルはもっと注目されそうな「死と悲惨と道徳」だった。

この授業は一九七〇年、夏学期（オックスフォード用語ではトリニティ学期）の火曜日の午後に開講され、たちまち大盛況となった。そこには数多くの著名な哲学者、たとえば法哲学者H・L・A・ハートや道徳哲学ホワイト教授R・M・ヘアだけでなく、後に著名となる大学院生たちも出席した。そのなかにはオーストラリア青年、ピーター・シンガーがいた。

このトリニティ学期の三人トリオはそれから数年間、授業のタイトルや会場を変え何度も再結成される。一九七三年は「クオリティ・オブ・ライフ」、一九七四年は「権利、利益、可能的な人びと」、一九七五年には「功利主義」、一九七六年には「倫理学の諸問題」。授業形式はグリフィン、グラヴァー、パーフィットの誰かが講義をし、それにあらかじめ原稿を送られていた別の一人が回答するというものだ。それから聴衆から質問と指摘がなされる。この若き哲学者三人組の誰もが鮮烈ではあったが、「スター」[*36]はデレクだった。ある哲学者は彼をウィンブルドンのチャンピオン、ロッド・レイヴァーにたとえ、「どこからボールが来ようと高速で打ち返すレイヴァーにも似た彼の能力」[*37]と表現した。彼がシンガーに与えた感銘は生涯続いた。「五十年前にこの学問の研究を始めて以来私が知る哲学者すべてのなかで、パーフィットは最も天才に近かった。彼と哲学的議論をするのはグランドマスターとチェスをするようなものだ。彼は私が彼の主張に対してできるすべての反論をすでに考えており、可能な回答をいくつも考え、それぞれの回答に対する再反論ばかりかこれら再反論に対する最善の反撃もわかっていた」[*38]。このセミナーは哲学の世界では稀ともいえる興奮を引き起こした。「私たちは皆、自分が哲学実験室に座っているのだと感じた。科学の実験室とは違い、それはデレクの頭のなかで起こっているのだ！」[*39]。パーフィット独特のコミュニケーション様式が全員の目の前で発揮された。彼の声はバリトンで、話し方は単調だった。しかし十五語ほど話すごとに、突如眠りから覚めたかのように、突然ある言葉を**強調**する。後に彼を有名にするアイディアの多くが完成形でないかたちで発声されたのは、このセミナーにおいてだった。本章はいまや有名になったパーフィットの未来の人びとに関する議論を解説する場ではない。だがジョナサン・グラヴァーはそれを聞いた最初の一人だった。ある日の午後、議論の先導役はパーフィットの番だったが、グラヴァーに約束した原稿は遅れに遅れた。原稿に満足せず、微修正を続けたのだ――決して満足しないのは彼の心理構造の奥底深くに根づいた性質である。やがてセミナーの日が訪れたが、まだ原稿は来ない。「馬鹿げた慢心から私は言った。『大丈夫だ、デレク。僕が聞いて即興で答えるさ』。私は知る由もなかったんだ」。パーフィットは生命の質と人口サイズのバランスに関連する人口パラドックスについて苦悩していたのだった。彼は黒板を図と表で埋め尽くした。終わりにグラヴァーはいくつか反論を提示しようとした。だがパーフィットはすぐさま回答してくる。「少なくとも四手か五手先から。私はグランドマスターとチェスをすることになったチェス初心者みたいな気分だった」[*40]。

このセミナーシリーズのあいだにグラヴァーも自身のすばらしいアイディアをいくつも紹介している。たとえばある行為がそれ自体、またそれ単体では取るに足らない程度の悪さで、誰もが同じように行為したときのみ重大な危害が発生するならば、個々の行為はどのように評価されるべきかという問題だ。この難問はセミナー室の外の世界では頻発している。人はたいてい自分の二酸化炭素排出をわざわざ削減する必要はないと考えがちだ。なぜなら地球温暖化へのその貢献はゼロに近いのだから。

この種の主張への反論として、グラヴァーは巧妙な思考実験を考案した。武器を持たない百人の村があると想像してみよう。彼らが昼食──百皿のベイクトビーンズ──を食べていると、武器を持った無法者が百人やってきて、各人が一皿ずつ奪った。各人は村人に重大な危害を加えたのだ。しかし無法者たちのなかにも道徳的な良心の呵責を覚える者が出はじめた。翌週、無法者たちはその村をふたたび襲った。しかし、今回彼らの盗み方はいくらかゆっくりで巧妙だった。無法者1は村人1から豆を一粒だけ、村人2からもう一粒、村人3からもう一粒、というようにとっていったのだ。彼が一人ひとりの村人に対して加える危害は取るに足らない。豆一粒は村人の昼食には判別可能な差をもたらさないのだから。同じように無法者2が村人一人ひとりから一粒ずつ豆を取る。無法者3も百人に対して同じことをする。[41] その結果、無法者たち全員が百粒の豆でお腹いっぱいの昼食を食べ、村人たちには空っぽの皿が残されることになる。

二回目の襲撃の際、無法者たちは悪を働かなかったと言えるだろうか？　それは明らかにばかばかしい結論だとグラヴァーは主張する。パーフィットは同意した。そしてこの難問はパーフィットの最初の著書に「無害な拷問者」として再登場することになる。

＊　＊　＊

その最初の著書はいつ登場するのだろう？　オックスフォード大学出版会〔ＯＵＰ〕は哲学書市場において後に支配的地位を築き上げることになるのだが、一九六〇年代から一九七〇年代にはケンブリッジ大学出版会がこの分野の第一人者だった。しかし、一九六八年十二月の社交イベントで、パーフィットはＯＵＰの学術書編集者ダン・デイヴィンに出会う。彼はパーフィットの研究に関心を示した。一か月後の一九六九年一月、パーフィットは、もし自分の人格の同一性に関する博士論文が「通るよう」[*42]だったら、それをＯＵＰの本にまとめたいと手紙を書いた。二年もかからないでしょう、とも添えた。それから十二年間にわたり、ＯＵＰの編集者はパーフィットの執筆予定と出版への熱意の宣言に対しては懐疑的であるべしと学ぶのである。

＊　＊　＊

パーフィットのはじめての大きな挫折は一九六四年、オール・ソウルズの受賞フェロー獲得に失敗したときに訪れたが、第二の挫折は一九七〇年のことだ。一年前、ベイリオルの論理学者アーサー・プライアーが五十代半ばで死去し、哲学のチュートリアル・フェローに空席ができた。パーフィットも応募した。ほかには若きイギリス人哲学者キット・ファイン、カナダ人のビル・ニュートン＝スミスらがいた。仕事はＰＰＥを受講する学部生の指導だ。面接委員は六名。古典を教えるジャスパー・グリフィンとオシュイン・マレイの二人、政治学のスティーヴン・ルークスとビル・ワインシュタインの二人、哲学のアラン・モンテフィオールとアントニー・ケニーの二人である。規程上は任期七年だが、実際には終身だった。パーフィットは当然そのポストを熱望していたが、面接の後どうにも不可解なことが起こった。彼は何らかの理由で、キット・ファインにこの職が提供されたと信じ込んだのだ。なぜそうなったのかは不明だが、将来を悲観し、取り乱した彼は、ニュートン＝スミスを探し出して根拠不明のこのニュースを報告した。ニュートン＝スミスはキット・ファインに祝意を示そうと、シャンパンのボトルを持って彼のもとを訪れた。ファインは何も聞いておらず、当惑していた。翌日、採用を伝える電話を受けたのはニュートン＝スミスだった。
アントニー・ケニーによれば、この決定は哲学の能力だけで判断されたのではなかった。すなわち、
デレクは学部生時代の歴史学教師たちからすばらしい推薦状をもらってきたし、大変な数の受賞歴もある。彼がビルよりも哲学者として才能がある可能性はある（また事実そう明らかになった）。しかし最終的にわれわれはビルを選出した。その理由は、彼の専門がアーサーの分野に近いから、また、デレクは学部生に哲学を教える実務的な業務より自分の研究の方に関心がありそうだと感じたからだ。[*43]

賢明な判断だった。採用されたら、パーフィットは週に少なくとも十二時間チュートリアルを受け持つだけでなく、何の関心も専門性もないトピックを教えることも期待されたはずだ。PPE初年度に学部生たちはジョン・スチュアート・ミルの『功利主義』とデイヴィッド・ヒュームの『人間知性研究』と『論理学入門』（ジョン・レモン著）なる本を通じて基本的な論理学を学ばなければならない。パーフィットは論理学の訓練を受けておらず、最後に挙げたテキストを教えることは不可能だったろう。それだけでなく、ベイリオルはその頃哲学と物理学をあわせて学ぶ学生を二名受け入れており、できれば彼らを引き受けられるチューターを探していた。ニュートン＝スミスには関連領域である数学哲学の経験があった。

どれも、パーフィットを採用しないもっともな理由だ。理由はもう一つあった。彼は依然として学位論文を書いておらず、著書もなかった。ただ、この点はそれから変わろうとしていた。

8 遠隔転送機

The Teletransporter

「私ほどたった一本の論文であそこまで行けた若い哲学者はいないと思う」[*1]。パーフィットが言及するのは、一九七一年に『フィロソフィカル・レビュー』に発表した論文だ。その一本が彼の名声を作り上げた。この二十四ページの論文のおかげでたくさんの講演に招待されたと言う。「紹介者はたいてい『「人格の同一性」……のような論文の著者』と言って、それ以外に私の書いたものを何も読んだことがないと実感するのでした」[*2]。

人格の同一性に関する哲学的な論点は単純明快だ。デレク・アントニー・パーフィットと呼ばれる子どもが一九四二年に生まれた。同じ名前の誰かが『理由と人格』という題名の本を書いた。デレク・パーフィットが二〇一七年に死んだ。しかし一九四二年に生まれたデレク・パーフィットは、『理由と人格』を書いた人物や二〇一七年に死んだデレク・パーフィットと同一人物だったのか？　またそうだとしたら、何が彼らをして同一人物たらしめるのか？　もう少し違う言葉で質問すれば、一九四二年に生まれたデレク・パーフィットはいつ存在しなくなったのか？

この問題は哲学者でない人をまごつかせはしない。またわれわれの通常の行為と価値の多くは同一性に関する常識的理解に根差している。人は昔しでかした悪事を恥じ自責の念にかられるものだが、そうした感情が意味をなすのは、自分が行為に責任を負う同一人物だと思うからである。「人物Aが人物Bに三か月後百ポンドの借金を返す」という約束を果たすべき責務だと理解できるのは、債務を返済する人物が人物Aである場合に限られる。同じように、私が個人年金基金にお金を払うのは、その最終的な受益者である退職者が私になるということを暗黙のうちに想定しているからだ！　哲学者でない人は自分が時間を通じてこのように同一の個人だと考えることになんの問題も感じない。自分自身が過去のある新生児と同一の個人であると受け入れる。その見解を正当化せよと言われたら、ふつうはおそらく両者が同一の身体をもっているということを論拠にするだろう。

一見説得的な返答のように思われるが、それほど単純ではない。というのは、同一の身体をもつとは何を意味するのか？　私の身体はいつ存在しはじめるのか？　私は単細胞の接合子として存在したのか、それともその後から存在しはじめたのか？　生物学者は、この文章を書いている身体は、私の母が五十八年前に産み落とした身体とはまったく異なる細胞から構成されていると言うのだが、私はそれにどう答えるべきなのか？　そして、もし私が私の身体だとしたら、私の身体が死体となっても存在しつづける限り、私は死後も存在しつづけるように思われる。

＊＊＊

「スコッティー、転送を頼む」

このフレーズを聞いたことがない人は、よほどポピュラーカルチャーにうとい人だろう。しかしパーフィットは一度も「スタートレック」を見たことがなかったし、SFもめったに読まなかった。彼の著作に詳しい人には信じがたいかもしれない。人格の同一性に関する著作には、一九六六年に放送されたこのテレビ番組シリーズから取り出されたとしてもおかしくない思考実験が散りばめられているからだ。特にパーフィットは遠隔転送機を持ち出すが、これは宇宙探査船USSエンタープライズのカーク船長や乗組員たちをいったん非物質化してほかの場所に飛ばして再物質化できる機械に似ていなくもない。[*3]

だが、パーフィットよりも前に、人格の同一性に関する私たちの信念をテストする思考実験を編み出した人がいる。十七世紀イングランドの哲学者ジョン・ロックは、王子と靴屋の魂が交換されて、王子の記憶のすべてが靴屋の身体のなかにあり、またその反対になる事態も想像した。かつて王子の身体のなかにあった人格が今は靴屋の身体のなかにあると言いたくなる、とロックは書いた。同一性にとって記憶が重要であることはたしかだ、とロックは論じたのだ。

そのような思考実験を、二十世紀にはアメリカの哲学者シドニー・シューメーカーとイングランドの哲学者デイヴィッド・ウィギンズが発展させた。後者はパーフィットのアメリカ自動車旅行で客席に座っていた人物である。シューメーカーは人の脳を取り出して他人の頭蓋骨のなかに入れる技術を想定した。ウィギンズはその変形版を作った。脳全体を移植する代わりに、脳の左と右の半球が分離され、それぞれが別の身体に移植されるのである。[*4]

つまりパーフィットは最初の哲学論文を出現させたとき、伝統の豊饒な流れのなかにいたのだ。その素材の多くは、後にアレンジされて『理由と人格』第Ⅲ部に再登場することになる。また私がここでお見せるのもこのバージョンだ。最初のページは引用に値する。パーフィットの文体の例証としてであり、そして彼の最善の著作が深さと明晰さと優雅さをどうあわせもっているかを示すためでもある。

私は〈遠隔輸送機〉の中にはいる。私は以前火星に行ったことがあるが、それは何週間もかかる宇宙船旅行という古い方法によってだった。この機械は光速の速さで私を送り出すだろう。私は単に緑のボタンを押すだけでよい。他の人々と同様、私も神経質になる。うまくいくだろうか？ 私は起こると言われてきたことを思い出す。私がボタンを押すと、私は意識を失い、そして目を覚ますが、ほんの一瞬後のことにすぎないような気がするだろう。実際には私は約一時間意識を失うはずである。ここ地球にある〈スキャナー〉は、私のすべての細胞の正確な状態を記録しながら私の脳と身体を破壊し、そしてこの情報をラジオによって火星に発信するだろう。光速で旅行するこのメッセージは、三分間かかって火星の〈レプリケーター〉に届くだろう。するとそれは新しい物質から、私のものと寸分違わない脳と身体を作り出すだろう。

以上が私に起こるであろうことだと信じてはいるが、私はそれでも躊躇する。だがその時、私はけさの朝食の際に妻が私の神経質さを発見してにやにや笑ったことを思い出す。彼女が思い出させてくれたように、彼女はしばしば〈遠隔輸送〉されてきたが、**彼女**には何の悪いところもない。私はボタンを押す。予言されていた通り、私は意識を失い、そしてすぐに意識を回復したような気がするが、それは別の小部屋の中である。私の新しい身体を調べてみると、何の変化も見つからない。けさひげを剃った時に上唇を切った跡までも、そこにあった。

数年間がたち、その間に私はしばしば〈遠隔輸送〉[*5]された。私は今あの小部屋に戻ってきて、火星にまた旅行する準備をしている。ところが今度は、私が緑のボタンを押しても、私は意識を失わない。ブーンという音がして、そして静かになった。私は小部屋を出て、係員に言う。「故障です。どこが悪かったのでしょう?」

「故障ではありません」と彼は答えて、印刷されたカードを私に渡す。それにはこう書いてある。「〈新スキャナー〉はあなたの脳と身体を破壊することなく、あなたの青写真を記録します。この技術の進歩が提供する機会をあなたが歓迎されることを期待しています。」

係員が言うには、私は〈新スキャナー〉を利用した最初の人々の一人である。彼は付け加えて言う。もし私が一時間待てば、〈インターコム〉を使って、火星にいる私自身と会って話ができるだろう。

「ちょっと待てよ」と私は答える。「もし私がここにいるならば、私が火星にもいられるわけがない。」

誰かがていねいな咳ばらいをする。それは白衣の男で、私と二人だけで話したいと言う。われわれが彼のオフィスに行くと、彼は私に椅子にかけるように言って、一息つく。そして彼は言う。「〈新スキャナー〉には問題があるのではないかと私は心配しています。それはあなたの青写真を全く正確に記録します。そのことはあなたが火星のあなたとお話になる時にわかるでしょう。しかしそれは、スキャンするときに心臓システムを傷つけてしまうようなのです。これまでの結果から判断すると、火星のあなたは全く健康でしょうが、この地球上のあなたは数日中に心不全を起こすに違いありません。*6」

ここで注目すべきはパーフィットの語りの利用法だ。彼の哲学上の文体は簡潔さで有名である（あるいは悪名高い）。最小限の単語だけで、思考を最大に理解しやすく表現する。経済性と明晰性が彼の文章の二つの主要な美徳である。だがここで彼は、ていねいな咳ばらいと劇的な一息を入れる。この一息は何も実質的な寄与をしていない。ただ劇的な効果と事態の異常さの強調のために挿入されているのだ。少なくとも、パーフィットがリーダビリティー――明晰性とは異なる性質――にも価値をいくらかは置いていたということを示唆する。

百五十ページ以上かけて、パーフィットは空想的な思考実験を使いながら次の主張をおこなった。第一に、私の身体と脳と、相互に関係する一連の心的状態と身体的状態を超えて、私を**私**たらしめるものは存在しない。「私はデイヴィッド・エドモンズであり、私（デイヴィッド・エドモンズ）はこの脳とこの身体とこれらの重なり合う記憶等をもっている」と述べるのは、私が別個に存在する実体であるということも言えてしまうから、だめだ。むしろ、私は私の身体と脳と時間を通じた心理によって構成されているのだ。パーフィットはこれを「還元主義」と呼ぶ。デカルトが魂のようなものを前提にしたのはまったく間違いだった。

これは次の第二の点に関連する。特定の人格が存在しつづけているかという問いには、時として、真である答えが存在しない。もし私の身体や脳とは別個の実体が存在したら、この実体が維持されている限り、私は存在しつづけることになるだろう。だがそんな実体は存在しない以上、結果として、われわれがあらゆる事実を知っても、ある人格が存在しつづけているかについては確たる答えが存在しないということがありうる。その人格が存在するかどうかは**不確定**（indeterminate）かもしれないのだ。さらに第三に、同一性は本当に重要なことではない。これがパーフィットがいちばん熱心に取り組んだ主張だ。私にとって重要なことは、ある未来の人格が今の私と心理的に連結しているか否かである。そしてこれはオール・オア・ナッシングの問題ではない。未来の人格と私との心理的連結性の程度問題である。人格の同一性が重要なことではないというために、パーフィットがデイヴィッド・ウィギンズからとってきて脚色した例を考えてみよう。私が一卵性の三つ子の一人だと仮定する。私は身体が致命的に傷つき、私の三つ子兄弟の残り二人は脳がそうなった。私の脳の二つの半球はそれぞれ私の心理を維持できるのだが、脳は分離されて半球がそれぞれの身体に移植された。私の脳は分割され、それぞれの半分は成功裏に私の兄弟の身体に移植された。その結果生じた人の各人は、自分が私だと信じていて、私の生を生きたことを記憶していて、私の性格を持っていて、他のあらゆる仕方で私と心理的に継続している。また彼は私とそっくりの身体を持っている」[*7]。

こんなことは決して起こるはずがないから考慮に値する問題ではない、と反論されるかもしれない。しかしてんかんの治療で患者の脳が二つの半球に切断された結果、その患者には二つの別々の意識の流れがあったという発見がある。片方の半球には信仰があり、別の半球は無神論者である患者も存在した[*8]。脳の分離に関する哲学的な議論を生み出したのはこの種の実験なのだ。そしてこの三つ子の手術は実現可能性からはほど遠いが、パーフィットは、それは技術的な制約にすぎず、われわれの直観をテストする思考実験としての価値を減ずるものではない、と論じた。

ではあなたの直観はどうか？　あなたはこの三つ子のケースにどう反応するだろうか？　もしある人に二人の兄弟がいて、その人の脳が半球ずつ兄弟二人の身体にそれぞれ移植されたとしたら、もとの彼は存在しなくなるのだろうか？　それとも存在しつづけるだろうか？　多くの人は存在しつづけると感ずる。しかしもしそうだとしたら、彼はどちらかの兄弟なのか、それとも両方なのか？　それに対する答えは、「彼は片方のなかで生きつづける」ではありえない。それではあまりにも恣意的だからだ。なぜこちらであって、あちらではないのか？　しかし論理的には彼が両者と同一だということもありえない。もしそうだとしたら、この両者とも同一になってしまうが、両者とも生きつづければそれぞれすぐに別々の経験と記憶をもつことになるのだから、両者は同一ではありえないのである。いずれにせよ、もとの人物が一つの人格として二つの身体と二つの心のなかで生きつづけると考えるのはもっともらしくない。

パーフィットの主張は、このケースでは脳を移植されたいずれの兄弟も第一の男と同一ではありえない、だ。しかしそれは重要な問題ではない、とも彼は論ずる。重要なことは、第一の男の心理的継続性が分岐するということなのだ。実際、それは二つの身体のなかで維持される――「一つ分の値段で二個」のように一種のボーナスとなる。[*9]

＊　＊　＊

人が存在しなくなるのは、その現在の自分と心理的に継続した人が未来に誰も存在しないときか、あるいは、三つ子のケースのように心理的継続性が分岐するときである、とパーフィットは論じた。しかし後者のケースでは、本当に重要なもの、すなわち心理的継続性は保持されている。

誰もがパーフィットの議論に説得されるわけではないが、批判者たちも、人格の同一性についての真剣で詳細な哲学的議論はどれも無視できないと譲歩している。それでも読者のなかには「それがどうした？」と問う人がいるかもしれない。心理的継続性が現実の生活で分岐することはありえないのに、なぜそんなことを気にするべきなのか？

さて、まずパーフィットの立場が常識とどれほど根本的に異なるかを認識すべきだ。彼は哲学者だけでなくほとんどすべての非哲学者たちが深く共有している直観を捨てるようわれわれに勧めている――一人ひとりのなかに、われわれの脳や身体や経験とは別個に存在する実体が存在する、一人ひとりのなかに、われわれを**われわれ**たらしめる基礎になるものが存在する、それはわれわれに関するオール・オア・ナッシングである深い事実である、という直観を。

もしこのラディカルなパーフィット的立場をとるならば、自分自身についてどう考えるかについて、そしておそらくは自分たちの行動についても、複数の結論が導き出されるだろう。一つの結論は、現在と未来の自分の関係が弱まるかもしれないということだ。未来の私が「私」であるのは、心理的に十分連結しているからで、私と未来の私とが共有している何か特別な事実があるわけではない。時間を通じたわれわれの同一性は、過去に関する記憶や未来に関する欲求があるからこそなのだが、そのような心理的連結性は程度の問題だ。明日、来週、来年、願わくは十年後も、デイヴィッド・エドモンズという名前を使い、私が今もっている記憶や欲求、傾向性のままの人格が存在するだろう。そして死亡時には、私の名前をもつ人格は存在しなくなる。しかし私のことを記憶しているほかの人たち――彼ら自身が思考と記憶と欲求の束である別の存在――がいるだろう。彼らは私の影響を受けてさえいるかもしれない。パーフィットの理論によれば、今日の私と明日の私のあいだの境界も、私とほかの人のあいだの境界も、一層流動的なものに見えてくる。

これはまた、私がいかに行動するかに、あるいはどう理性的に行動すべきかにも、影響するかもしれない。まず、私とほかの人のあいだには確たる境界が存在しないのだから、おそらく私はほかの人のことをもっと気にかけて、彼らを助けるためにもっと多くのことをすべきだろう。他方、おそらく私は未来の自分の利益を気にかける程度を小さくすべきだ。たとえば、将来の支出のために現在貯蓄するようなことを。なぜ私は、今この瞬間の楽しみのためにお金を使いまくって、将来のまだおぼろげな私自身を無視すべきでないのか？

それからまた、おそらくは、私の未来の自己を害さないように奨励されるか命令されるべきだろう。自由民主主義下の多くの市民は、個人個人に認められるべき行為をジョン・スチュアート・ミルのように考えている。ミルの有名な危害原理では、成人は他者に害を加えない限り自分が望むことをおこなう自由をもつべきであるとする。[*10] しかしもし未来の自己と現在の自己との結びつきが伝統的に考えられているよりも薄いとしたら、われわれは未来の**彼ら**を「他者」、あるいは最低限、他者に**もっと似たもの**とみなすべきだろうか？　パーフィットの見解によると、これも程度の問題だ。未来の自己は、われわれとの時間を通じた心理的連結性が小さくなればなるほど、他者に似てくるのである。

パーフィットの議論の影響を受ける争点リストには終わりがない。「事前指示書」を取り上げてみよう。この指示書で、自分自身が決定をできなくなったときにどのように取り扱われたいかを、法的文書として決められる。ある人が認知症になったが事前指示書があったとしよう。この指示書に署名した昔の自分は、認知症になった後のこの自分について決定できるほどに、以後の自分と十分結びついているのか？

パーフィット的な人格の同一性は非難や責任や道徳的功績についても相違をもたらす。ある人がある罪を犯したが、長いあいだ発覚しなかったとしてみよう。そしてそのあいだにその人の性格が改善された、あるいはその犯罪をすっかり忘れていた、言い換えれば、罪を犯した人と将来のその人とのあいだにはごく薄い心理的連結性しか存在しないとする。パーフィット的見解は、人は罪を犯した人と心理的に結びついている程度が少なければ少ないほどこの過去の行為に責任を負う程度が小さいということを意味するように思われる。
　しかしパーフィットにとって彼の発見の最も重要なインパクトは、死に関する見解だ。これはいたるところで引用される文章のなかにある。

私の存在がそのようなさらなる事実であると信じていた時、私は自分自身の中に閉じ込められているように思われた。私の生はガラスのトンネルのようだった。私はそれを通って毎年一層速く動いていき、その端には闇があった。私が見解を変えた時、私のガラスのトンネルの壁は消滅した。私は今や開かれた空気の中に生きている。私の生と他の人々の生の間にはまだ相違があるが、その相違は小さくなった。他の人々は近くなった。私は自分自身の生の残りを気にかけることが少なくなり、他の人々の生を気にかけることが多くなった。[*11]

　仏教徒なら人格の同一性をめぐるパーフィット的思索に本能的な共感を覚えるはずだ。われわれは存外思っているよりもほかの人と共通するところが多く、未来の自分と共通するところが少ない、と教えられているからだ。パーフィットは自分の著作と仏教の類似性に気づいていて、『理由と人格』の短い補論でそれを論じ、個人を意味する仏教用語がサンタナ、すなわち「流れ」であると指摘している。[*12]その後、仏教の修道僧がこの本の一文を唱えているのを聞いたということを知って、喜んだという。話はこうだ。ハーヴァードの哲学者ダン・ウィンクラーがチベット宗教の研究者とインド北部をトレッキングしながら、自我に関する仏教とパーフィットの見解の類似性に触れた。ウィンクラーはパーフイットと知り合いだったので、サインしてもらった『理由と人格』をトレッキング相手に送った。その後、ウィンクラーと友人はまたトレッキングに出かけ、ある僧院を訪れた。友人が語るには、この僧院の院長に『理由と人格』を貸したところ、部分的に修道僧の研究と詠唱、そして問答に使ったのだという。哲学書としては異例の衝撃的事実である。

＊＊＊

「『ある人物の性格をその思想から読み取ることは不可能である』を論ぜよ」。オール・ソウルズの一般試験にこんな問題が出てもおかしくない。そして両者のあいだに何の関係もなさそうなケースがある。特殊相対性理論はアインシュタインの温厚な性格に何の手がかりも与えない。しかしパーフィット的哲学は彼の性質と実際に結びついている。

第一に、人格の同一性に関するパーフィットの結論はどれも体の役割を低く見積もるが、これは彼自身の体に対する独特な関係と軌を一にしていた。彼の体は脳がそこに座す船だった。この船をきちんと浮かべておくことがなにより重要だ。もし座礁したら、脳が傷つくか死んでしまうからである。ある友人はパーフィットの授賞式で別の比喩で讃えた。「本当にデレクはすべて彼の精神のなかで生きているように思われます。〔中略〕彼は自分の体を少々不便なゴルフカートのように取り扱います。自分の精神をオックスフォードからボストンに、ニューヨークに、ニューブランスウィックに持っていくために、そのカートを運転しなければならないというわけです。〔中略〕そして彼はほかの人たちのことも、自分と同じような純粋な精神として見ています」[13]。

パーフィットがエアロバイクを漕いで運動するのは、最も重要な器官である脳を機能させつづけるために、ほかの器官を健康にする手段だった。しかし体に「ごほうびを与える」ことや「甘やかす」ことには意味がなかった。たいていの人は日向ぼっこそのものを愛する。だがパーフィットにとっては時間の浪費だ。ワイングラス片手に味わうご馳走に何時間も費やす人も多いだろう。若かりしパーフィットは食事を楽しんだが、年をとるにつれて、そうした日々の肉体的喜びは見捨てるようになった。その証拠もある。

身体にまつわるルールが世間にはある。パーフィットはそれも認識しなかったか、あるいは認識していたとしても、自分には何の影響も及ぼさず、従わねばならないという感覚もなかった。「パーソナルスペース」もそうだ。自分だけの空間だと感じられる、体の周囲の領域──島国のまわりにある固有の領海のようなもの──である。パーソナルスペースの侵犯は無礼だとか脅威だとか思われる。その広さは文化ごとに異なるが、あらゆる文化にある。しかしパーフィットにはその感覚がほとんどなく、それが学生時代から周囲の人たちの居心地を悪くさせもした。最初の哲学の指導教員に対してもあまりにも近くで座ったり立ったりしていた。「私は身をかわして、もう六インチ、距離をとろうとしたものでした」[*14]。彼の部屋を訪れた学生に対しても、ソファのすぐ近くに座った。まったく無邪気な振る舞いだと学生らにわかってもらうまでにはいくらか時間がかかった。

パーフィットはまた、裸をさらけ出すのは無作法だという社会的メッセージも理解しなかった。家のなかに他人がいるかどうかにおかまいなしに、裸か下着だけでエアロバイクにまたがった。暑すぎると感じたら、単純に服を脱いだ（なぜそうしないのか？）。ベネチアのある猛暑の日、彼は「上着とシャツを脱いで、上半身裸で街を歩いた」[*15]。オール・ソウルズでは全裸で階段を上がって浴室に行き、男性フエローの恋人たちを驚かせた。

＊＊＊

一九六八年から七二年までのあいだに、パーフィット自身のロマンチックライフはしだいに奔放さを失っていった。自分の望まない関係から逃れるのをきまり悪く感じたりもしたようだ。一度は、ある女性から身を隠すためにロビン・ブリッグズの家で一週間ほど過ごしている。

一時的な関係に加えて、彼はメアリ・クレメイとパトリシア・ザンダーとの二つの真剣な関係に感情をかき乱されていた。一九六八年にメアリ・クレメイは新しい基盤をニューヨークに移し、パーフィットと定期的に文通していた。その年の二月三日にパーフィットは書いた。「君のすばらしい手紙を受け取った。僕の君に対する感じ方は何もゆるがないので、君が今はニューヨークに離れていても、君のことを考えることは明るく暖かい灯りをつけるのに似ている。僕は君をとても愛している（君が出発しなければならなくなるまで、僕はどれだけ愛しているかわかっていなかった）[＊16]」。彼女からの手紙は「愛するデレク」と「最愛のデレク」で始まる。大部分は自分の気持ちや考えたことだったが、広い別世界からのニュースもあった——七月五日にアトランティック・シティからテレビ中継されたミス・アメリカ大会反対のフェミニストのデモ、そして十月のマジソン・スクエア・ガーデンで開かれた人種隔離賛成派のアメリカ独立党候補ジョージ・ウォレスを支持する恐ろしい大規模政治集会。クレメイは十一月の大統領選挙で勝つのは「汚いディック・ニック〔ニクソン〕」だろうと正しく予言した[＊17]。

一九六九年七月二十五日、パーフィットはニューヘイブンの姉を訪れて数週間を過ごすため、合衆国に到着した。ビザ申請書に自分の顔色（色白、赤ら顔など）を記載するよう求められて「ピンク」と書いた[＊18]。その旅行中にニューヨークに行ってメアリに会う計画を立てていたが、彼女から電話を受けとった。訪問はもはや歓迎されないというのだ。彼女には新しいパートナーができて、一緒にギリシア休暇旅行へ行くところだった。パーフィットは受話器を置いてから十二ページにわたる手紙を書いたが、結局投函されなかったらしい。[*19]こう始まる。

親愛なるメアリ

僕に電話で、君のことを実にうまく話してくれてありがとう。君の選択は明らかに正しかった。［中略］僕はつゆほどの嫉妬も感じていない――君を僕の所有物のようには感じていないし、僕は君が幸福だと考えたい。また僕自身も全然不幸ではない（自己憐憫はなし）。だから君が電話で僕を傷つけたなどとは感じないでほしい。[*20]

その頃のパーフィットはシングルだったが、当時「四人の別々の女の子とちょっと付き合った」、しかしその誰ともメアリとのような「かかわりあい」にはならなかった、と書いている。誰も「僕に永続的な刻印を何も残さなかった（驚いたことに、どのように感じていたかさえほとんど思い出せない）。しかし君は僕に完全に永遠のしるしを残した。僕は君に対する好意と優しさを失うことを想像もできない。だから僕の思いは君に戻りつづける。しかしこの思いは静かな優しさであって、とても長くかかえてきたから、さらに長くなっても気にならない」。パーフィットはメアリの生活がうまくいくことを望み、彼女の新しいパートナーとの関係が長く続くなら一層よいことだと言う。しかしもしそうならなかったら？　そう、彼、パーフィットは結婚するつもりはないから、「髪が灰色になりはじめたときにまた君に求婚できるかもしれないというわずかな可能性（たとえそれが百分の一だとしても）があると考えるとうれしくなる」[*21]。

メアリをパーフィットの合衆国旅行の旅程から外さねばならなかったが、マサチューセッツ州ケンブリッジのパトリシア・ザンダーには会えた。当時の二人の関係ははっきりしないが、少なくとも強烈な友情ではあった。パーフィットはこの時期のパトリシアからの手紙の束を保管していたが、どれにも日付がない。当然のように、音楽の話や音楽関係の意見が多い。室内楽になると、ザンダーは「ピアノはほかのあらゆるものをかけるスケルトンです——なぜならピアノあってのハーモニーですから——ハーモニーなしには構造はありません」[*22]という意見で、「音楽について書くことは、哲学よりも困難です。なぜなら音を記述する言語は事実上存在しないのですから」と嘆いた[*23]。

彼女がパーフィットに次のように書いたのは、一九六九年の旅行以後かもしれない。「あなたに会うのは本当にすばらしいことでした——その結果いくつかのことを再考しなければならないとわかりました。それはかなり愉快なことでもあります。まだいくらか驚かされるのは、あなたが私の生活の重要な一部だったし今でもそうだということですが、それでもそこには何の痛みも含まれていません」[*24]。別の手紙のなかで彼女は書いている。「あなたがいないので私はますます寂しくなっているようです」[*25]。

手紙は、彼女とベンの結婚が疎遠から別居を経て終焉を迎えた次第を語っている。おそらく一九七〇年に書かれた手紙で、自分の不幸をジェンダー関係という一層広い枠組みのなかに位置づけている。一九七〇年はフェミニズムにとって記憶すべき年だった。ケイト・ミレットの『性の政治学』とジャーメイン・グリアの『去勢された女』が出版されたのである。パトリシアは「驚くべき自覚」に至った。

私は女です、そして、女であるということはとても満足できるものではないのです！　私は自分がこの年月、何をしてきたかわかりません――私はリップ・ヴァン・ウィンクルのように感じています。〔中略〕私はこれまでこう思ってきました。――自分の態度のこれほど多くや、職業上の恐れや、多数の人とコミュニケートできないことはすべて私自身のせいか、あるいは労働者階級のバックグラウンドから「新しい生活」に不満足に移植された結果等々――その一部はやはり真ですが――である。私の暮らし方は私が知るたくさんの女たちよりもずっとよい。それについて愚痴を言うことには意味がない――。〔中略〕いまや精神科医たちは、これらのますます騒がしくなっている女たちに対して、彼女たちの郊外の夢やパートタイムの職もどきに留まるよう説得するのに苦労しているにちがいありません。[*26]

手紙は彼女自身の感情でいっぱいだが、あるとき、パーフィットがどうしているかほとんどわからないと書いている。なぜなら彼が「怒りをあらわにする人」でないからだろう、と彼女は推測した。[*27]

＊＊＊

すぐに事態はさらに複雑化することになった。一九七〇年七月三日、パーフィットは妹のジョアンナに返事の手紙を書いた。彼女はいつものように個人的問題をかかえていた。パーフィットの返信は残っていないが、どうやら彼女はピルを常用していたが効かなかったのではないかと心配になって妊娠診断を受けたが、結果は陰性と出たらしい。「かわいそうに。恐ろしかったにちがいない」とパーフィットは書いた。「僕は想像するだけだが、自分が女性だったら感じるであろう複雑な感情は、僕にはわからない」[*28]。もしさらに心の平静がほしかったら危険日は避ければよい、と助言した。自分自身については、哲学の会議のために論文を書くことになっていると記した。「何とも当惑させられることに、よりによって愛という題材だ。〔中略〕僕がそれについて何を知っているか、と自問するね――僕自身のわりあい奇妙なケース以外に」[29]。この好奇心をそそる講演に関する記録は存在しない。

その二週間前の六月十八日には、保守党が総選挙で意外な勝利を収めていた。前首相となった労働党の指導者ハロルド・ウィルソンはエドワード・ヒースにダウニング街十番地を明け渡した。このことにパーフィットは驚いたが、コレッジのフェローの多数派がヒースよりもウィルソンに投票したことを知って少しは慰められた。

パーフィットは人格同一性論文公刊から約一年後、アメリカ生まれの若いオックスフォード学部生ジュディス・デ・ウィットとデートを始めた。社交イベントでパーフィットと会ったことのある彼女は、当時の恋人のために、ジャズのレコードのお薦めを訊きにオール・ソウルズの彼の部屋を訪れたのだった。メアリ・クレメイと同様、彼女も女性ばかりのサマヴィル・コレッジにいた。しかしそのうちにパトリシア・ザンダーがイギリスを訪れることになった。理解できることだが、ジュディスはパーフィットがパトリシアに会うことを快く思わなかったので、彼はメッセージを送らねばならなかった。パーフィットとジュディスの関係はパトリシアにも複雑な感情をもたらした。パトリシアは自分とパーフィットの絆は他人を寄せ付けないという幻想を抱いていたのだ。パトリシアは書いた。「私がこれほどの力を得たと感ずる、この完全に予期せぬすばらしい友情のなかに誰かほかの人を入れるということは、嫉妬やライバル意識にどう対処するかという問題ではありません――なぜなら私は可能な限りよいことがあなたに起こるよう望んでいるからです――しかしこれは一種の関係清算を含むように思われます」[30]。

パーフィットとデ・ウィットは数年間、ついたり離れたりをくり返した。「彼は素敵な恋人でした。

そして私は迷惑をかけました」。二人はサンクトペテルブルクやパリやベネチアで休日を過ごし、映画やオペラに行った。彼は彼女にムーンストーンのネックレスとかわいい白いドレスを買った。「彼はロマンチックでセンチメンタルでした」。二人は結婚について、また子どもをつくるかどうかについても議論したが、「この問題は解決されませんでした」[*31]。彼女がまだオックスフォードやサマータウンの北の郊外に住んでいるあいだ、二人は社交に励んだ。オール・ソウルズのフェローは、ワインセラーに眠る豊富なボトルを購入したときの値段で買うことが許されていたので、パーフィットはジュディスが選んだ高級ワインを格安の費用で提供した。そこに招待された人のなかにはW・V・O・クワインがいた。クワインは独自の経験主義哲学を作り出していた――経験主義とは、あらゆる知識は経験に基づくという見解である。彼は興味深い事実を収集することでも知られていて、自分の想像を捕えたものなら何でもノートにとった。パーフィットはこの高名なアメリカ人がやってきてうろつきまわることに少々神経質になったのかもしれない。というのは、彼とジュディスは、ジュディスが料理を準備するよりも長い時間を、このゲストを面白がらせられそうな事柄の収集にあてたからだ。

一年半の関係の後、デ・ウィットはソーシャルワーカーとして雇われたロンドンに移った。このカップルが一緒に家を買ったのは、二人がいかに真剣だったかの証しである。ドレイトンパーク、エルフォート通り四六番地（アーセナル・フットボールスタジアムのすぐ近く）。しかし二人は現実には最後まで同棲しなかった。オール・ソウルズの階段XI、四号室がパーフィットの主要な住所のままだった。

オール・ソウルズのフェローでデ・ウィットの存在を知る人はほとんどいなかった。「恋人がいるという噂はありましたが、誰も確信をもってはいなかったですし、憶測さえあまりありませんでした」とコレッジの友人は言っている。「[パーフィットには] 一種の無垢な雰囲気があって、それがゴシップを縁遠くしたのです」[*32]。メアリ・クレメイと同様、ジュディス・デ・ウィットもある一点について譲らない。パーフィットは特別に変わってはいなかった、というのである。彼の唯一変わった習慣は、気に入ったジャケットを見つけるともう二着余分に買ったところだけだった、と彼女は言う。「私はそのときこれは変わっていると思いましたが、今思うと完全に意味があります。物事をなしとげる人は時間を浪費しないのです」[*33]。

当時彼が風変わりでなかったとしても、その後何か――あるいはいくつかの何か――が起こったにちがいない。

＊＊＊

弱冠三十歳で、哲学界内部のパーフィットの地位はすでに確固たるものになっていた。大物の哲学者たちが彼の助言とフィードバックを求めた。R・M・ヘアはロールズの『正義論』の長い書評についてパーフィットの助けを求めた。その理由は、ヘアの言うところでは、「ロールズを間違って紹介することを恐れていたからです。私はそのようなことがないよう非常に努力しましたが、彼はそれほどひどくとらえどころがないのです」[*34]。パーフィットは修正箇所をいくつも伝えたが、そのなかにはヘアは敵対的な言葉遣いを和らげるべきだという指摘も含まれていた。

パーフィットの受賞フェローシップは一九七四年に終わりを迎えることになっていた。彼は自分がいかに恵まれているかを理解していた。学者は昔から文句を言うものだ。その愚痴の主要三形態は、低い給与と重い授業負担と退屈な書類書きである。数年間、パーフィットは自分のニーズすべてを満たす収入を与えられ、授業負担はなく、コレッジと大学の首脳部は基本的に彼を放任してきた。イギリスのなかにそんな地位はほとんどない。誰がこれを諦めよう？　もちろんパーフィットは諦めようとしなかった。しかし彼はフェローシップのあいだにわずかな出版業績しかあげられなかった――少なくとも量の点では。人格同一性論文はその独創性のゆえに哲学者たちから名作として賞賛を受けていた。しかしオール・ソウルズには哲学者よりも法律家や歴史家の方が多く、彼らはパーフィットの低い生産性にそれほど寛容ではなかった。

この時点では、受賞フェローシップから七年間のジュニア研究フェローシップに継ぎ目なく移ることが可能で、それには（オール・ソウルズの学寮長とフェローたちからなる）執行部の承認が必要だったが、外部との競争をする必要はなかった。しかしパーフィットは内部にライバルがいるだろうと想定していた。彼と同期の受賞フェロー、歴史家のジョン・クラークだ。理論上は二人ともがジュニア研究フェローに選ばれることも可能だったが、そうした前例はなかった。

次に起きたことについては異なった説明がある。フェロー数人の言によると、パーフィットは見苦しいほど強力に自分を売り込んだという。これはオール・ソウルズらしくない。自分は哲学の仕事に専念できるように教育負担なしの職を確保することが重要なのだ、とパーフィットは耳を貸してくれる人なら誰にでも説いたという。当のジョン・クラークの回想によれば、ほかで職を探すつもりはないかとパーフィットに質問されて、曖昧な返事をしたという。フェローのあいだでは、パーフィットはクラーク博士に応募を思いとどまるよう全力を尽くしているという噂が飛び交った。パーフィットがクラークの悪口を言ったという告発さえ飛び出たが、これはありそうもないし、もし真実だとしたら、彼とは思えないことだ。

パーフィットのフェローシップ申請は一九七三年十月に提出された。研究計画の提出もしなければならない。そこには、本を三冊書きたいと考えていて、一冊目は人格の同一性に関するもの、二冊目は合理性に関するもので、個人が行為の理由として何をもつかを述べるもの、三冊目は第二と同じ領域をカバーするが、個人ではなくて社会の観点に立つものである。

審査には照会状が必要だったので、パーフィットは二十世紀後半の指導的な哲学者に依頼した。そして彼らは断らずに応じてくれた。そのなかにはピーター・ストローソン、R・M・ヘア、A・J・エイヤー、ジョン・ロールズがいた。ピアニストならダニエル・バレンボイムとアルフレッド・ブレンデルから、あるいはサッカー選手ならディエゴ・マラドーナとヨハン・クライフからお墨付きをもらったようなものだ。

ストローソンは、パーフィットは「この国における彼の世代の傑出した二人あるいは三人の哲学者の一人であり、その少数者のなかでも、思考の独創性、それを展開する際の徹底性、論述の明晰さのために最も注目すべき人物である」と書いた。[*35] デイヴィッド・ピアズも同じ意見だった。「彼は彼の属する前後十年の世代で、重い教育義務に煩わされることなしに研究を続ける機会を与えられるべき二人か三人の哲学者の一人である」。[*36] エイヤーとトマス・ネーゲルからの照会状も親切な内容だった。ヘアは、もしオール・ソウルズがパーフィットにフェローシップを与えなかったら、彼は海外に職を求めてオックスフォードは永遠に彼を失うことになるかもしれないと心配した。「彼がグラヴァーとグリフィンと一緒に道徳哲学のさまざまの応用についておこなってきた、おそらく彼が精神的指導者であったセミナーは、道徳哲学の領域において近年起きた最も刺激的な出来事である。〔中略〕彼が哲学を専攻することなしに哲学に入ってきたことを考慮すると、彼にはこの領域における天分があると言って過言ではないと私は考える」。[*37] 最後に、ジョン・ロールズからの照会状も来た。パーフィットはハークネス時代に彼に会っていた。「彼は非常に才能があると私には思われる。若い哲学者、たとえば四十歳以下の哲学者のなかで、彼よりも倫理学に大きな貢献を果たしそうな人物はいないと私は信ずる」[*38]。学者の書く照会状には誇張する傾向があるが、それでもこのような推薦を無視することはまず不可能だったろう。これらが哲学内部のあらゆる分野から来たことは注目に値する。ロールズは政治哲学者、ヘアは道徳哲学者、ピアズは指導的なウィトゲンシュタイン研究者だった。

なんであれ、パーフィットが心配する必要はなかった。ジョン・クラークもジュニア研究フェローに移ろうと熱心だったが、ジョン・スパロウは無理だろうと彼に明言していた。その代わりに、クラークはオール・ソウルズにあと二年間いられるが、その間によそに雇用先を探すようにという条件がつけられた。過去十年間英国の大学システムは大いに拡大してきたから、彼が職を確保することは難しくはないだろうと想定された。

スパロウ学寮長がパーフィットを推すことになると予見した者はほぼ誰もいなかったろう。彼とパーフィットのあいだには何も共通点がない。しかしスパロウは才能を見出す人物だった。パーフィットが例外的な知性をもっていることに気づいたにちがいない。また、オール・ソウルズは偉大な男たち（そう、彼の見解では**男たち**）のために存在するユニークな環境のコレッジだという信念があった。だからといってスパロウが研究に関心を寄せていたわけではない。アイザイア・バーリンの報告では、スパロウほど「コレッジの知的品質を気にかけないことは誰にも不可能でした――少しも気にかけませんでした。彼は自分を楽しませたり気持ちよい仲間になってくれたりする、利口な人たちが好きだっただけです」[*39]。スパロウはパーフィットを性的に見ているという醜聞もあった。スパロウはパーフィットの長い流れる髪が特にお気に入りで、くり返し賞賛した。

スパロウを味方につけたことは役に立った。とりわけパーフィットは知らず知らずコレッジ内に敵を作り出していたからだ。敵意の主原因は、彼が常識や規則に対して無頓着なことだった。彼の取るに足らないトラブルはトライフルと関係していた。オール・ソウルズではトライフルかイートン・メスかアップル・クランブル（いずれもデザートの一種）の後、フルーツとチーズと酒からなる二番目のデザートが、スプレンディドホールとは別の部屋（コモンルーム）で出される。デザートまでほかの人たちと一緒に残るのが「適切」なことだったが、パーフィットは時間節約のためにそれをスキップしだした。革命的行為――万国の学者よ、団結せよ、君たちはカマンベールしか失うものがないのだ！――とまではいかないが、パーフィットに倣う者も出てきたため、年長フェローには舌打ちする者もいた。しかもパーフィットがフェローシップ延長の準備工作としてデザートのボイコットを放棄し、スパロウとの会話を求めるようになると、舌打ちはさらに強まった。ほかのフェローたちには、狡猾で不誠実な態度だと映ったのだ。

コレッジの食事にはもう一つ、不文律の慣習がある。賑やかなランチでもディナーの席でも、（自分の研究トピックに関する）長々しい内輪話を避け、会話を独り占めせず、両隣や向かいの席の人と話をする、ということだ（今もそうである）。オール・ソウルズの一般論文試験が、フェロー志願者に彼らの教養の広さと知性を示すように意図されているのとちょうど同じように、人は食事のときに自分の好奇心と知識と知性と鋭さとウィットを示すよう期待されていた。オール・ソウルズは狭い専門家よりも幅広い円満な専門家を評価していたのである。

これはパーフィットの流儀ではなかった。彼は哲学について話すことを欲した。彼がディナーに連れてくるゲストは、いつも自分の仕事に関係する人だった。そしてパーフィットは彼らとだけ会話した。

だがふだんはゲスト連れではなく、数少ない哲学者たちの誰かしらをつかまえて、陰謀でも企てるかのように「一緒に座ろう」と言うのだった。部外者からすればささいで可愛気のある欠点と見えるかもしれないが、オール・ソウルズの学者たちは大部分が孤独に研究をおこなっているから、食事は社交による結束をもたらす働きをしているのだ。

パーフィットはこの頃には夜型生活を確立していた。会計係のチャールズ・ウェンダーにはありがたかった。「彼は無給の夜警になる」[*40]からだ。コレッジのポーターたちも面白がった。彼らは昼食前にパーフィットに電話するとそれが目覚ましコールになることを学んだ。邪魔にならないように清掃係は清潔なシーツを彼の部屋の外に置いた。パーフィットの体内時計はほかの人よりも数時間遅れていて——グリニッジ標準時よりグリニッジ・ヴィレッジに近い——、彼は慢性の不眠症に悩まされはじめた。ある学生には、自分の日周期のリズムは地球の自転の二十四時間周期に従わないとも話していた。解決策として、全然読めないほどひどくはないが読みつづけたくなるほど面白くもない長編小説を読んだ。トロロープがこの難しい、ちょうどいい中庸に当てはまった。しかしこの戦略は部分的にしか効果を発揮しなかった。ある医師が抗うつ剤のアミトリプチリンを処方してくれた。パーフィットは抗うつ剤を大量のウォッカとともに飲み下すことが適切だと考え（そんなことはない）、こうして始まったルーティンは一生続くことになった。毎晩意識のシャッターを下すのに苦労したからだ。

パーフィットはもう食事とセミナーのため以外には自分の続き部屋からほとんど出なくなっていた。ますます深まりゆく一心不乱さが性格の新たな一面となった。後に彼の最も親しい友人の一人になったラリー・テムキンは、〔哲学者としての使命という〕自覚の兆しへと至るこの発展をこう述べている。

デレクはもっと若かった頃、自分と学問的題材との関係を一種のゲームとみなしていたと私は思っています。彼は本当にとても楽しむことが上手な人物でした。知的論争の場で「敵を打ち負かす」という闘争的な立場を楽しんでいました。歴史を研究していたとき、［中略］自分が得意な「ゲームをプレイする」一方で、自分自身も周囲の人も楽しませたりほかのたくさんの刺激的な活動もおこなったりする、正常な、とても頭のよい若者の特徴をいろいろもっていることは、デレクにとって意味がありました。しかし自分が哲学において巨大な成功を収めることができる、そして特に道徳哲学に後世に残る重要な貢献ができる、ということを実感してからは、彼は本当に重要な論点に取り組むことになっていったのです。[*41]

パーフィットは変わっていった。一層孤独になり、一層引きこもりがちになった。この変化はテセウスの船のように少しずつ段階をたどったが、最終的には、もっと開放的で気楽だった青年期のパーフィットとほとんど似ても似つかぬ人になる。彼は別の人格になるのだ、と言えるかもしれない。

9 大西洋を越えて

A Transatlantic Affair

「長年、私は自分を部分的にはアメリカ人とみなしてきた」[*1]とパーフィットはかつて書いた。だがアメリカ人にすればパーフィットは典型的なイギリス人だ。クイーンズ・イングリッシュを遣い、イギリス人特有のユーモア感覚をもつ。モンティ・パイソンと、P・G・ウッドハウスのジーヴス&ウースター・シリーズの小説を楽しんだ。しかしパーフィットは合衆国への愛着の証しとして、大学のコモンルームの数ある新聞のなかから最初に手に取るのは、たとえイギリスにいるときでさえ『ニューヨーク・タイムズ』か『インターナショナル・ヘラルド・トリビューン』だと表明する。

パーフィットの生活には、「周期的」といえる特徴がいくつかあった。二つが特に顕著で、時系列とは別の書き方をする必要がある。一つはレニングラード〈サンクトペテルブルク〉とベネチアへの毎年の写真撮影巡礼である（第13章）。もう一つはアメリカの大学への定期的な滞在だ。一生涯で、四十回以上合衆国に教育旅行で出かけた。テンプル大学（フィラデルフィア）、コロラド大学（ボールダー）、ライス大学（テキサス州ヒューストン）、プリンストン大学（ニュージャージー州プリンストン）でも授業をしたが、最も親しく長期にわたってかかわった三校は、ニューヨーク大学（NYU）とハーヴァードと、それからずっと後になるが、ラトガースだった。財政的な理由――二十世紀末まで、写真撮影を続けるために金銭を必要としていた――以上に、各地の大学への旅行が、自分の考えをテストして、ほかの哲学者たち、特にティム・スキャンロンとトマス・ネーゲルと共同作業し彼らから学べる機会として重要になっていた。

パーフィットはスキャンロンとネーゲルを最も親しい友人と思うようになった。スキャンロンはにこやかなフージア（インディアナ州出身者）で、その祖父は労働者階級のアイルランド移民、父親は成功した法律家。彼は大学生としてプリンストンに学んだ。数学を勉強してインディアナに戻り父の法律家業を継ぐ計画のはずが、哲学にとりつかれてしまったのだ。

スキャンロンが最初にパーフィットに会ったのは、一九七二年十月、ノースキャロライナ州のチャペル・ヒルの週末哲学コロキウム〔討論会〕だった。パーフィットが名声を博した最初の論文後に受けた数多くの招待のどれかだ。スキャンロンとロールズが金曜の夜にコロキウムで報告し、パーフィットが土曜（十月二十一日）の午後、人格の同一性について話した。この週末の最後、スキャンロンとパーフィットは空港のコーヒーラウンジで飛行機を待つグループに混じって座っていた。「するとわれわれの驚いたことに、デレクはナプキンに線を書きはじめました。彼は自分の『いとわしい結論』の議論をスケッチしていたのです[*2]」。

スキャンロンは学問的キャリアをプリンストンで開始し、一九八四年からハーヴァードに移った。一九七〇年代に道徳哲学と政治哲学を専攻しはじめ、一九九八年には名著『われわれが相互に負っていること』が出たが、これは彼がパーフィットと最初の共同セミナーをおこなった翌年のことだ。この本ではスキャンロンの関心をとらえた二つの主要問題が取り上げられている。われわれはいかにして行為の道徳的価値を判断するのか？　また、われわれはなぜ道徳的であるべきなのか？　スキャンロンの文章はル・コルビジェの建築にたとえられる。「装飾なしに、目的を常に念頭に置いて構築されている」[*3]。

そこにはよく言及される思考実験が登場する。「ジョーンズがテレビ局の送信室で事故に見舞われたとしよう。電気装置が彼の腕の上に落下した。送信機を十五分止めなければ彼を救出できない。ワールドカップの試合はすでに始まっていて、多くの視聴者がこの試合を観戦しており、向こう一時間はこの試合は終わらない。このまま待っていてもジョーンズの怪我が悪化することはないが、すでに彼の腕はつぶされ彼には電気ショックの激痛が走りつづけている。さて、われわれはジョーンズを今すぐ救うべきだろうか、それとも試合終了まで待つべきだろうか？」[*4]。スキャンロンの直観は大多数と同じく、われわれは待つべきではない、だ。多くの哲学者がこの直観を説明しようとしてきた。スキャンロンによると、この直観が示すのは、少なくとも功利主義の粗野な形態を斥けなければならないということである。われわれは害悪と利益を単純に集計はできない。多くの人を小さな害悪から救うために誰かへの深刻な害悪を許すことは不正である。こうした事柄を判断できる統一的な視点は存在しない。われわれはその代わりに、何百万の視聴者のうちの誰にせよ——個人として——試合放送の中断に合理的に反対できるかどうかを問うべきだ。そしてスキャンロンの見解では、反対できる人はいないのである。

長く待望されていた『われわれが相互に負っていること』の書評で、トマス・ネーゲルはその刊行を「哲学の一大事件[*5]」と呼んだ。ネーゲルの肯定的な書評は予想できた。二人は親しい友人どうしで、似通った哲学上の軌跡をたどってきたからだ。スキャンロンと同様、ネーゲルも学部卒業後フルブライト奨学金を得てオックスフォードに学び、そこでスキャンロンと同様哲学を研究した。スキャンロンと同様にネーゲルもハーヴァードで博士号をとり、スキャンロン同様プリンストン大学で教えた。そして一九八〇年にNYUに移る。ベオグラードに生まれニューヨークに育ったネーゲルも重要な哲学者であり、また優雅な文章家でもあった。あるトピックについて深く、時には長年思索してから、複雑な思考を明晰で力強い文章に統合できるという、類いまれな才能をもっていた。

哲学者はネーゲルに評価されたら百人力だった。もちろんネーゲルはパーフィットを高く評価した。パーフィットもそれに応えた。ネーゲルの『どこでもないところからの眺め』（一九八六年）は現代倫理学のなかでパーフィットのお気に入りの著書だった。実際、注目すべき書物だ。[*6] ネーゲルは人間のあるユニークな特徴に光をあてる。自分の生活と行為について超然たる判断をおこなえるという能力である。いわばわれわれは、あたかも自分から離れたところからのように、自分を見下ろし、判断し、評価することができる。われわれはどこでもないところからの眺めを見ているのだ。

われわれには内からの視野と外からの視野、つまり主観的観点と客観的観点がある。この事実が多くの哲学的難問と心理的緊張関係の根底にある、とネーゲルは示唆する。外からの視野では、われわれは宇宙のなかの無限に小さな点にすぎないとか、自分はほかのすべての人と同じようにいつかは死ぬことになるといった思いに打ちのめされるかもしれない。何かの大義を進めようとか、試験に合格しようとか、伝記執筆を終わらせようといった努力は、ほんの数分前にはあれほど重要な死活問題に思われたのだが、突然雲散霧消するかもしれない。不条理の感覚はこの外からの観点に生ずる。

あるいは、倫理をとってみよう。ある人をより大きな善のために害することは受け入れられるだろうか？　客観的な立場から、重要なことは、より大きな善、全体としての最善であるという結論を下すかもしれない。しかし主観はそれに逆らう。たとえ一人の命を救うためであっても誰かを拷問にかけることは不正であると考えるし、ほかの人の幸福を最大化するために友人を裏切ろうとも思わない。

あるいは、哲学者たちが考慮しなければならないと感ずる論点である、自由意志をとってみよう。われわれは自由意志をもっているのだろうか？　たしかに通常の状況であればたいてい自由だと感じている。メニューの料理を選ぶとき、レストランでピザかパスタを注文するとき、われわれは自由だ。だがその一方、客観的な立場をとって世界は因果法則に従っていると考えるとき、自由意志に関する懐疑主義が忍び込んでくる。おそらくパスタではなくピザを注文するという選択は、その前の信念と欲求（たとえば、私はピザよりもパスタの方がおいしいと考えている）を含む条件によって前もって支配されていたのかもしれない。ではいかなる意味でこの選択は本当に自由なのだろうか？　自由意志はごまかしの幻想のように思えてくる。

また別の難問を考えてみよう。意識という不思議な現象をいかに説明しカテゴライズすべきか？　外からの視野ではニューロンとシナプスという科学的な用語によって説明しようとする。しかしわれわれの主観的な経験は科学への還元に逆らう。純粋に物理的あるいは物質的な用語で意識を記述することは、何かを取り逃がしている。ネーゲルはこれを一九七四年に発表した最も有名な論文「コウモリであるとはどのようなことか」で例証した。コウモリがどのように機能するか——たとえば、どのようにソナーのように音を使って空を飛ぶか——について完全な科学的記述を与えることはできるが、それはコウモリであるとはどのように**感じられる**かを教えてくれないのである。

＊＊＊

アメリカでパーフィットが最初に教えたのは、一九七一年、ハーヴァードの客員講師としての三週間の授業だった。すでにジョン・ロールズとは知り合いだ。パーフィットはハークネス奨学金を受けるあいだ、彼のもとで研究していたからだ。一九七一年は『正義論』――今では政治理論の学生全員の必読書――が出版された年である。ロールズが政治理論を重要で喫緊の分野だと感じさせ、大きな貢献をおこなったとパーフィットはずっと認めていた。しかし年をとるにつれてロールズに対してますます批判的になり、政治理論を『正義論』が支配していることに苛立ちもするようになった。政治哲学のほとんどあらゆる著作がロールズへの応答であるように見える一時期さえあった。批判者としてロバート・ノージックはこのように言った。「いまや政治哲学者たちは、ロールズ理論のなかで仕事をするか、それとも、なぜそうしないかを説明するかのいずれかをせねばならない」[*7]。この本は世界の関心をこれほどまで独占するには値しない、とパーフィットは嘆いたのだ。それでも一九七一年には彼はロールズと話をするのを楽しみ、前章で書いたとおり、ロールズもこの若いイギリス人の推薦者になるほどの強い印象をパーフィットから受けていた。

そのロールズはパーフィットが自分をある独断から目覚めさせたと言っている。ロールズは功利主義と対立する中心人物だった。その批判の核心が、功利主義は人間が別々の存在であるという公理的事実に重きを置いていない、というものだった。功利主義はいかに行動すべきかについて人格と関係のない尺度を提供して、利益と害悪、幸福と不幸を差し引きする。われわれは一人ひとりが別々の存在であるというロールズの主張にともなっていたのは、たとえばわれわれは――功利主義者が言うようには――ある人物を一人あるいは複数のほかの人のより大きな利益のために害することが常に道徳上許されるわけではない、という批判だった。より大きな利益をジョンにもたらせば必然的にジェインを害する行為を認めることになるような粗野な道徳的推論は、われわれが別々の存在だからこそ禁止されるのである。パーフィットの論文を読むまで、ロールズは人格の同一性の問題をほとんど考えたことがなく、それこそ倫理学や政治哲学からは切り離された学問の一部だと信じていた。ロールズはそのとき再考を迫られた。もしパーフィットが正しいとしたら、人格の別個性に関する主張は形而上学的誤りに基づいていることになるからである。

＊＊＊

翌一九七二年、パーフィットはNYUで最初の授業をした。これはアメリカ人哲学者ビル・ラディックが手配してくれた。共通の友人が二人をオール・ソウルズで引き合わせ、パーフィットは、自分はこれまでニューヨークに二度住んで——最初は『ニューヨーカー』のインターンシップ、次はハークネス奨学金——、ニューヨークで教えたいと思っている、と伝えた。ラディックはパーフィットに哲学上の関心を尋ねて、自分にできることをしようと約束した。ラディックは言葉を違えなかった。一九七二年の秋、パーフィットは恋人のジュディス・デ・ウィットとともにアメリカに着いた。彼女はサマヴィル・コレッジの休暇をとって、パーフィットがNYUで働いている昼間に観光してまわり、夜には二人でニューヨークの豊かな文化を堪能した。そのなかにはオペラもあった。

NYUは今でこそ世界トップクラスの哲学科を擁しているが、一九七〇年代前半は違った。その当時NYUはこの街と同じく退潮傾向にあった。ほとんど破産しかかり、教員数は大幅に削減された。パーフィットはまだ哲学の世界でさえ有名ではなかったが、しだいに名声を得つつあり、彼がNYUと結びついたことは再建を目指すこの大学にとってありがたかった。

このとき以後、パーフィットは一人でアメリカを旅した。時には大学の宿泊施設に滞在したが、それよりもビル・ラディックのような教員のところに滞在する方が多かった。ただし彼の生活時間帯は通常人とずれていたため、自分のホストに会うことはきわめて少なくなりがちだった。彼を一度泊めた者の多くは二度目は泊めたがらなかった――パーフィットは哲学以外の話題を話さないと不満を言う家族の怒りを買いかねなかったのだ。とはいえ、パトリシア・ザンダーは彼を何度も泊めたし、哲学者のフランシス・カムもそうだ。

カムの著作の一冊は「道徳への愛」に献呈されている。[*8] 収容所から生還した両親のもとに生まれた彼女は、倫理学に対するパーフィットの真剣さに強く共感していた。彼女の哲学は生涯、しばしば異形ですらあるすばらしい想像力に満ちた思考実験を使って道徳の原理をいろいろ掘り起こし、それを定式化することに捧げられた。彼女のそうした思考実験の多くは有名なトロリー問題の発展形だ。[*9] たとえば暴走列車が、線路に縛りつけられた不運な五人の人をひき殺そうとしていると仮定する。あなたはこの列車を支線へと方向転換するスイッチを押すことができる。そうすれば五人の命は助かるのだが、支線には別の一人が縛りつけられているので、この人は残念だが死ぬことになる。あなたはどうすべきか？

また別のケースを考えてみよう。ここでも暴走列車が五人に向かって走っているが、あなたは今度は線路を見下ろす陸橋の上にいて、隣には見知らぬ大男が立っている。五人を救う唯一の方法は、この男を陸橋から突き落とすことだけである。そうすれば彼は死ぬが、彼の巨体は十分に列車を停められるはずだ。あなたは彼を突き落とすべきだろうか？

ほとんどの人は、前者のシナリオでは一人を殺すという犠牲を払ってでも五人を救うべきだと言うが、対照的に、後者では男を陸橋から突き落とすべきではないとする。ではなぜその違いが出てくるのか？ いずれのケースでも、あなたは五人を助けるために一人の人を殺すのに。この問題探究は長年にわたる哲学的犯罪ミステリになっている。そしてフランシス・カムはたくさんのトロリータイプのディレンマを考え出して、アガサ・クリスティの役割を果たしてきた。彼女はさらに一層複雑なケースを設定して、誰の頭にもそれまで浮かんだことがなかったような繊細で微妙な道徳上の区別を引き出した。「私はほかの人たちが気づかなかった、あるいは少なくとも私が気づかなかった、たくさんの違いに導かれたと感じています。そして私は美しい絵画に魅了されるようにそれに魅了されるのです[*10]」。

パーフィットはある思考実験に格別魅了された。それは「近さ」が道徳的義務にとって重要かに関する思考実験である。われわれの多くは、遠い外国よりも近隣の街路で起こった恐ろしい出来事のニュースに強く感情的に反応する。しかしわれわれには遠く離れた人よりも自分の近くにいる人を助けるべき一層強い道徳的義務があるのだろうか？ カムは、近くの人を助けるべき一層強い責務が実際にあるという直観には何か正しいところがあると論じたが、まずわれわれが「近い」によって何を意味しているかを明確にしようとした。ひとりカムだけが、明確にするためのシナリオをあれこれ考案できたのだ。そのなかにはパーフィットが巧妙だと考えたものもあった。「私がインドのある地方にいるが、私の腕はとても長く、インドの別の端にいる子どもを遠く離れた池から救いあげることができるとしてみよう。このケースでは、この子どもは近いのか遠いのか？[*11]」。

パーフィットの哲学はカムほどには思考実験に依存しないが、両者のスタイルには類似性がある。二人の性格もそうだ。「彼女はいちばん私に似ている人物だ[*12]」とパーフィットは言った。彼は彼女のキッチンの排水口が詰まっているのを見つけたことがある。カムは一度も使ったことがなかったので気づかなかったのだ。

＊＊＊

アメリカでは、たいていパーフィットは自分の好きなことなら何について講義しても許されていた。そしてそれはいつも、彼がそのとき携わっているトピックということになる。自分の授業には「形而上学」「倫理学：選ばれたトピック」「倫理学上級」といった何でも扱える題名をつけた。またいかなる事務仕事も頑強に断って引き受けず、一部の同僚からは煙たがられた。その一方、広く嫌悪されているもう一つの学者の業務には全然異を唱えなかった――採点である。一九九〇年代の半ば、ハーヴァードの彼のティーチング・アシスタント、トマス・ケリーを飛び上がって驚かせる提案をしている。ケリーは学部学生の論文を読んで採点する仕事をしていた。答案を全部パーフィットに送って、「自分が採点したらどうか？」、言い換えれば、ケリーの仕事を全部しようというのだ。「彼が最初にこの新しい提案を説明したとき、私は彼の説明していることが文字どおり理解できませんでした[13]」。しかし提案には理由がある、なぜなら自分の方がケリーよりもこの仕事を早くすませられるからだ、とパーフィットは傲慢さのかけらもなく説明した。しかも早さは杜撰さを意味しなかった。「学生たちの論文にフィードバックをすることにかけてデレクがどれほど熱心だったか。これを聞けば本当に理解できるでしょう。おそらく締切前夜、平凡な学部学生が大急ぎで書いた一行おき五ページのさえないペーパーに対して、（学生たちを驚かせることに）二日後、最も偉大な存命哲学者の一人から、行間なしで三ページにわたる信じられないほど鋭いコメントが届くのです[14]」。

パーフィットのアメリカ滞在期間には長短があったが、一セメスターか半セメスターだった。週に二つのクラスを好んでこなした。そうすれば滞在を最短にできるからだ。合同講義でもよく教えた。ハーヴァードではスキャンロンと六つの人気講義をもっている。二人は礼儀正しく、かつ情熱的にたくさん議論して、「二人ともかなり夢中になりました」[*15]。毎週この二人はクラスの後で同じタイ料理レストランに行って、議論を続けるのだった。

パーフィットの哲学上の関係は、以前の学生たちとのあいだで最も深く結ばれた。一九七七年と一九七九年の秋、パーフィットはプリンストンの客員教員になった。ウィスコンシン州出身のスマートな若者ラリー・テムキンはそこの大学院生だった。テムキンはネーゲルやカムと同様にユダヤ人で、彼を哲学に導いたのは少年期に家族で交わしたホロコーストについての議論だった。それに加えて、倫理と政治の議論に理性と論理を持ち込めばこうした恐怖の再来を防止できるという、おそらくいささかナイーヴな想定もあった。

パーフィットとテムキンはすぐに親しくなるが、一九七七年にこの教師はうっかりこの学生のキャリアを妨害するところだった。テムキンは口頭試問の準備をしていた。博士課程に進むためには合格しなければならない。この試験は「総合」試験だが、部分的には功利主義もあったので、「何を読むべきでしょうか？」と彼は知りたがった。「シジウィックの『倫理学の方法』」とパーフィットは答えた。テムキンは本を手に入れにニューヨークまで行かねばならなかった。そしてこの大著を読み終わると、パーフィットのところに戻った。「次は何を読むべきでしょうか？」「彼は『シジウィックを再読しなさい』と答えました」。テムキンは再読し、またパーフィットに尋ねた。「シジウィック以外に功利主義について私が読むべきものはあるでしょうか？」。パーフィットは彼に、劣った著作にエネルギーを費やすよりもシジウィックを三度読むべきだと助言した。とうとう口頭試問の日になった。テムキンはこの分野に関するさまざまの標準的な書物や論文について質問されたが、読んだことがなく答えられなかった。一人の試験官は激怒した。「ラリー、これは**総合**試験のはずだ――君はいったい何を**読んで**きたんだ?!!!」。そこで別の試験官であるデレク・パーフィットが「指をあげて力強く言いました。『彼は**シジウィックを**読んできた!!!』」。[*16]

それから数年後テムキンがテキサス州のライス大学で教えていたとき、彼は恩師が教えに来るように計らった。そしてテムキンがニュージャージー州のラトガースに移ると、パーフィットはそこにも定期的に来るようになった。ラトガースはきわめて強力な哲学教授陣をそろえており、そのなかにはパーフィットの元学生であるジェフ・マクマハンとルース・チャンもいた(彼らについては後で詳しく述べる)。パーフィットはラトガースに客員教員で来たときにはマクマハン家の地下室に滞在し、マクマハンはそこを「パーフィット・スイート」と呼んだ。パーフィットは七週間のあいだアナグマのように地下にこもって、簡素な冷たい食事をとり、授業のために陽光の下に現われ、深夜マクマハンと話を交わすために出てくるだけだった。

ラトガースとの関係は二〇〇七年に始まったが、生々しい財政事情が背景にあった。金銭に対してパーフィットは完全に無私無欲だったわけではない。アメリカでの受け入れ機関には報酬と手当てを問い合わせることにしていたが、タフな折衝は避けた。とはいえ、ラトガースは近くに存在するNYUとの競争関係から、仕事は半分で報酬は二倍という、彼が断われない提案をしてつなぎとめようとした。だが、この計画も部分的にしか成功していない。パーフィットはラトガースで教えることに同意したが、ハーヴァードとNYUでの教育も続けることができて、一年おきにそれぞれの大学で半セメスター教える、というスケジュールを作り出した。さらに、ラトガースの報酬パッケージを確保したパーフィットはハーヴァードとNYUにも同じような条件を「提案」する。その結果、彼のアメリカでの年収は約十六万ドルに上昇することになった。アメリカでの教育は突然大儲けをもたらす仕事になったのである。

しかし一九七〇年代前半には、財政上の僥倖はまだ未来の話だった。しばらくのあいだ、パーフィットはオール・ソウルズにおける自分の地位を確保しなければならなくなる。パーフィットの知らないところで、同僚数人がこのエリート・コレッジにおける地位に彼がふさわしいかどうかを疑問視しはじめていたのだ。

10 パーフィット・スキャンダル

The Parfit Scandal

若手研究者は通常、できる限り多く、そして早く本を出版したくてたまらないものだ。つまりそれ以上に効果的なキャリア上昇の道はないからだ。だがこれはパーフィットの流儀ではなかった。彼の姓の古えの意味に忠実に、これ以上改善の余地なしと考えない限り、活字にすることを嫌がったのだ。彼が書くものはすべて何ダースもの草稿を経た——ワープロ時代以前の話である。オール・ソウルズの古典学者リチャード・ジェンキンズは、パーフィットが「たいていは表現の完璧さを探し求めて」のことだと言ったと語る。*1

出版にまつわる彼の慢性秘結症は一九七四年時点ですでに明らかだった。一九六八年末以来、オックスフォード大学出版会は人格の同一性に関する著書についてパーフィットと話し合ってきた。著書では彼の第一論文から議論とテーマを発展させるはずだった。一九七四年七月一日、パーフィットは同一性本の近況を訊ねるOUPの哲学書編集者ニコラス・ウィルソンの手紙に返信し、問い合わせの本題からは話をそらし、オール・ソウルズに約束した三冊の本の詳細について書いた。「私は三年以内にこの三冊のうちの一冊について仕事を進めていくでしょう。だがそれがどれになるかすら、まだ確信がありません」[*2]。

向こう七年間、オール・ソウルズでの職は安泰となったから、出版しなければならないという切迫したプレッシャーは緩和された。パーフィットは少なくとも一年間PPEの道徳哲学論文の成績付けを含む、軽い負担を一つ二つ引き受けて哲学学部の手伝いはすることにした。彼は学部生が名前を挙げた哲学者のランキング表を付けていた。一位はイマヌエル・カントで金メダル、デイヴィッド・ヒュームは銅メダル。銀メダルは道徳哲学ホワイト教授のR・M・ヘアのもとに行った。

一九七四年のフェロー昇任の結果、皮肉な事態が生じた。一部からパーフィットの行動に節度がないとみなされたせいもあり、コレッジは公募なしで受賞フェローから内部昇任させるのは現代の機会平等方針と両立不可能だと判断し、新たな組織を考案するための調査委員会を設置したのである。パーフィットとロビン・ブリッグズの二人ともが委員になった。とはいえ自分たちが上ってきた梯子を外すことに対しては、パーフィットよりブリッグズの方が不快に感じていた。外部に開かれた新制度が発効したのは、一九七〇年代末のことである。

ほかにも対応しなければならないコレッジ業務があった。新たな学寮長の選出もその一つだ。ジョン・スパロウが一九七七年に引退し、パーフィットはアイザイア・バーリンと数名の若いフェローらとともに、後継となる潜在的候補者に接近した。バーナード・ウィリアムズはパーフィットの十三歳年長で、彼が最も賞賛した存命哲学者だ。ウィリアムズもパーフィットを尊敬していた。人格の同一性に関するパーフィットの業績に大いに感銘を受けたのだ。

パーフィット同様、ウィリアムズの研究生活のスタートも輝かしいものだった。オックスフォード全体の総代とオール・ソウルズの受賞フェローの座である。しかし人間性において、この二人ほどかけ離れた者もあるまい。ウィリアムズは社交的動物でチャーミングでカリスマ的で、会話をさせれば目もくらむばかりで、パーフィットより知的に活発だった。学術講義を聴講すると、彼はこう言ったものだ。「あなたの主張に対して五点反論があります」[*3]。それから一つずつすらすらと解説を開始する。端で見ている者たちは、彼が「五点」という数字をでたらめに言って、議論を進めながら埋めているのではないかと疑っていた。まるで自分自身に挑戦しつつ、自らのすばらしさを孔雀のごとく華やかに見せつけるかのように。

哲学者になる理由は二つある、とウィリアムズはかつて言った。第一は真理を発見するため。第二は楽しむため（それはパーフィットには突飛な動機だった）。彼は高度に進化したばかばかしさ感覚の持ち主で、皮肉な表情を装いながら仰々しい尊大さを鋭利な警句でへこませてやることを楽しんだ。聴衆からの無意味な質問は、パーフィットどころではないきつい切り返しに遭うのが落ちだった。

二人に共通の知的基盤があったわけでもない。パーフィットの部屋はどんどんゴミ捨て場化していったが、彼は道徳哲学を整理整頓して決定的な解答を探し求めた。一方、ウィリアムズのオフィスは清潔で整然としていたが、道徳哲学とは本質的に散らかり放題なもので究極の真理を追い求めるのは無意味だと彼は考えた。パーフィットは建設者でウィリアムズは破壊者だった。パーフィットの哲学は非歴史的だった——哲学的真理は普遍である——が、ウィリアムズのアプローチは社会にも歴史にも根を張っていた。

ウィリアムズはわずか三十八歳でケンブリッジ大学ナイトブリッジ哲学教授に就任した。しかし彼は象牙の塔に留まらず活動的な生活をし、政治と倫理の実践的世界に参加した。彼の最初の妻、シャーリーは著名な労働党の政治家で、一九八一年に労働党が左傾化すると、そこから離脱した社会民主党の創設者の一人になった。ウィリアムズ自身もいくつもの政府の審議会や委員会に参加している。薬物濫用、賭博、そして最も有名なのは（一九七九年の）ポルノグラフィーである。「大物の悪行は全部やった」[*4]と冗談を飛ばしたものだ。

そして哲学に関しては、数多くの先駆的貢献をおこなってきた。たとえば倫理学で彼が「道徳的な運（moral luck）」という言い回しをした後、大量の二次文献が生み出された。道徳的な運を古典的に描写するとこうだ。二人の人がパーティーで深酒し、夜中に車を運転して帰宅しようとした。第一の運転者は通行人に会うことなく、無事に家に着いた。第二の運転者が角を曲がると、歩行者が道を横断中だった。アルコールのせいで彼の反応は鈍っており、歩行者を轢いてしまう。たいていは第二の運転者は第一の運転者よりもずっと厳しく処罰されるべきだということに同意するだろう。しかしある意味、どちらの運転者も等しく非難されるべきである。二人とも飲酒運転をしたのだ。第一の運転者が誰も傷つけなかったのはたんなる幸運にすぎない。

ウィリアムズはわれわれの道徳生活の大半はこうした特徴をもち、これは大きな哲学的問題だと指摘した。人が下す判断に影響する多くの要素は、われわれのコントロールの及ばないことである。別のタイプの例をあげよう。人生を哲学に捧げ、友人や家族、そして正常な人間生活を構成するほかのものすべてを無視する人物だ。もしその人物が重要な業績を生み出すなら、やがて正当化可能な決定（あるいは少なくともより正当化可能）だったと判明するかもしれない。しかしそれを前もって保証するのは不可能である。*5

パーフィットの仕事により密接に関係したのは、功利主義に関するウィリアムズの著作だった。ウィリアムズはパーフィットの帰結主義的直観をまったく認めない。彼はわれわれが常に最善の帰結をもたらすよう目指すべきだとは信じなかった。ウィリアムズが「純一性」と呼ぶもの——自らの企図を一貫して追求すること——のような、功利主義の枠組み内には適切に配置できない、われわれの道徳生活の根本的側面を強調するのである。ウィリアムズの反論は一九七三年刊行の薄い本——いまや学部生の哲学課題図書リストの定番となった——『功利主義論争』で述べられている。同書ではオーストラリアの哲学者、J・J・C・スマートが賛成論を展開し、ウィリアムズが反対論を主張した。

ウィリアムズの主張は二つの仮想的な物語で展開される。まず、生物学的化学兵器を開発する仕事を提示された失業中の化学者ジョージが登場する。ジョージはそうした兵器に断固反対だが、自分がこの職を引き受けなければ誰か別の者が引き受け、自分よりずっと強い熱意をもってこの仕事を追求することを知っている。加えて、彼には金が必要だ。

もう一人、ジムがいる。ジムは南米で植物学に関する探検をしている最中に、恐ろしい場面に遭遇する。二十人の原住民の村人たちが縛り上げられており、汗染みのついたカーキ色のシャツを着た太った男（彼は担当の大尉であることが判明する）が、この二十人は政府に抗議したため処刑されるところだと説明する。しかしジムは外国から来た名誉ある訪問客なので、大尉は彼に自分の手で地元民を一人殺す選択肢を提案する。その後なら、残りは自由にしてやろう、と。ジムがこの申し出を受けなければ、大尉は二十人全員を処刑する。

帰結主義者なら双方のケースに簡単に答えられる。ジョージは仕事を引き受けるべきだし、ジムは村人を一人射殺すべきだ。功利主義的観点からすると、これで最善の結果が確保できる。しかし、とウィリアムズは主張する。それではこのシナリオの最も重要な側面を見逃すことになる。ジョージにとって生物化学兵器産業で働くことは、彼が信じるすべてと対立する。われわれ一人ひとりは個人的な企図や人に対する特別な義務をもっており、これらを無視することも過小評価することもできないし、またすべきではない。ジョージについては、ウィリアムズはこう述べる。「こうした人物に、功利性ネットワークから総計がやってきて、ご自分の企図、決定からひとまず離れていただき、功利計算が要請する決定をご承認されるべきですと要求するのは馬鹿げている。それは本当の意味で彼を自らの行為から、また彼自身の確信のなかにある自らの行為の源から疎外することである」[*6]。

ジムについても同様だ。おそらく結局のところ、ジムは村人を殺すべきだろう。しかしそれは功利主義者たちがわれわれに信じ込ませるほど明白な結論ではないと、ウィリアムズは考える。たしかに、ジムが一人殺さなければ、二十人が死ぬ。しかしそれによってジムが彼らの死に**責任を負う**ことにはならない——少なくとも、彼らの殺害を命じる大尉が責任を負うような意味では。もしジムが引き金を引いて村人一名を殺すなら、彼はこの村人の死に対して責任がある。大尉の申し出を拒否すればいずれにせよその村人が死ぬとしても、そのときよりはるかにずっと直接的に責任があるのだ。少なくともこれがウィリアムズの展開した影響力ある議論であり、パーフィットのような帰結主義者たちが自ら応えねばならないと感じた挑戦だった。

＊＊＊

パーフィットたちがオール・ソウルズの学寮長職に立候補するよう薦めてきたことをウィリアムズは

明らかに喜び、説得されてしまった。彼は改革派、現代化側に立った――時代遅れのスパロウとの対比は説明するまでもない。パーフィットはウィリアムズを声高に支持し、フェローたちの反応に手応えを感じて、ウィリアムズに「勝てる」[*7]と報告した。彼の主たるライバルは、いつもスーツ姿の法律家、パトリック・ニールで、きちんとして頼りになるが、アイザイア・バーリンによれば「必ずしも一流ではない」[*8]人物だった。

哲学者マイケル・ダメットが考案したこの複雑な投票システムには、単記移譲式〔優先順位投票により複数候補者に投票する〕だけでなく、「当選者なし」という選択肢があった。つまり別の候補者で選挙をやり直した方がよいと表明するのだ。オール・ソウルズのフェローたちの投票活動は、国政選挙と同じくらい信頼できないことが判明した。最終投票で、ウィリアムズ支持者の多くはニールを二位としたが、ニール支持者たちは内部で共謀し、「当選者なし」を二位に入れたのである。

ウィリアムズは敗北に「打ちひしがれた」[*9]とアイザイア・バーリンは言うが、ウィリアムズの二番目の妻、パトリシア曰く「実はかなりほっとしました。彼はそれまでオール・ソウルズがどれほど内向きで保守的な施設か、本当には理解していなかったのです」[*10]。バーリンの選挙分析は、フェローの一部はウィリアムズを若すぎるうえに「哲学者で、ダッフルコートを着ている」と思ったというものだ。[*11]パーフィットはある友人に、コレッジで最終投票の結果が発表されたとき、「皆は驚愕のあまり息を呑んだ」[*12]と伝えている。

ニールはたしかに伝統主義派の候補者だったかもしれない。しかし、ありがちなことだが、投票者たちは自分がどういう人物に票を投じているかを真に理解してはいなかったのだ。ニールにとって喫緊の課題は女性だった。オール・ソウルズは一九二六年の、女性はコレッジのメンバーになれないという学内規則を撤廃すべきだろうか？　女性の入学を許可すべきか否かの投票は、オックスフォードの多くのコレッジでほぼ同時期におこなわれたが、オール・ソウルズにおいて内部の議論は格別に対立していた。学内規則の改正には三分の二の賛成が必要だった。オール・ソウルズには筋金入りのミソジニストが平均以上に存在する。一部のフェローたちにとって、女性の流入とは彼らのエデンの園の価値を減ずる脅威だった。しかし最終的に、彼らの意見は一蹴された。いかなるダムといえども社会変革の大波を食い止めることはできない。たとえ恐竜時代のオール・ソウルズ石灰岩で構築されていようとも。ニールの支持を得た改革者たちは圧勝を収めた。

このミニ文化戦争の現場で、パーフィットは改革賛成派のリーダーの一人になった。香水の匂いでポートワインを楽しめなくなると考えているらしき、あるいはトイレが不足するといった些細な管理業務上の問題をあげつらう、守旧派たちの世界観に面食らってのことだ。ただし一九七九年のコレッジ・ディベートでの、あるフェローがヴィクトリア朝期の建築と類比したエレガントなスピーチには、いくらか説得力を感じたようだ。すなわち、われわれは大変な手間をかけてヴィクトリア朝期の建築を保存しようとしている。たとえそれが美しいと必ずしも思わないとしても。またわれわれがそうするのは、何か際立った特徴をもつものを保存することには価値があると考えるからだ。同様の主張が男子校にも当てはまる、とそのフェローは宣言した。[*13]

投票は始まりにすぎなかった。必要基準を満たした抽象的女性がプラトン的領域に存在することを許容するのと、命ある呼吸する女性が存在していいと真に納得するのはまったく別のことだ。最初の本当の試金石は一九八一年一月に訪れた。パーフィットが作成を手伝った新ルールにより、博士号取得後二年間任命される「学位論文フェローシップ」の公開募集がおこなわれたのだ。オール・ソウルズはふたたび「臆病者の温床」[*14]であることを露呈させるのだろうか？　二人の有力候補者は両名とも女性だったが、オール・ソウルズのフェローたちの幾人かは、どちらも必要基準に達していないと主張した。ここは単純な多数決で決まる。そのときのパーフィットは女性の大義の役立たずな唱導者だった。「反説得的[*15]」でさえあったと述べるフェローもいる。同僚たちの非合理性を指摘して反感を買ったのだ。第一回投票で結着はつかなかった。第二回投票となり、それから第三回、第四回が続いた。「ローマ・カトリック教会のコンクラーベのような黒と白の煙はないが、この投票は興奮に満ちていた[*16]」と、ポール・シーブライトは回想する。やがて、アメリカ生まれの哲学者、パーフィットの推す候補者スーザン・ハーレイが選出された。彼女は一九八一年に女性フェロー第一号になった。

ハーレイはやがてオール・ソウルズを愛するようになったが、男性優位主義者たちは快く思わず、彼女にも彼女に続く女性たちにも、いかに歓迎されていないかをわからせようとした。女性フェローがディナーにくるのを見ると、遺伝学者E・B・フォードは立ち上がり、「御婦人がご同席である」と声をあげ、そのまま退室した。別の初期XX染色体フェローと出くわしたとき、この遺伝学者は彼女に向かって傘を振り立て、「このメンドリめ、どけ！」と甲高く叫んだという[*17]。この反動過激派がコレッジ内にはびこる一層根深い制度的、文化的問題を反映していたかどうかについては意見が分かれるところだ。コレッジを頻繁に訪れたある人物は、オール・ソウルズには数名の発する憎悪に満ちた空気が充満し、「敵意が培養されていた」と語る[*18]。

学寮長職を辞した後、ジョン・スパロウは現代化と新奇な採用者になんとかなじもうとしていた。それでもなお、長年酒に頼らざるをえない悲劇的な人物となった。しかし彼はパーフィットに愛着を感じつづけた。ディナーの席に降りてきてパーフィットが同席していると、こう叫んだものだ。「この部屋において一番美しきものは何ぞ？」」。そして自分でこう答えた。「パーフィットの豊かな髪なり！」

＊　＊　＊

一九七四年から八一年に至るフェロー時代最初の二年間、パーフィットはそれまで哲学者たちにほぼ無視されてきたテーマにつながる問題に取り組んだ。ほかの点が等しいならば、苦痛を与えることは隣人、あるいは地球の反対側にいる人に対してすら不正である。これに異論はない。しかし、未来の人びとはどうだろう？　一見して、資源の枯渇のような、今日とった行動が、将来世代に与える影響ゆえに不正であることは明白なように思われる。しかし、まだ生まれていない人に対する「危害」は、現在生きている人に私が与える危害と比較可能だろうか？

当然のごとく比較可能だとパーフィットは考えた。しかし彼は未来の人についてはもっと厄介な問題があるとも考えた。それはわれわれが未来に対してもちうる二つの影響から生じてくる。第一に、われわれは生まれてくる者たちの同一性に影響を及ぼしうる（たとえば、親になろうとする者は子どもをもつことを先送りするかもしれない。またそうした場合、後に生まれる子どもは彼らが先送りしなければ生まれていたであろう子どもと同じ子どもではない）。第二に、われわれは生まれてくる人の数——未来の人口の規模——に影響を与えうる。

それまでの哲学者たちによる将来世代に関する考察は（パーフィットのヒーロー、シジウィックによるものも含め）、哲学的に不毛だ、皮相ですらあるとしてほぼ否定されてきた。しかし一九六七年にジャン・ナーヴソンが「功利主義と新世代」と題する刺激的な論文を発表すると、変わりはじめた。功利主義は人びとの幸福が不幸よりも大きい限り、できる限り多くの人を生み出すようわれわれに求めるように思われる。そして彼はこれをクレイジーな意味をもつとみなすのである。

翌年、暗い見通しを告げる本『人口爆発』が刊行される。百七十年前のイギリスの経済学者トーマス・マルサスの懸念にこだまするように、ポールとアンのエールリッヒ夫妻[*19]は、急速に増加する人口に食糧供給が追いつかず、遠からず世界規模の食糧不足が起こるだろうと予測した。何億人もの人がやがて死ぬだろう。人口規模をコントロールする手段が緊急に必要であるとして、この本で複数の提案をしたが、そこには男性が合意のうえで不妊手術を受ける際の報奨金もあった。

かくして人口不安は政治的空気のなかに広がった。とはいえパーフィットを真に未来の人びとに関する哲学的省察へと駆り立てたのは、ナーヴソンだった。一九七一年時点で、パーフィットはロールズへの手紙にこう書いていた。「人口政策について考えれば考えるほど、この問題への困惑は深まります[*20]」。まずは人口規模をどう評価すべきかという問題がある。一人ひとりが質の高い生活を享受できる少ない人口がよいのか、それとも生活の質がより低くても人口が多い方がよいのか？　棒グラフを並べて、パーフィットは悪魔的な図を描き出すが、忌々しいことに解くことができない。

ほかの誰にも解けなかった。試みた者は多い。パーフィットが世界の哲学コミュニティに未刊行原稿を配布しはじめたからだ。とはいえ未来の人びとの哲学について、本を一冊書こうと考えるくらいの進展はあった。だが、自分は問題発見だけでなく、解答にまでたどり着かなければならないと感じ、本を出そうという考えは捨ててしまう。そこで彼は別のテーマに切り換えた。すなわち、合理性とわれわれが行為する理由である。これは長大な論文「反賢慮論」に結実し、一九七七年、三年に一度のT・H・グリーン賞を授与された。この論文では、「私がそうした行為をする究極の理由は自己利益である」、換言すれば、自分は自分にとって最善であることを最も気にかけるべきである、という見解に取り組んだ。

しかしパーフィットは、もし人が銘々自分勝手に行為したら、その結果は誰にとってもより悪くなるだろう――自己利益は実際のところ、自己破壊的である、と主張する。

一方、OUPは長らく待たされた自己同一性の原稿を出すようパーフィットに迫っていた。しかし、いつもどおり、見通しは不安だった。一九七七年五月十三日、パーフィットはニコラス・ウィルソンとOUPの彼の後継哲学編集者、アダム・ホジキンをオール・ソウルズの昼食に招き、受賞論文を本にする新しい提案を語った。彼らは大歓迎してみせ（パーフィットとの関係を手放すのでなければ、彼らに本当の意味での選択肢はなかったのだ）、パーフィットは仕事を開始した。そして数か月後、もう一冊別の本が作れるくらい新しい材料を作り出した。これら新しい思考のいくつかを、年に一度のブリティッシュ・アカデミーでの哲学講義において、「賢慮と道徳と囚人のディレンマ」[*21]というタイトルで話した。

一九七八年八月九日、ホジキンは「反賢慮論」の原稿を、今パーフィットが言うような三、四年後ではなく、二年以内に送るよう懇願している。「未成熟な出版をお急がせするつもりはございません。しかしながらご業績への関心は確実に積み上がっており、早期の出版をお考えいただけるようお願いいたします」[*22]。道徳哲学ホワイト教授〔ヘア〕もOUPに、さらなる圧力を加えるよう進言している。「みなさんがデレクにありとあらゆる激励を送るよう期待しています。彼は同世代で私が知る最高の道徳哲学者であり、彼の本が出版に値することに疑問の余地はありません。しかし彼はいつまでも書きつづける傾向が強く、したがって短めの本を早期に書かせることは読者から大いに評価されることでしょう」[*23]。

ついに、同年十一月、『反賢慮論』の契約がまとまった。契約は、同書が一九八一年四月三十日までに刊行されることと定めている。パーフィットは高額の前払金九百ポンド、すなわち契約時に三分の

一、原稿送付時に三分の一、刊行時に三分の一を受け取る。本は簡潔な六万語程度のものとなるはずだった。

＊　＊　＊

この本だけでなく、その時点でパーフィットが提案したどの本も刊行されなかったという事実は、彼をトラブルに落とし込むことになる。しかし一九七四年から八一年のフェロー時代、短い論文は発表した。ほかにも三冊の論文集でそれぞれ一章を担当したし、雑誌論文を四本書いてもいる。そうして書かれた一本は人格の同一性に関する内容だった。ほかの刊行書籍のうち三本が未来の人びとに関する倫理学で、二本は道徳に関する難問に関係していた。これらの議論はみな、彼の第一著書『理由と人格』に再登場する。

このうち最後の論文は短くともここでの議論に値しよう。一九七八年の夏に刊行された、ジョン・トーレクの影響力の大きい「数は重要か？」に対する忍耐強い論駁だ。この論文は哲学界で大きな反響を引き起こした。トーレクは特効薬で治療しなければ確実に死亡する六人を設定した。六人中の一人は生き延びるためにそこにある薬全部を必要とする。ほかの五人はそれぞれ五分の一の量だけでいい。トーレクは生命の重さはみな等しいのだから、その薬をある使い方（五人を救う）にするか、別の使い方（一人を救う）にするかに対して、われわれは道徳的に無関心であるべきだと主張した。数は問題ではない。トーレクは自分の主張を擁護して、苦痛は加算的でないとする。すなわち、われわれは別々の人の苦痛を合算して道徳的推論における合計値を求めるべきではないのだ。「たくさんの人の軽い頭痛経験を合算した不快は、誰かの偏頭痛の経験にはならない[*24]」。

もしトーレクが正しいとしたら、健康資源を含め、資源をどのように配分するかに劇的な違いが生じる。五千人の命を救える薬物Aと一千人の命を救える薬物Bのどちらに資金提供するかについて、われわれは無関心であるべきだ、というのだ。しかしこの結論はパーフィットに最も深く根差した道徳的直観に反する。彼はトーレクはひどく間違っており、この論文がさらに影響力を増した際に生じる被害を回避する必要があると信じた。彼はゆっくりと、細心の注意を払いつつトーレクの議論を分解する。たとえば、ある一人の者にとって軽い頭痛を五十回覚える方が一回の偏頭痛よりも悪いことでありうると言うことが意味をなすのと同じように、別々の者それぞれが感じる五十回の頭痛は——苦痛の総計は大きい——一回の偏頭痛より悪いと言うことは同様に意味をなすと彼は主張した。苦痛は加算的なのである。さらにトーレクの立場の馬鹿げた点もいくつか指摘した。まるで誰かのつま先を救う義務より、誰かの生命を救う義務の方が強くあるべきではないという馬鹿げた判断に従うよう求めているようだからだ。パーフィットはこう結論づける。「どうしてわれわれは数の多い方を救うのか？　なぜならわれわれは一人ひとりを救うことに等しい重さを置いているからだ。各人は一人として数えられる。だからもっと多い方がもっと重要なのだ[*25]」。

このことは刊行物についても言えるだろうか？　たいていの大学教員に求められる教育と官僚主義的雑用をパーフィットがいっさいしなかったことを考えれば、一年に平均一作の刊行は多作とは言えない。一方、彼の著作の質は哲学分野における重要人物として彼の地位を確立した。それだけではない。オール・ソウルズの学者のなかには比較にならないほど業績の少ない者もいたのだ。

＊　＊　＊

一九八〇年八月十日、パーフィットの才能あふれる友人で一緒にスペインに自動車旅行に行ったギャレス・エヴァンズががんで死んだ。わずか三十四歳だった。パーフィットはエヴァンズの病気の進行の速さに気づかず、彼の死に大きな衝撃を受けた。五日後、友人にこう手紙を書いている。「こっちはみんながショック状態でいる。ギャレスが前もって教えてくれていたらよかったんだ。手紙を書こうと思っただろうに。残る自分の命をもっと有効に使おうと僕は今決心している。彼の思い出に、少なくともこの決意に僕はしがみつきたい」[*26]。

自分の命をもっと有効に使うとは何を意味するのだろう？　十月、パーフィットはR・M・ヘアと近く出版される彼の新著『道徳的に考えること』について啓発的なやりとりをした。その本でヘアは道徳的思考には二つのレベルがあると論じた。一つは直観的で、単純なルールに依拠する。もう一つは批判的で、直観が対立するときのような、どう判断しどう振る舞うべきかについてより深く省察しなければならないときの思考である。パーフィットは何ページにもわたる改善提案と、ヘアは出版を延期すべきだという歓迎されざる助言を書き送った。後世の人びとにとって、ヘアがその原稿を絶対的に正しくすることがより重要なのだとパーフィットは主張した。いいや違う、と、ヘアは答えて言った。完璧性は必要ではない。「私はすべての倫理学書を終了させる一冊の倫理学書が書きたいのではない」[*27]。重要なのはその本が議論を誘発することだ。「遺憾ながら、われわれは本を書くという技芸について根本的に見解を異にしているようだ」[*28]と、ヘアは書いた。

翌年——オール・ソウルズにスーザン・ハーレイが着任した年——は、パーフィットの研究フェローの任期が終わる年でもあった。彼はオール・ソウルズに合計十四年いた。一九八一年の三月下旬、学寮長パトリック・ニールからフェローの任期が十一月で終わることを確認する手紙を受け取った。その頃のパーフィットは時間の感覚をなくしていた。彼は三月二十六日に返信を送った。任期終了は翌年だと思い込んでいたと「恥ずかしながら告白します」と。つまりシニア研究フェローに応募するにはすでに遅いのだが、自分は応募するつもりだ。ついては六月の会議でコレッジに検討してもらえないか。コレッジには過度の負担をかけることになるだろう、とパーフィットは書いた。フェローたちは、もし申し出を拒否したら、自分が失職することになると心配するだろう。しかし心配する必要はない。一九八一年のミカエルマス（秋）学期にはプリンストンに行くことになっているし、第二（ヒラリー）学期と第三（トリニティ）学期のあいだはコロラド州ボルダーで教えることになっている。この授業を担当することで生活費は稼げるし、いずれにせよアメリカで終身の教育職を見つけられるだろう、と。[29]

この手紙を額面どおり受け取るべきだろうか？　おそらくは。だがパーフィットよりもっと策略家の誰かが書いたとしたら、これは自慢、そして書き手の信頼性に関する受動攻撃性の主張として解釈するのが自然だろう——引く手あまたなので、オール・ソウルズは自分がいてくれてものすごくラッキーと思うべきだという、あまり微妙ではないメッセージだと。

この手紙には告白が含まれていた。彼に二度目の七年間のフェローの座が授与されたとき、パーフィットはこれで三冊本が書けるだろうと言った。「その願いは野心的にすぎました。しかし私は企画した本のうちまだ一冊も刊行していないことに落胆し、自らを卑下しています」。続けて現時点で達成したこと、未来に完成させたいと願うことを要約して述べた。すでに着手した三冊を完成させるだろう。またOUPのために、「軽視された古典」[30]、シジウィックの『倫理学の方法』の新版に取り組んでいる。詳細には立ち入らないが、この企画が彼にとってこれほど重要だったのは、当時の版には、シジウィックが死の直前に欄外に書き込んだ変更がなされていたからだ。パーフィットは変更の多くを改悪だと感じていた。

最初の専攻科目だった歴史学の学者たちは哲学者と比べて有利だとパーフィットは嘆いた。哲学者が行き詰まったとき、彼らにできるのはインスピレーションを待つことだけだ。対照的に、行き詰まった歴史家はいつだって別の資料を読んだり書き写したりできるのだから、と。自らの記録を擁護して、いくつか情状酌量事由を指摘する。彼は一九六六年に哲学に専攻変更したばかりだった。「それゆえ一九七〇年まではただ学ぶばかりでした」[*31]。また、まだ出していない著作を根拠にフェロー職の継続を主張できると思い込んでいた。「コレッジは未刊行の業績を重視すべきではないという立場かもしれないから、そう決めてかかるべきではなかったとも言われます。私にはコレッジは過去にはそうした見解を取らなかったと答えることができるのみです。また、もし現在そうだとしても、私が前もってそうした決断を予測すべきだったことにはなりません」[*32]。

＊　＊　＊

シニア研究フェロー職は、事実上、テニュア付きの身分、すなわち一生涯続く研究職であり、イギリスの大学制度内ではごく稀で貴重な至宝である。パーフィットをこの任に就かせるべきかどうか、議論は紛糾した。

反対キャンペーンを張った一人はロドニー・ニーダムだ。ニーダムは第二次世界大戦の退役兵士で、論文量産型の社会民俗学者になった。クロード・レヴィ＝ストロースと激しく仲違いするまで、レヴィ＝ストロースの構造主義のアイディアをイギリスに輸入する手助けもしている。構造主義者は異なった社会を縦断する一貫したパターンが存在し、それが人間本性の普遍的側面を反映していると主張する。神話や儀式に表面的な違いがあっても、深いところでは共通している、と。オール・ソウルズ忠誠主義のニーダムは、コレッジ伝統儀式の熱狂的な擁護者だった——彼が二〇〇六年に没したとき、「［オックスフォードの］偉大な伝統と瑣末な儀式を大いに享楽した」[*33]と書いた追悼記事もあった。

しかしパーフィットの一番の敵は宗教社会学者のブライアン・ウィルソンだった。彼はパーフィットよりも数年先にオール・ソウルズのフェローになり、イギリスで最初の社会学的宗教セクト研究で名を成した。彼も、ある同僚によれば、「コレッジに対する不健全なほど強烈で独占欲の強い愛情の持ち主だった」[*34]。ウィルソンはパーフィットを早くから嫌い、若いフェローたちに彼のことを警告して回るほどだった。食事中パーフィットと活発に哲学議論をして過ごしていた若いオール・ソウルズのフェローは、いささか脅迫めいた勢いで脇へ連れていかれ、このコレッジで影響力をもつ派閥で正しい方に付きたいなら、これほど友人のいない人物と仲間になるべきではないと忠告された。

パーフィットに支持者がいなかったという説は真ではない。しかし彼は確実に変人として名声を高めていた。誰に対しても礼儀正しかったが、世間話は苦痛に感じるようになっていた。哲学者以外と会話しなければならない場面で、口火を切る質問は「あなたは何を研究しているのですか？」あるいは「あなたの本のタイトルは何にしようとお考えですか？」だった。やがて哲学者以外は、パーフィットの研究に関心を示すことを恐れるようになった。なぜならそうすると決まって百ページもある原稿を読んでコメントしてくれという話になるからだ。フェローのなかにはパーフィットが名前を思い出せない者も多かった。彼は自分の客人に向かって小声で、まさしくこの理由で、あなたをこのテーブルの人たちに紹介できないと説明したものだった。

毎年八月になると、従業員も休みとなりオール・ソウルズのキッチンは閉鎖される。そのためフェローたちは別のどこかで食事しなければならなくなる。一九七〇年代には道路の向こう側のユニヴァーシティ・コレッジが飢餓にあえぐ難民を受け入れていた。毎日パーフィットは、ほかのフェローたちとは離れたテーブルにギャレス・エヴァンズと一緒に座った。離れて座るフェローの一人、リチャード・ジェンキンズは、「二人とも口を食べ物でいっぱいにしながら激しく議論している」のを見た。「それを嫌うフェローも一人二人いました。彼らもほかの人たちと世間話をすべきだというのです。ですが私はそんな知的興奮と、真理追求のためにはいかなる時間も無駄にすべきでないという姿を目にするのは、本当にすばらしいことだと思いました[*35]」。

パーフィットの哲学への没頭は深まるばかりだった。この元歴史家は改宗者にありがちな熱狂的信者になった。非哲学者が受賞フェローに選出されると、パーフィットは彼らに専攻科目を捨てて哲学を選ぶよう勧めた。彼らには科目変更する権利があるとも付け加えた。後に『エコノミスト』誌のスターコラムニストになるエイドリアン・ウールドリッジは、このアドバイスの受け手側にいた歴史家の一人だった。ウールドリッジは一九八〇年にオール・ソウルズにやってきた。「私は自分のPhDをどう組み立てるかに専心していました。すると彼が言いました。『そんなのは無意味だ。哲学はもっとずっと重要だ』。あまり役立つ助言じゃありませんでしたが[*36]」。

その一方、パーフィットの部屋を訪問する者たちは、本と紙の堆積の下にゆっくりと姿を消していく部屋の有様を目にしていた。古生物学者か年輪年代学者なら、この堆積物のどの位置にあるかで原稿の年代を的中できたことだろう。「部屋を覗いた者は、この部屋の主は精神障害だと思ったでしょう」。友人のビル・エワルドは言う。手前の部屋も十分ひどかったが、小書斎や寝室と比べたらまだ見られる。誰も寝室に入ることは許されなかった。「だけど私は覗いてみました。ウォッカのボトルがそこらじゅうにあって、食べ物は食べかけで転がっていました。健康に有害ですよ」[*37]。寝室にも紙、ペン、鉛筆、コイン、そしてデンタルフロスがあふれていた。コレッジの掃除係も入室を禁じられていた。

パーフィットの部屋のドアは朝遅くまで閉じられたままだ。そして毎晩、ほかのフェローが寝ようとする頃、彼はワグナーをかけはじめるのだ――たいていは「ニーベルンゲンの指環」「トリスタンとイゾルデ」「パルジファル」――そして音楽はノースクァッド中に何時間も流れつづける。かつてはオペラの生演奏を聴きに行っていたパーフィットは、今ではコンサートに行くわけがわからないと言いはじめた。そしてフェローたちに、自分のようにするよう勧めた。手に入る限りいちばん値段の高いステレオを買いなさい、そうすれば最高の音楽家の演奏をあなたの都合のいい時いつだって自由に聴けるのだから、と。

＊　＊　＊

シニアへの昇任には無関心を装いながらも、パーフィットは神経を尖らせていた。フェローの三分の二の支持が必要なのだ。彼とて自分に対する敵対感情に気づかずにいるほど世間離れしていたわけではない。そこで「魅了」キャンペーンを開始した。しかしそうした意思疎通には不慣れだったから、逆効果になる危険もあった。実際、同僚に向かって授業をすることは進歩を妨げる障害だと言ってしまい、フェローたちの反感を買いもした。彼らはパーフィットはアメリカで教えていて、オックスフォードの給料とは別に収入を得ているのだと陰口を叩いた。自分の仕事がほかの学者たちの仕事より重要だと明言したわけではないが、そう信じていることはうまく隠しきれなかった。一九八一年四月七日、友人のトマス・ネーゲルは優しく助言する手紙を書いた。「君はときどきこの種のほぼ完全な自由が自分には必要だと、それなしでは自分の研究は枯れ果ててしまうと強調しがちだ。こういう物言いは他人を説得するよりも遠ざける場合が多い」[*38]。それだけではない、とネーゲルは付け加える。君の主張はおそらく真ではない。より多くの教える機会は生産性をもたらす触媒になるかもしれないのだ、と。

シニア研究フェローになるために、パーフィットはふたたびA級ぞろいの照会者を用意した。すなわち、ロナルド・ドゥオーキン、ジョナサン・グラヴァー、R・M・ヘア、ジョン・マッキー、トマス・ネーゲル、ティム・スキャンロン、そしてバーナード・ウィリアムズである。このうちドゥオーキンとマッキーの二人は、これまで出てこなかった登場人物だ。オーストラリア生まれのマッキーは幅広い関心をもつ哲学者である。とはいえこの先長いあいだ、道徳が客観的でありうるかに関する彼の懐疑主義こそが、パーフィットを最も苦しめるものになる。ドゥオーキン、あるいは友人からの呼び名はロニーについて言うと、彼は（一九六九年から）オックスフォードの法理学教授の椅子にあり、たちまち英語圏で最も独創的な法哲学者との名声を手にした。ハーヴァードと（ローズ奨学生として）オックスフォードの双方で学んだアメリカ人で、当時支配的だった法実証主義への痛烈な攻撃によって初期の名声を馳せた。法実証主義とは、雑駁に言うと、法とは道徳とは独立した単なる慣習あるいは構成物にすぎないという考え方である。ドゥオーキンは人間には道徳的権利があり、これらの権利はそれが法として明文化されていようといまいと、法のなかに存在すると主張した。彼の反法実証主義と関連して、「原意主義」の拒絶がある。それはアメリカ合衆国裁判官は「憲法起草者たちはこの法がどう解釈されることを意図したか？」、あるいは後に原意主義者が述べたように「憲法の文言はそれが書かれたとき何を意味していたか？」と問うことで法的紛争を解決すべきだという観念である。彼は『ニューヨーク・レビュー・オブ・ブックス』に寄稿した長大かつスタイリッシュな論説で、自説を強力に表明した。

パーフィットの照会者の幾人かは彼の貧弱な出版業績にも弁明を加えた。「彼はほかの研究者とは違う」[39]。パーフィットが原稿を手放さないのは彼の基準が他者より高いからだと説明して、ヘアは言った。ロールズは彼を急がせるべきでないと警告した。パーフィットがやがて書き上げるような本は「熟するまで時間を与えられるべきで、あまりに早い完成を期待されるべきではない」[40]。おそらく、彼の内にあるさまざまな企図の要素がより合わさって一つになったとき、一気に大量の刊行をするだろうと、ドゥオーキンは予測した。「これは優れた哲学者にはいたって典型的なパターンである」[41]と、ロールズの例を引きながらドゥオーキンは書いている。しかし、本当の問題はパーフィットの完璧主義だとジョナサン・グラヴァーは書いた。それは「ほぼ神経症寸前である」[42]と。

とはいえ問題は完璧主義だけではなかった。複数の照会者が、パーフィットが自分以外の哲学者の原稿へコメントすることに大量のエネルギーを費やしており、それが彼自身の仕事の進捗に影響していると指摘した。オール・ソウルズはこのことが学術業界全体に及ぼす価値を認識するよう説得された。「彼は批判者として引っ張りだこである」。ドゥオーキンは書いた。「なぜなら彼の批判はきわめて優秀で、詳細で、同情的で知性的だからだ」[43]。

パーフィットの知的能力と独創性については全員が一致した。しかし、ドゥオーキンとネーゲルは、長年広く回覧されている未来の人びとに関する未刊行論文に対しては留保すると態度表明した。ネーゲルはパーフィットが提起している中心的問題の一つには、単純に答えが存在しないと考えていた――二つの人間グループの存在価値をどう比較するのか、そしてまた「答えを見つけようとする無数の哲学者たちの試みは、光明よりも興奮を引き起こすだろう」[44]とも。一方、グラヴァーは未来の人びとに関するパーフィットの考えが論文か書籍になることを望んだ。「誰も彼もが未刊行の論文を議論の出発点としている分野全体には、なにかしらのばかばかしさがつきまとう」[*45]。

照会者全員がパーフィットの採用に賛成した。「彼がシニア研究フェローに値しないというなら、誰が値するものか私には想像もつかない」[*46]と、グラヴァーは書いた。ネーゲルだけは冷めた留保付きだった。「彼がダメットやストローソンのような真に広い視野と力をもった哲学者になることはないだろう。しかし彼の選択した領域内では、すこぶる優れている。明らかに彼の同世代に比肩する者はない。私はオール・ソウルズのシニア研究フェローの基準がどのようなものか知らないと告白するが、私の感覚ではパーフィットは有望な候補者である」[*47]。

四月も終わる頃、パーフィットは秋学期にプリンストンへ行くための準備を終えようとしていた。ティム・スキャンロンが住居を見つけてくれた。彼には報酬として一万一千ドル、交通費、食費、住居費として八千五百ドルを支払われる。パーフィットは強く交渉はしなかった。これは世界有数の裕福な教育機関であるプリンストン大学にとってはバーゲン価格での招聘となった。

オール・ソウルズでの立場については、応募者の学術業績と研究概要を評価する学術目的委員会(Academic Purposes Committee)に全員一致で採用を推奨されたことで、パーフィットの不安レベルは劇的に低下したにちがいない。これで自分の未来は保証された——と、パーフィットは考えた。五月十一日、OUPのアダム・ホジキンにこう手紙を書いた。「コレッジ委員会の会合があり、六月のコレッジ会議で私が選出されるよう勧告されたことを報告できるのは嬉しいことです」[*48]。ホジキンは祝福する返信を送った。「当然予想されたこととはいえ、歓迎すべきニュースです」[*49]。

だが事はそれほどうまくは進まなかった。オール・ソウルズの会合は一九八一年六月十三日に開催された。むろんパーフィットは出席を許されない。彼はフェローたちは学術目的委員会の指示にただ従うと思っていた。しかしフェローのなかにはそうやすやすと賛成しないどころか、反対の刃を向けてくる者もいた。コレッジ会議の詳細は秘密ということになっているが、何が起きたかは再現できる。パーフィット支持者の一人、アイザイア・バーリンは投票に出席できなかったが、支持演説を学寮長に読み上げてもらうと約束していた。学術目的委員会がパーフィットを支持したことの不幸な帰結は、投票はたんなる形式にすぎず自分の助力など不要だとバーリンまで思ってしまったことだった。

　パーフィットにはほかにも強力な味方が数多くいた。カナダ出身の哲学者チャールズ・テイラー（社会政治理論チェチリ教授）、そして保守党の国会議員でオール・ソウルズのフェローだったウィリアム・ワルドグレーヴ、そしてベンガル生まれの哲学者で経済学者、アマルティア・セン（政治経済学ドラモンド教授）である。パーフィットはセンをロンドン・スクール・オブ・エコノミクスからオックスフォードに移るよう説得する際に尽力した。「哲学をするには最高の場所です」とパーフィットは主張した。「あなたは経済学者としてより、哲学者として自己規定すべきです」[50]と。センは人格形成期を独立前のベンガルの少年として過ごした。三百万人もが死亡した一九四三年の飢饉でやせ細った身体の人びとを目の当たりにし、イスラム教徒とヒンドゥー教徒の悲惨な衝突を目撃している。一九四〇年代半ば、失業したイスラム労働者がヒンドゥーの住民地域で職を探し回っていて、彼の家の敷地によろめき入って死亡したこともあった。彼はヒンドゥーの暴徒に襲われ、背中をナイフで刺されたのだ。衰弱しながら、彼はセン少年に、家にいる子どもたちには食べる物がないのだと説明した。「そのせいで彼は命を落としたのです」[51]。

　こうした幼い頃の出会いが、哲学と経済学の両者にまたがる未来のセンの研究をかたちづくった。社会的選択理論の輝かしい成果などの一連の研究により、やがてセンはノーベル賞を受賞する。社会的選択理論とは、個々人の一連の選択から集合的決定がどうなされるべきか、そして異なった個々人の福利からどう社会的福利の方策を導き出すかに関する研究である（できすぎた話で真偽のほどは疑わしいが、あるウェイトレスが、自分が誰に給仕しているかを知らず、メニューの選択に躊躇していたセンと同席者一同に「みなさんはどう決定するかわからないのですか？」と訊いたという逸話がある）。

パーフィットの選考で、センは「何冊本を書いたかですべてが決まると考える馬鹿な連中がいた」[*52]と憤慨した。「偉大な人はみな彼を擁護した」。ウォルドグレーヴは回想する。「自分の二流業績を至極自慢に思っているあまり著名でない中年研究者たちが、彼を批判した」[*53]。とにかくパーフィットの敵対者たちは、彼は批判に答えるのが正当だと言い張った。パーフィットの出版業績では昇任を正当化できない。オール・ソウルズのシニア研究フェローとは英国アカデミア有数の権威ある地位であり、最優秀性の証明となる出版物を要求することに合理性はあるというのだ。しかし敵対者たちはどこかの段階で、おそらくはパーフィットの採用を全面的に拒める票数がないと認識し、修正案を提示してきた。シニア研究フェローの身分を授与することは拒否するが、現在のジュニア研究フェローの任期を三年延長し、任期終了までに本を一冊出版しなければならないというものだ。パーフィットの支持者たちは厄介なディレンマに直面することになった。修正案に反対すれば、昇任に必要な三分の二の絶対多数に達しないリスクがある。それはパーフィットをコレッジの外へ、無職の、運に見放された状態で追放することを意味する。

この修正案は圧倒的支持を集めた。

＊＊＊

パーフィットにとって、この結果は婉曲に言って「かなりショックだった」[54]。たくさんの人が彼に同情して手紙をよこした。パーフィットは自分が一部のフェローをどうして遠ざけてしまったか、自説を展開した。「自分に少数だが敵がいることはわかっていた。その原因が女性フェロー受け入れに関する彼らの見解を私が攻撃したこと、またコモンルームで食事する際、『デザート前の大退席』を私が始めたこと（五年前、席に残ることをほぼ全員が不快に感じていた。そこで私は毎日立ち上がって退席しようと決意した。するとハーメルンの笛吹きのように、ほとんどの人が私についてきた。それでブライアン・ウィルソンは、私がコレッジをコレッジからファカルティクラブに、あるいは家族経営のホテルにすら変えてしまったと考えている）に対する道徳的憤慨にあることもわかっている」[55]。

彼の文通相手の一人、法哲学者マーシャル・コーエンは、オール・ソウルズのフェローたちを「馬鹿か裏切り者のどちらかだ」[56]と非難した。しかし気持ちを落ち着かせたパーフィットは、この判断がほかのフェローたちの目にどう合理的に見えたのだろうかと自説を展開している。彼らは「もし自分が三年の任期延長を得、そのあいだにどこか別のところで仕事を見つけるとすると、十七年間ここにいることになる。どれほど優秀だとしても、それは通常の任期よりも長い。より短いフェロー期間をより多くの者に与えれば、資源をより公平に使うことになるし、またそれはある意味研究をより推進することになるだろう」[57]と考えたのだろう、と。パーフィットもこのアプローチは完全に合理的だと考えた。しかしこの方法は採用されなかったのだから、彼は現実に命じられたことをしようと決意した——本を刊行し、一九八四年に再応募する、ということだ。

さらに、リスクを嫌って修正案に賛成した人たちにも同情的だったから、「敵意を抱かないでほしい」[58]とも書いている。アイザイア・バーリンはこの結果に面目を失った——とりわけ彼は約束した支持演説を提出しなかったわけだから。パーフィットは彼の罪悪感を和らげようとしたが、バーリンはくよくよ思い悩み、数か月後のバーナード・ウィリアムズ宛の書簡にもまだ「あれほど不公正な迫害を受けたパーフィット（Parfitt［原文ママ］）[*59]」と記すほどだった。後に自分の伝記作家との会話のなかでバーリンはこの一件を詳しく語り、「有名なパーフィット・スキャンダル[*60]」と呼んだ。

＊＊＊

パーフィットは本当に敵意を抱かなかったのだろうか？　この疑問に答えるため、パーフィットの心理学的成り立ちという興味深い点に逸脱しても許されよう。われわれのほとんどは、哲学者たちが報復本能と呼ぶものをもっている。すなわち、もしある人物――ブライアンと呼ぶことにしよう――が悪事をおこなったなら、たとえ軽い叱責であろうとも、何らかのかたちでブライアンが制裁を受けるか罰されるのが正当だとわれわれは信じている。典型的なかたちでは、ブライアンが処罰されるに「値する」という見解は、彼がその悪行を自由におこなったかどうかを条件とする。もし彼が脅迫されていた、たとえば誰かが彼の額に銃を突きつけていたなら、悪行を理由に彼を非難したり処罰したりするのは不適切だろう。しかしこうした場合があるにせよ、犯罪あるいは悪行に釣り合った処罰が正当で適切だと思われるときはある。

だが、何の良い効果もないのに人を苦痛にさらすことに道徳的理由がありうると考えるのは破廉恥だとパーフィットは考えていた。哲学者たちは日常的に、議論のどちらの側にも情緒的愛着を感じることなく問題を知的レベルで把握する。パーフィットの報復への嫌悪感はそうではない。「彼はこれについてはきわめて断固たる態度をとりました」と哲学者ニック・ボストロムは語る。「その情熱、強烈さは私には驚きでした」[61]。親友のシェリー・ケイガンが道徳的功績について本を書いたとき、パーフィットは自身が編集していたシリーズにケイガンの本を入れようとしなかった。自分は道徳的功績の存在を信じないという理由でだ。別の若い学生がパーフィットに脳の分裂――パーフィットが人格の同一性に関する論考で論じていたタイプの――の道徳的功績への含意について書いた原稿を読むよう頼んだ。ある人物が悪事をおこない、その意識の流れが二つに分かれたとして、刑罰がどう科されるべきかに関する含意はどうなる？　魅力的な疑問である。しかしパーフィットはその論文を見ることすら拒絶した。なぜなら、彼の考えでは純粋に応報のための刑罰は常に不当だからだ。ニュージャージーにあるジェフ・マクマハン家の屋外で令名高い哲学者たち何名かがくり広げた功績に関する議論は、パーフィットの「君たちのうち五名に、功績は存在しないと信じさせることができたら、私は幸福に死ねる」[62]という発言で終了した。

苦痛と刑罰に対するこの態度は、彼の子ども時代に遡ることができる。キリスト教の神が罪人たちを罰すると知ったとき、七歳で信仰を捨てたとパーフィットが言ったことを思い出そう。善なる神が人を地獄に送るなどと考えることは彼には不可能だった。

他人が彼に対してひどい態度をとったときですら、彼には本当に報復的衝動が湧かないようだった。彼には非難や敵意が奮い起こせなかった。ジョナサン・グラヴァーは、科学の進歩や重大な発見によってもたらされる危険をどうすべきかパーフィットと議論したときのことを回想している。パーフィットはリスクについて警告できる科学者団体という設定を思いついた。二人はある弁護士と一緒に論文を書き、その弁護士が『ネイチャー』誌に投稿した。だがグラヴァーとパーフィットの名前が著者から外されていたのを知ってグラヴァーは激怒する。しかしパーフィットは冷静だった。重要なのは、その論文が刊行されることなのだと彼は言った。

パーフィットの道徳的功績に関する直感の例としていちばん極端な——衝撃的ですらある——ものは、アドルフ・ヒトラーを描いた映像に関する話だろう。誰かが不幸だったり、苦しめられたりしているなら、世界はあらゆる意味でより良くはありえないと信じるのと同じくらい、パーフィットはその逆も真だと信じていた——つまり、ありとあらゆる幸福は歓迎されるべきである、と。ほかの点がすべて等しいなら、人は——悪事をおこなった者ですら——不幸でいるより幸福でいた方がよい。一九四〇年六月のフランスの対ドイツ降伏を祝してヒトラーがジグを踊っている映像を彼は見た（パーフィットは知らなかったのだが、実はそれは改ざんされた映像で、初期「フェイクニュース」だった）。ヒトラーのジグへのパーフィットの反応はどうだったか？「少なくとも、ドイツの勝利から何かいいものは出てきた」[*63]。

パーフィットはこうした態度が一般的でないことを十分自覚していた。時にはふつうの人が経験する反応を自分のなかに引き起こそうとやってみもした。一九九一年、イラクのクウェート侵攻に続いたアメリカのイラク空襲、「砂漠の嵐」作戦の進行中、パーフィットはイラクの指導者サダム・フセインに対する敵対感情——それがメディアと彼の周りの人たちによって表明された感情だった——を作り上げようとやってみた。一九八八年にはイラクの数千人にのぼるクルド人毒ガス虐殺についてありとあらゆる恐ろしい細部まで読んだ。しかし、どれほど頑張っても、彼は内なる憎悪を呼び起こせなかった。

ある学生はハーヴァードの中華料理店でパーフィットと食事したときのことを覚えている。「それまで何度も何度も彼から聞いたこと——誰も苦しみに値しないのはどうしてか——を彼はまた説いていました。彼があまりに深い感情を込めて話すので、私は動揺していました。彼が目に涙を浮かべて話すのを座って中華を食べながら見て、自分が取り組んだことに涙が出るくらい心動かされたことは私にはなかったと思ったのを覚えています」[64]。

オール・ソウルズのある同僚が指摘するように、刑罰に関するパーフィットの主張には「身の毛のよだつような」対応物が存在する。もし悪行に対して誰も刑罰を受けるに値しないなら、誰も良い行いに対する賞賛にも値しないことになる。同様に、「誰も誰かに対して何事についても適切な意味で感謝を感じることはできない。人は外面的な感謝の表情を装うことはできる。人は他人にありがとうと言うことはできる。しかし感謝の意味を込めてそう言うことはできない」[65]。

＊　＊　＊

パーフィットはコレッジ会議の結果に学寮長が困惑していると聞いていた。一九八一年六月二十二日、彼とニールは会って、長く、また気まずい会話をした。学寮長には歓迎されざる提案があった。パーフィットは今後三年間ほかの活動をすべて停止し、大著を書き上げることにひたすら専心すべきだ、というのである。ニールはそれには大きな犠牲がともなうことを理解していた。だがその犠牲こそ三年間でパーフィットの立場を強くしてくれるだろう。再応募する彼の権利をコレッジが拒否するのは困難になるはずだ。

この助言を受け入れることはプリンストンを失望させることを意味する。パーフィットが教えるのはわずか三か月後だ。しかし、何が懸案かを考慮すれば、選択の余地はないと彼は感じ、プリンストンにその旨を伝えた。彼の決断は哲学教授陣に大慌てで代替措置を用意させることになり、大変な面倒を招いたにちがいない。にもかかわらず、ティム・スキャンロンはきわめて協力的な手紙を送った。パーフィットの決断はオール・ソウルズの「馬鹿げた決定」に鑑みれば明らかに最善だ。やがて刊行されるとき、彼の本は「輝かしい」ものになるだろう。スキャンロンは代わりに一九八四年から八五年に訪問してもらえるよう「むちゃくちゃに戦う」[*66]と。

しかし、パーフィットの展望は不確実だ。オール・ソウルズは一九六七年以来、彼のホームだった。しかしいまや彼は一九八四年にふたたび拒絶されることも考えに入れていた。一度叩き落とされた。もう一度叩き落とされることも考えられる。「そうなったらおそらく私は第一滑走路を永久に去らねばならないだろう」[*67]。

パーフィットは傷つき、混乱していたが、一九八一年のオール・ソウルズの屈辱は、彼にこれまで起きた最善のことだったのだ。

11 仕事、仕事、仕事、そしてジャネット

Work, Work, Work, and Janet

フェローシップ応募書類にパーフィットが列挙した三冊全部を出版する義務はなかった。求められていたのは、少なくとも一冊出す「だけ」だ。そのためのアプローチ方法は、たくさんのばらばらな発想を一つの原稿にまとめるというものだ。合理性と人格の同一性と未来の人びとの題材が含まれるだろう。彼はその原稿を『理由と人格』と呼んだ。だが、題名はどうあれ本は出ないだろうと懐疑的に思う者も多かった。長年パーフィットは本を出すと言っては、出版を先延ばしにする理由を見つけてきたからだ。完璧でなければ出版すべきではないが、完璧はいつも地平線のかなたにあった。しかしもはや時間の猶予はない。

パーフィットはOUPに連絡を入れた。六万語の『反賢慮論』は取り止めて、その内容をもっとずっと長い一巻本に組み入れることにすると説明した。アダム・ホジキンは賛成し、本の定価を低くすると

約束している。

オール・ソウルズの定期総会（SGM）は学期に一度、年三回開かれた。パーフィットがシニア研究フェローに再応募できるのは一九八四年三月だから、本は遅くともその一月か二月前に出版される必要があった。通常、出版社に原稿提出後、本ができるまでに原稿整理、編集、校閲、校正、植字、カバー・デザイン、印刷の工程を経て、一年を要する。パーフィットは逆算して、入稿まで約二十か月しかないと計算した。

哲学の歴史を振り返ると、締め切りに間に合わせようとする果敢な挑戦がある。哲学者カール・ポパーは第二次大戦中『開かれた社会とその敵』を出すために死にかかった――これを自分の「戦時努力」と彼は呼んだ。パーフィットの執筆もポパー同様、毎日、目が覚めている時間のほぼすべてを占めることになった。

この時期はパーフィットの研究者人生で最もストレスだらけの日々で、哲学以外の世界からの引きこもりも一層悪化した。むろん生存と健康に欠かせない非哲学的な些事はあったが、そこに費やす時間と労力を最小化、あるいは哲学と並行させることで乗り切った。この頃から独特の習慣が涵養されていく。たとえば歯磨き。歯は清潔にしなければならないが、そのために哲学を止める必要はない。パーフィットは情熱的かつ全面的な歯磨き家だった。門歯も犬歯も臼歯もどの歯も手を抜かず、歯磨きに食事以上の時間をかけた。歯ブラシをまとめ買いして、週に三本ペースで使い捨てるほどだ。一回の歯磨き中に、五十ページも読めた。

運動も同様である。エアロバイクは哲学にぴったりだった。バイクを漕ぐことと読書は完璧に両立可能である。時にはバイクを漕ぎながら歯を磨いた。服装と飲食はもっと問題だったが、パーフィットは可能な限りこの時間をそぎ落とした。彼は毎日同じ服を着た――グレーのスーツ、白いシャツ、赤いネクタイ。そうして毎朝何を着るかというつまらない決定に時間とエネルギーを無駄にせずにすませた。コーヒーは飲んだが、お湯をやかんで沸かすのは無駄なぜいたくだ。インスタントコーヒーをマグカップに入れ、蛇口からお湯を注げばいい。時には冷たい水でもかまわなかった。重要なのはカフェインなのだ。会合には走っていく。食事はピット休憩で、食堂に駆けていって燃料補給し、すぐに自室に戻った。パーフィットは取り分け用のフルーツサラダを全部ひとりじめしたことがある。大量に取りながら、後ろに並んでいた人に、今日最初の食事だから、自分が全部取ることは合理的であり理性的である、と説明したという。「私はデレクと一緒にジャングルに行くだろうか?」とリチャード・ジェンキンズは自問する。「いや、行きません。ジャガーと出会ったら彼よりも私を食べるべきだという、道徳的にも論理的にも強力な理由を彼は見つけ出して説得することでしょう。自分が食べられてしまった場合の哲学への損失は、計り知れないものがあるだろう、と言って」。[*1]

パーフィットはヘアに(当時ヘアは哲学研究会の議長を務めていた)、とにかく時間が貴重だから、自分が「かなりのページ数」の本を出すまでは、誰の研究指導もできないと伝えた。「かなりのページ数」でなければならない理由は、「ここのフェローの多くは、ページ数をかなり重要だと考えるからです」と補足した。[*2] さらに何時間かを捻出するために毎週の討論会を欠席したいと頼むと、道徳哲学ホワイト教授ヘアは答えた。「君の将来性を考えると、引きこもることが正しいとは確信できないね」。[*3]

パーフィットは一九八一年のプリンストン大学への授業旅行を取り止めたが、一九八二年春には「コロラド州」ボルダーに六週間行って責務を果たした。一九八二年四月、アルゼンチン軍がフォークランド(マルビナス)諸島に侵攻し、取り戻すためにマーガレット・サッチャーが軍を派遣して人気を上げた頃のことである。パーフィットを招いたデイル・ジェイミーソンは、イギリスの軍事力行使をパーフィットが強力に支持したことを覚えている。「彼がどれほどナショナリスティックかにショックを受けました！」[*4]。これはパーフィットらしくない。彼はどんなときも強烈な愛国感情を表に出すことはなかったし、確実に帝国主義には反対だったからだ。しかし文化面では徹底してイギリス的だった――おそらく無意識にそれが影響したのだろう。むろんアルゼンチンによる侵攻に反対し、フォークランド諸島の住民が野蛮な軍事政権下に陥ることを望まない、確固たる見解をもっていた。

哲学者たちとの議論はパーフィット自身の考えを刺激して有益だったため、完全に禁止活動入りさせてはいない。オックスフォードに戻ってからは、いくつかのセミナーと討論会にも出席している。セミナーは選び放題だった。なかには、道徳・政治・法哲学を扱うオール・ソウルズで開催されるものもあった。招待された者だけが参加して議論できる小規模な集まりは、オックスフォードではいつも盛んである。哲学科は巨大になりすぎてしまい、関心を同じくする哲学者たちで時々に美学とか心の哲学とか数学の哲学といった特定の分野ごとに分派サークルを組織する傾向があった。

こうした会合のなかで長年、頂点に君臨していたのが、もともとはフレディ・エイヤーが一九六〇年に設立したいわゆる火曜会だった。概念の厳密さを専門にする者たちに期待されるとおり、火曜日のきっかり午後五時から七時に開かれた。会のスタイルは、論文一本、それから休憩、議論、である。メンバーが順番にホストを務めるのだが、ホスト役は高くついた。休憩用の飲み物を出さなければならない――それなりのワイン、ベルモット、ウィスキーだ。年長メンバーはジントニックを飲んだ。

火曜会はおそらく西洋哲学史上最強の研究会だったろう。パーフィットが（一九六八年か六九年に）加わったときも、またその後もずっと、エイヤー、マイケル・ダメット、フィリッパ・フット、デイヴイッド・ピアズ、ピーター・ストローソン、(後には) バーナード・ウィリアムズといった一九三〇年以前生まれの哲人たちが会を仕切っていた。エイヤーとウィリアムズとストローソンとダメットは叙爵されている。ストローソンとダメットは後に、ある会合で授与式の次第を話した。二人とも王剣の短さに驚いたそうだ。

彼らよりも少しだけ若いのが、いつも先陣切って質問するようになったドゥオーキンとデイヴィッド・ウィギンズだった。ウィギンズは驚くほど静かでいて、やがて一撃必殺の反論を挿しはさんでくる。さらに若く、パーフィットと同世代になるのが、ジョン・マクダウェル、サイモン・ブラックバーン、ギャレス・エヴァンズで、みな時期を異にしながらも、活動的なメンバーだった。トマス・ネーゲル、ドナルド・デイヴィドソン、心の哲学者ジェリー・フォダー、論理学者ソール・クリプキといったスター哲学者が街に来ると、彼らも招待された。クリプキは休憩カクテルにハーヴェイ・ウォールバンガーを頼んで困惑を引き起こした。その学期のホスト、ポール・スノードンにはそれがどんなものかわからない。だが翌週、スノードンがわざわざ材料――ウォッカ、オレンジジュース、ガリアーノ、そして飾りつけのチェリー――を用意して臨むと、この論理学者はドライシェリーを注文したのだった。

長らく、どの会合も部屋は紫煙に包まれていた。あるメンバーががんになり、ようやく喫煙に終止符が打たれた――そして喫煙休憩が導入され、その間部屋で待つ非喫煙者は哲学の話をすることを禁じられた。エイヤー、ダメット、ストローソン、全員がヘビースモーカーだった。ダメットには指で髪をかきあげる癖があって、脂《やに》で髪が黄ばむほどだった。

火曜会はオックスフォード最優秀層哲学者のリクルートを目指し、招待すべき新メンバーを誰にするかは現存メンバーの全員一致とした。いったん入会したら身分は終身だ(ジェリー・コーエンが一九八五年に社会政治理論チチェリ教授になったとき、その学期の幹事だったハーレイは間違って彼ではなくクイーンズ・コレッジのL・J・コーエンに招待状を発送してしまった。L・J・コーエンは忠実に参加しつづけ、この名誉が与えられたのが彼の姓のおかげで才能ゆえではないことを死ぬまで知らなかった）。

若手メンバーには威圧的な雰囲気だった。フットは多弁で、筋が通らない議論を聞くといつでもくすくす笑った。ダメットは威張り屋でかんしゃくを破裂させた（彼を抑えられるのはピーター・ストローソンだけだった）。ウィリアムズは人を不安にさせる皮肉な笑みを浮かべていた。ガレン・ストローソン（ピーターの息子）が勇気を奮い起こして発言するまでには一年以上かかった。彼がある論点をあげたとき、ウィリアムズが叱り飛ばしたこともあった。「実に**つまらない**反論だ[*5]」。パーフィットはガレン・ストローソン本人に面と向かって、ほかのメンバーたちは君のいないところで「彼は一流とは言えない」と判断を下したのだと、さも当たり前のように言った。

メンバー間にも衝突や緊張関係があった。心の統語論的理論――われわれの思考は内容のない空虚な記号であるという考え――と言われるものについてコリン・マッギンが話をしたとき、ダメットはひどく粗野で軽蔑的だったので、マッギンは二度と戻らなかった。ウィリアムズとスチュアート・ハンプシャーは、人が動物を助けるために燃えさかる家に入っていくのを正当化できるか、できるとしたらどのようにか、激したやりとりをした。ウィリアムズとフットはいつも互いを批判しあった。あるメンバーによるとその雰囲気は「だいたいは極端な自己満足でした[*6]」。しかしフットのような年長者の存在は知的な助けにもなったという参加者もいる。ハンナ・ピカードはここに片手ほどしかいない女性の一人で、二十五歳で入会した。神経を鎮めるためもあって、彼女は酒もたしなんだ。「私は、長老たちと一緒にお酒を飲むことを、とても真剣であると同時にとても楽しい哲学研究の態度として経験しました。哲学的な会話には喜びがありました。この喜びは、彼らにとってはいたって自然に生ずるらしく、これこそ学者生活に求めるべきことだと私はいつも感じたものです」[*7]。

やがて火曜会は硬直化し、ジョン・キャンベル、ビル・チャイルド、クァシム・カッサム、エイドリアン・ムーア、ティム・ウィリアムソンといった若手メンバーの多くは、もっと知的で活気があり、かつもっと酒が少ない別の集まりを選んだ。しかし階級と身分に無頓着なパーフィットは、一九八〇年代と九〇年代を通じてずっと常連だった。彼は最初から「とても利口な男」[*8]だとエイヤーに評価されていたが、メンバーの一部は彼の人格同一性観にも道徳哲学へのアプローチにも敵対的だったから、時には集中攻撃にさらされもした。

火曜会は非公式な組織である。パーフィットはほかに、本来は哲学専攻の大学院生向けの公式セミナーにも参加していた。そして自分自身の発案で、二人の重量級共同パネリストを呼んできた。パーフィットより十歳近く年長のドゥオーキンとセンだ。この三人とも哲学の訓練は受けていなかった。ドゥオーキンは法学者で、センは経済学者だった。

パーフィット＝ドゥオーキン＝セン・セミナーは、一九七九年のトリニティ（夏）学期最初の水曜日の午後五時に始まった。場所はオール・ソウルズ・コレッジ内の、板張りの壁に囲まれ緑のラシャ張りのテーブルのある長方形の「オールドライブラリー」だ。毎週、この三人は順番に議論を回した――しかも形式的な論文の読み上げではなくて、遠慮のない発言が交わされた。三人がみな熱っぽく議論しているとの評判はすぐに広まり、このセミナーは大学院生の人気を集めた。三人は一九八〇年と八一年のヒラリー学期に（セント・クロス・コレッジに場所を移して）同じセミナーを続け、題名はそれぞれ「選好と福利と責任」と「選好と福利と価値」だった。

しかしパーフィットの生活は大部分が執筆中の本に捧げられていた。そしてその原稿がふくれあがるにつれ、締め切りに遅れるリスクが現実味を帯びてきたとの思いに苦しむようになる。そこで正攻法かどうかはさておき巧妙な方法をひねり出した。自分は原稿を一章ずつ送る。ＯＵＰは受け取った原稿を整理して制作を進める。そのあいだ自分は続きの章を書き、貴重な数日ないし数週間を稼ぐ。これが彼の頭に浮かんだ方法だった。こうすれば計画どおり一九八四年一月には本を世に出せるはずだった。

執筆中も、パーフィットはイギリス国内および世界中の何十人もの哲学者たちに次から次へと原稿を送り、コメントを求めた。eメール以前の当時、原稿を送るにはコレッジの事務室で数時間かけてひたすらコピーして郵送するしかない。秘書の一人ヒュマイラ・アーファン＝アーメドが手伝った。「彼は優しく謙虚で、全然偉ぶったところがありませんでした。ほかのフェローによくあるような、階級意識がなかったのです。自分でもたくさんコピーをとりながら、私にも頼みました。私たちはいくつもの森を抜けてきました」[*9]。だがコピーの山は事務室の仕事の邪魔になり、ほかのフェローたちは腹を立てた。あるフェローは夏のあいだどれだけのアメリカ人観光客がオックスフォードに来ているかを指摘して、観光客はおそらくこの原稿をよけて歩くはめになると皮肉った[*10]。

コメントが返ってきだした。なかでも一番の分量はシェリー・ケイガンからで、パーフィットは謝辞で彼のことを「私が最も多くを学んだ人物」[*11]と述べている。ケイガンはもともとユダヤ教のラビになりたかったのだが、神学校に落とされて挫折した。その代わり哲学に転じ、プリンストンの大学院生時代にパーフィットに会った。パーフィットが『理由と人格』になるはずの原稿の一部を彼に送ったのは、この若い（二十代半ばの）哲学者がピッツバーグ大学で教えはじめたばかりのときだった。ケイガンがコメントをいくつか書いて返した二週間後、電話が鳴る。コメントは大いに感謝された。残りの原稿も読んでくれないか、とパーフィットは訊いた。「光栄に思いましたが、ためらって言いました。『私にはあまり時間がないのです、博士論文を本にしようと思っているところなので』。そうしたら彼は私が拒否できない申し出をしました。『もし君が私の残りの原稿にコメントしてくれたら、私は君の原稿にコメントしよう』。よい申し出かどうかは、私にもわかります！[*12]」。

ケイガンは行間を空けずに書いた百枚のコメントを郵送した。パーフィットはこれに対して、ケイガンの指摘やその他の多くに応える義務を感じ、（合法）ドラッグのカクテルの助けを借り、躁状態で原稿を書き直した。これが週七日、ずっと続いた。最後の締め切りが近づいた頃、ジョン・ブルームはオール・ソウルズのフェローとして一年間を過ごしていた。「とてもじゃないがクレージーでした」と彼は回想する。[*13]ブルームは経済学者から転じて哲学者になったが、それはかなりの部分パーフィットの影響による。パーフィットは本を仕上げる最後の数か月、ブルームのオール・ソウルズの部屋にやってきては、翌日出版社に送る前にその一章を読んでほしいと頼んだのだ。

正直なところ、このやり方は必ずしも原稿を改善したわけではなかった。『理由と人格』は初期のバージョンの原稿の方が出版されたものより整理されている。木々に埋もれて森が見えなくなり、木々はいつまでも拡張する枝葉のために、ならなくてもいい犠牲になった。パーフィットは煩わされずにすむはずの非本質的な反論に取り組んでいた。初期バージョンの議論は彼が何年もかけて考え抜いてきたものだったが、締め切りが近づくと、ほんの三十分しか検討していない考えまで盛り込んでいった。当然ながら彼は不安になり、あらゆる文章をダブルチェックするため、信頼する友人数人に依存するようになった。実際、編集上の重要な決定で彼によらないものがあるし、補論Hの二ページ半は完全にブルームが書いた。最後にブルームの署名がある。

パーフィットの私的な文書には、最終締め切りへ向けたアクセル全開急発進の証拠が残る。OUPは章ごとに到着を確認し、次を送れとさらにプレッシャーをかけてきた。一九八三年八月十六日付のメモはその代表例で、OUPの編集者はこう書いている。「あなたが『目で』読んだ第11章のプリントアウトを誤字のためお返しします。また遅くとも二十二日月曜までにはさらに五章分を期待しています」[*14]。

文献表と参照個所のチェックを手伝ったのは、哲学の博士課程大学院生ジェフ・マクマハンと当時の妻サリーだった。マクマハンの学位論文は人口倫理に関するもので、公式の指導者はバーナード・ウィリアムズだったが、実際にはパーフィットからはるかにずっと多く学んでいた。パーフィットはマクマハンの書いたものをすべて読み、コメントを加えたのだ。マクマハンはアメリカのローズ奨学生としてイギリスに来た。オックスフォードは彼の出身地サウスカロライナ州の田舎とは大違いだった。育った地方の少年たち同様、彼も熱心な狩猟家だった。父親は銃を数丁所有する共和党の活動家で、息子には「スポーツ選手になり、やがて軍に入るよう望んだ。ところが代わりにひょろひょろのヒッピーを育ててしまった」[*15]。父マクマハンは撃たれて傷ついた鳩を見て十代のジェフがベジタリアンになると宣言したときも心動かされなかった。

マクマハン夫妻の助力があっても、パーフィットは締め切り直前の週、神経衰弱の瀬戸際だった。毎晩、徹夜続きで睡眠薬とアルコールに頼って眠った。締め切り前日、パーフィットは二人の友人、スーザン・ハーレイとビル・エワルドに電話をかけた。結論部分を仕上げたのだが、彼の脳はもはや原稿を処理できない。「言葉がページの上で泳ぐんだ」と彼は言った。「私は眠らなければならない」[*16]。彼は二人に最終章を校正するよう——そして締め切り前にOUPに確実にそれが届くようにと頼んだ。

短い最終章の最初の文章は人を惹きつける。「シジウィックは自分の本について質問された時、そのから受け取った章はニーチェからの引用で終わっていた。エワルドとハーレイがパーフィット最初の言葉は**倫理学**であり、最後の言葉は**失敗**であると言った」[*17]。

水平線はついに再びわれわれに開けたようだ、まだ明るくなってはいないにしても。われわれの船はついに再び出帆することができ、あらゆる危険を冒して出帆することができるのだ。認識者の冒険のすべては、再び許された。海が、**われわれの海**が、再び眼前に開けた。おそらく、こんなに「開けた海」は、かつてあったためしはないだろう。[*18]

ハーレイとエワルドはこの章を読んで協議した。ハーレイは何か所かまだ改善できると考えた。「文章があまりにもぶつ切りで、ファシストの軍隊行進みたいだ[*19]」というのが彼女の意見だった。ただしハーレイもエワルドも、文章をいくつか動かせばうまくいくという点で意見が一致し、そして大団円を迎えた。今引用したニーチェからの引用文の前には、割合無味乾燥な一段落があって、その直前は次のように結ばれていた。

単一あるいは複数の神への信仰は道徳的推論の自由な発展を妨げた。神への不信仰が多数派によって公然と認められるということはごく最近の出来事であって、まだ完結していない。この出来事はそれほど最近のことだから、〈非宗教的倫理学〉はごく初期の段階にある。〈数学〉におけるようにわれわれがすべて意見の一致に到達するかどうか、われわれにはまだ予言できない。われわれは〈倫理学〉が将来どのように発展するかを知らないから、高い望みを持つことは不合理でないのである。[*20]

エワルドにはいい考えがあった。この文章は完璧な結末だ。シジウィックの本が「失敗」で終わったなら、パーフィットの本は「希望」で終わったらどうだろう？　見事な対比になる。パーフィットは熟睡していて起こせない——彼は丸々二十四時間姿を消していた。したがって二人の友人は大胆な決定を独断で下した。ここに続く退屈な一段落を削除して、ニーチェからの引用文を最初のエピグラフに動かしたのだ。

翌日の正午にパーフィットが姿を現わしたとき、エワルドはすでに最終章を入れたフロッピーディスクを持ってOUPまで歩いていってしまっていた。エワルドは電話で自分がしたことを説明した。長い——そして神経をすり減らすような——沈黙があった。

そしてパーフィットは二人が改善してくれたと同意した。

＊＊＊

実際のところ、ニーチェからの引用文自体が後から思いついたものだった。この引用文は新しい世俗的倫理学へのパーフィットの情熱を詩的にまとめていた。パーフィットはかつて倫理学の歴史全体をきれいな四段階に要約していた。

一　神によって禁じられている

二　神によって禁じられているために不正である

三　不正であるために神によって禁じられている
四　不正である

われわれは第四の段階にある、と彼は信じていた〔『重要なことについて　第3巻』二五六頁〕。『理由と人格』は、神によって歪曲されることなく、理性と論理を倫理学に適用した。パーフィットは世俗的倫理学はまだよちよち歩きの幼児だとくり返し言っていた。元学生チェス選手として、彼はよく倫理学の研究をチェスの序盤研究と比較して不満をもらしていた。後手の最初の一手（e4に対するc5、つまりシシリアン・ディフェンス）の方が、道徳の根本的な諸問題よりもはるかに重大視されてきた、と。しかしいまや刺激的な展開が待ちかまえていると彼は考えた。ひとたび宗教の桎梏から解き放たれれば、われわれは道徳の論点について新しく考え直し、これまで迷信によって解決されてきた論点に論理と合理性を持ち込むことができる。ニーチェの開けた海のイメージは、パーフィットの倫理学的楽観主義をみごとに反映している。

ただしそれがこの引用の理由だったわけではない。パーフィットにはこの引用をする動機が別にあった。哲学的意味とはほぼ関係ない。カバー用としてある写真に執心していたのだ――彼自身がベネチアで撮影した一カットである。そこに写っているのは、霧の干潟と、右側から姿を現わすモダンなボートと、背景に浮かぶサン・ジョルジョ・マジョーレ――旧い島の修道院で、モネの想像力をも虜にした（モネはパーフィットが写真を撮ったのとほぼ同じ場所から一連の絵を描いた）――の影である。疑いもなく美しく精妙な写真だが、理由と、また人格と、何の関係があるのか？　そう、あまり関係はない。開けた海に関するニーチェからの引用文は、このカバー写真の理由づけだったのである〔下巻口絵㉜〕。

＊＊＊

一章ごとに原稿を送る方法はパーフィットの出版革新だったが、この原稿の文字組みも、少なくともOUPにとっては新奇なやり方だった。パーフィットは日進月歩のコンピューター技術の伝道者だが専門家ではない。よくわからないままに、彼のワープロファイル形式の原稿から直接文字組みすることを望んだ――そしてしつこく要求した。一九八〇年代前半にはこの方法も簡単な作業ではなかった。面倒で時間がかかり、最後にはオックスフォード大学コンピューターサービスに雇われていたキャサリン・グリフィン〔哲学者ジム・グリフィンの妻〕に何時間もの残業をさせることになった。彼らが持っていたファイル変換プログラムは原始的で、行末にくる単語のハイフン切り一つできなかったのだ。

本文原稿の裏ではカバーについても多岐にわたる交渉が何度もくり返されていた。パーフィットは、たいていの本は四色印刷〔シアン（青緑）とマゼンタ（赤紫）とイエローとブラック〕だが、高級美術書には六色（オレンジとグリーンが加わる）を用いるという情報を見つけ出した。私のカバー写真を六色で印刷できないか？　OUPはこの注文をなんとかやり過ごし、カバーの刷り上がりをチェックしに印刷所に立ち会いに行きたいというパーフィットの依頼も都合よく見過ごした。

しかしOUPにとって壊滅的に頭の痛い問題が新たに生じた。そこには「ネーゲルの脳」が絡んでいる。「ネーゲルの脳」は補論Dのタイトルで、トマス・ネーゲルが「自分、ネーゲルは本質的には自分の脳からなっている」と論じた未公刊の原稿に対する応答だった。皮肉なことに、パーフィットの分離脳のように「ネーゲルの脳」も二つに分けられ、その後半が脱落していることに気づけなかった。パーフィットは少しずつ原稿を提出していたから、こうした不手際はほぼ不可避だったのだ。OUPがとった解決策は、索引の後にその後半を押し込み、正誤表を全部の本にはさむ、だった。それで「ネーゲルの脳」の続きは四七一ページではなく、五三八ページから再開されることになった。

パーフィットには別の解決策があった。オール・ソウルズの学寮長パトリック・ニールと話した後、思いついたのだ。学寮長はアイザイア・バーリンから接触を受けていた。バーリンはパーフィットに相談なしに、パーフィットの昇任を一九八四年の三月ではなく六月に諮るよう進言したのである。おそらくバーリンは、この本が出版された後オール・ソウルズのフェローたちに読む時間が十分あるようにと望んだのだろう。いずれにせよ、学寮長はもっともな提案だと考え、パーフィットに話し、彼も賛成した。

一九八三年十月末には『理由と人格』三千部がすでに印刷され、書店に送られる準備ができていた。しかしパーフィットは、鍵となるオール・ソウルズの総会が三か月後になったからには、OUPはもっと時間をかけるべきだと考えはじめた。「ネーゲルの脳」を完全な姿にして印刷し直したらどうだろう？そうすると目次のページ数も修正しなければならなくなるが、そのあいだにパーフィットがすでに見つけた間違いも訂正できるかもしれない……。もしOUPがコストを心配するなら、自分、パーフィットが喜んで負担しよう。パーフィットにしては珍しくちゃんと自己理解して、アダム・ホジキンにこう書いた。「寛容にもあなたは否定してくれますが、私はあなたとアンジェラ[*21]をうんざりさせるほどのご面倒をすでにかけてきました。あなたがたがこの忌々しい本をやっときれいに忘れられることを祈ります」。しかしこの新しい、一層気前のいい予定表に沿えば、彼らが「この忌々しい本を少なくとも二週間は忘れることができるでしょう」ともあった[*22]。

いつもどおり、パーフィットは押し切った。彼らはパーフィットがどこまでも頑固になるばかりなのを熟知していたのだ。印刷済みの三千部は廃棄された。それでも間違いは膨大に残った。『理由と人格』の希少なハードカバー版初版をつぶさに調べれば、この本の特性に気づくだろう。たとえば第Ⅰ部の注15はサンタクロースと同じである。どちらも存在しない。第Ⅰ部の注26、45、49、50、51、52、第Ⅲ部の注30、60、67、96、第Ⅳ部の注4、12、29、43、47、48、52も同様である。パーフィットは最終段階で注を削除したが、その組版システムでは自動で反映はされなかったのだ。この本の評者たちがそれに気づかないか気にしないことを望むしかなかった。

＊＊＊

『理由と人格』の原稿を出すまでの二年間、執筆からほぼ逸脱することはなかった。それでもパーフィットがまず一つめの関係を、それからもう一つの関係を始めるだけの時間はあった。相手は二人とも哲学者だったが、一人目は一年かそこらで終わり、二人目は生涯続いた。

オール・ソウルズの修道院のごとき男性世界に入り込んできたスーザン・ハーレイは、学問的にはどんな分類にもはまりきらない。哲学に加えて法学の教育も受けており、最初の本では、相反する価値に引き裂かれそうになったとき、人はいかなる行動を選びとるかについて書いている。しかしその後は心の哲学の分野でより一層知られるようになった。彼女はウィトゲンシュタインに触発されたものの、安楽椅子から立ち上がらずともアプリオリに結論に到達できると考えるタイプの哲学者とは違って、認知神経科学の経験的調査結果を利用し、社会科学研究の最前線にも明るかった。

ハーレイが提唱した見解は、今ではその当時ほど風変わりだとみなされてはいない。彼女の考えでは、頭蓋骨が心の境界だという説は恣意的である。また、心の「サンドウィッチモデル」と呼ばれる見方をとらない。このモデルは、「知覚」は心へのインプット、「行為」は心から世界へのアウトプット、そのあいだに「思考」がはさまれているとする。彼女は「ミラーニューロン」の発見に特に関心をもった。サルがある行為――たとえば紙を引き裂く――をすると、あるニューロンが発火する。その行為をたんに見ているだけの別のサルの脳のなかでも、同じ部位のニューロンが発火する。この発火は複雑な知覚＝思考＝行動シークエンスもまったくないままに直接生ずる。人間は物理的・社会的世界に存在する身体をもつ生物として理解されねばならない、とハーレイは論じた。パーフィットは心の哲学者ではなかったが、直感的に共感する見方だった。

ハーレイはオール・ソウルズとその文化に衝撃ともいえる影響を与えた。ポール・シーブライトは彼女を選出した総会に出席していた。「これを柔らかく言う方法はありません。［中略］スーザンは知性だけでなく見た目も傑出しており、これはほとんどが寄宿学校出身の男たちには、一九八〇年代になってすら複雑でない見解をとることが難しい問題でした」[*23]。彼女は美しいだけでなく、個性的な衣装を身にまとっていた。鮮やかな色――ゴールドとオレンジ、ターコイズとシアン――を偏愛した。ハーレイの名があがるときには「エキゾティック」という修飾語がついて回る。五十代でがんで死去したが、それまでに幸福な結婚をして子どもも二人いた。追悼式では、「周囲には、気まぐれな風に流され、イングランドの庭の雀たちに囲まれて暮らすことになった楽園の鳥」[*24]のように映ったと悼まれた。

彼女とパーフィットの関係は情熱的だったが、短命だった。決して先は望めない。むろんパーフィットは単純に長続きする恋愛相手ではないし、ハーレイは二十代、三十代と鬱に苦しんだ。子どもをもつ問題になるとパーフィットは後ろ向きで、これは妥協できない対立の原因になった。幸せだった頃、ハーレイはパーフィットの写真を撮った。ハンサムで笑みを浮かべ、豊かな髪をなびかせ、カジュアルなシャツを着て、無造作にジャケットを右の肩にかけている。本書のカバー写真であり、彼に関する記事にもよく使われた写真だ〔口絵⑩〕。その後の彼しか知らない多くの人には、これがパーフィットだとは思えないだろう――この写真のパーフィットは、それほど気楽でリラックスして見える。

＊＊＊

一九八三年、パーフィット＝ドゥオーキン＝セン・セミナーの後、パーフィットはセンが長身黒髪の美人と話しているのを見かけた。彼女が去るとセンに近寄って訊ねた。「あの女の人は誰ですか？」「彼女は哲学者だ」と、センは答えた。センは彼女を、元パートナーでごく長身で美形で人目を惹く、カナダ生まれの荒々しい哲学者テッド・ホンデリックを通じて知っていた。彼女は以前ホンデリックとロンドンに住んでいたが、彼から逃れてオックスフォードに来たのだ。彼女の名前はジャネット・ラドクリフ・リチャーズだと、センはパーフィットに教えた。この短い会話のあいだに、センはパーフィットに彼女の電話番号も教えている。そして「私が次に知ったのは、二人がもうカップルだということでした」[25]。

とはいえ「求愛」に至る過程は長引き、とてつもなく奇妙だった。パーフィットは競争好きな方だったが、自分がほかの男たちとライバル関係になるとはつゆも思わない。彼女は後に言っているが、彼女を選考する一種のオーディションは、ラドクリフ・リチャーズ著、『懐疑的なフェミニスト』を購入することだった〔口絵⑪〕。

この本は三年前に出版されて騒動を引き起こしたばかりだった。読者全員が怒ったのだ。男性中心主義者はそのフェミニズムを拒絶し、フェミニストはその懐疑主義に異議を唱えた。同書を発売禁止としたフェミニズム系書店もある。ラドクリフ・リチャーズは、伝統的なフェミニズムの議論の多くは杜撰か非論理的だと主張したのだ。同時に、よく男性が自らの地位と特権を正当化するのに用いてきた嘲笑すべき議論も暴露した。

彼女は「女性はバスの運転を禁じられるべし」といった規定を取り上げる。今では誰しも馬鹿げていると思うだろうが、一九七〇年代には現実問題だった。一九七四年以前、女性はロンドン交通局のバス運転手になれなかったのである。この規定のどこが間違っているのか？　たんに男女で異なる取り扱いをしているからではありえない。結局のところ、労働市場で区別は避けられないからだ。アルコール依存症はパイロットにはなれないが、だからといってアルコール依存症患者は差別の犠牲者だと結論を出すのは馬鹿げている。その規定のどこが間違っているかというと、この施策の提案者が設定する一般的規準からしても正当化できないからである、とラドクリフ・リチャーズは論ずる。多くの場合、彼らは能力主義に則ると公言するが、この道徳的基準はある集団が恣意的な不利益を受けることと矛盾する。

この主張はジョン・スチュアート・ミルから想を得ていた。パーフィットのお気に入りの哲学者がシジウィックだとすると、ラドクリフ・リチャーズが頼りにする功利主義者はシジウィックの先行者ミルだった。女性のバス運転を禁ずるような規定に賛成する人は、女性はハンドルを任されるほど運転がうまくないとよく主張する。しかしミルが言うように、「女性が生まれつきできないということは、それを禁止するためにはまったく余計である」[*26]。別の言い方をすれば、本物の能力主義においては、もしあらゆる女性が本当にバスの運転に適さないとしたら、中立的な基準で女性の非雇用を説明できるはずだ――さらに加えて女性を絶対的に排除する規定をもつ必要はない。一方、数多のフェミニストを腹立たせたのは、ラドクリフ・リチャーズが、女性を排除する法律を批判するのに、必ずしも女性が精神的・

肉体的に男性より劣るという保守的な前提を攻撃する必要はないとも論じたことだ。

ミルと同様ラドクリフ・リチャーズも、女性の役割も感情も抑圧的な規律と期待によってかたちづくられてきたのだから、女性に何ができるか、また平均的な男女間に異なる傾向あるいは「本性」があるかどうかは本当の意味では知りえない、と論じた。実際ラドクリフ・リチャーズは、男女間に解剖学的相違以外の集団的な相違があるという考えを排除するどころか、後にはそれらの相違は不可避だと認める進化論的主張を受け入れることになる。しかし「自然的相違」に関する真理は、女性が自ら選んだ目的を自由に追求する真に平等な機会を手にしたときはじめて明らかになるのである。

パーフィットはこの本を合格と認めた。ラドクリフ・リチャーズは本選抜を通過したのだ。後にパーフィットは、標準的フェミニズムによる伝統的な議論からくり返し脱出する魔術師フーディーニのごとき彼女の能力に感銘を受けたと言っている。いずれにせよ、この本を読んだ後で彼は手紙を書いたが、彼女によると「歴史上最も驚くべき下心ある手紙」で、大文字の単語がいくつも連なり、形式ばった表現で書かれているので、彼の意図を推し量れないくらいだったという。[*27] 一日か二日後、パーフィットは彼女に電話してオール・ソウルズの哲学セミナーとその後のディナーに招待した。

セミナーでの彼は非常に冷静だったが、ディナーでは打って変わって打ち解けてきた。彼女が睡眠障害についてこぼすと、自分の睡眠薬方式を勧めた。ディナーの後、パーフィットは部屋で、自分がロニー・ドゥオーキンから買った古いデスクトップのコンピューターを貸してあげようと言った。彼女はありがたく受け取ったが、支払いの請求はなかった（その後、貸すという提案は彼女が負担に感じないためだったと話した）。それから彼は音楽を聴こうと明かりを消した。

それからの数か月間、通常の求愛キャンペーン行動はなに一つなかった。花もチョコレートもなし。

BBCラジオ3のいいコンサート番組があると、何回か電話した。彼女を自分の部屋に招き音楽を聴いた。彼は「腕を私に回しましたが、何も起きませんでした[*28]」。彼が彼女に送った唯一のプレゼントはバッハ鍵盤曲の全曲楽譜だった。明らかに何かが起こっている、しかし何が？ ラドクリフ・リチャーズは彼がキスもしないでプロポーズするのではないかと思った。しばらくしてドゥオーキンのコンピューターが故障した。「デレクがコンピューターを修理しに深夜行こうと言ったとき、本当に修理のつもりで来るんだと私が思ったのは、それまでの珍妙な様子からすれば当然でした[*29]」。だが彼はそのつもりではなかった。

二人のはじまりの頃、ジャネットはオックスフォードに住んでいた。オール・ソウルズから自転車で五分のセント・クレメンツ、グリーブ通りだ。だがオープン・ユニヴァーシティで教えていた。一九六九年設立のOUは、今なお、当時の労働党首相ハロルド・ウィルソンの最も長続きしている遺産である。学生は通信制で学び、多くは成人で、他大学と比較すると労働者階級が多い[*30]。本部はオックスフォードから自動車で一時間のミルトン・キーンズ〔バッキンガムシャーにある町〕の新市街にあるが、教師の仕事の大半は授業用のテキストを書くことだったから、教員スタッフは会議以外、本部に出向かずにすんだ。

＊＊＊

ジャネットの家族は当時なら「〔イングランド〕北部知識人」と呼ばれたような人たちだった。彼女の両親はリヴァプール出身で、父はオックスブリッジの卒業生で、ヨークシャーのユニテリアン派牧師になった。母は小学校教師で、デレクの母親のジェシーと同様、最後は特別支援が必要な子どもの専門家になった。それゆえジャネットもデレクと同じように宗教的な環境に育ち、また彼と同じように信仰を捨てていた。ただしデレクのように七歳ではなく、十代になってのことだ。理由は彼女の表現によれば「ユニテリアンは戦うべき地獄をもたない」[*31]からだ。

授業料がかかる学校に行くことはありえなかった。パーフィット家とは違って、どんなにやりくりしても家計からそこまでは出せなかったからだ。一家はその後ロンドンに移り、ジャネットは女子グラマー・スクールに入学する。よい学校ではあったが、生徒にオックスフォードやケンブリッジへの進学を勧めようとはまったく考えもしなかった。いずれにせよ、ジャネットの父は彼女をキール大学に行かせたがった。一九六〇年代に設立されたイギリスの新設大学でも最初の大学で、急進的ともいえる制度を採用していた。学生はキャンパス内に住み、全員が人文学と科学と社会科学の単位をとって、四年間で学士となるのである。ジャネットはここで哲学と出会い、夢中になった。

キール大学卒業後、ジャネットは海外協力隊として一年間ボルネオで働いた。そこからカナダ（のカルガリー）に移って修士号を得、イギリスに戻るとオックスフォード大学で哲学学位をとった。同じユニテリアン家族出身の、頭がよくとても素敵な青年との早すぎた最初の結婚はうまくいかなかった。その次のロンドンでのテッド・ホンデリックと一緒の数年間はみじめだった。ホンデリックは意識と自由意志と政治的暴力の理由づけを含む、哲学の雑多な分野を研究した。彼には女たらしの評判もあり、危険な雰囲気を漂わせていた。知識人の名士をゲストに招く酒飲みの夕べを主宰することでも知られていた。

パーフィットとラドクリフ・リチャーズは、音楽や建築といった趣味を共有していた。二人はむろん哲学についても話したが、お互いの仕事に深く入り込みすぎないようにと、慎重に取り決めた。二人には少なくとも一つ大きな心理的共通点があった。完璧主義である。パーフィットの完璧主義は重大任務である書物の完成を阻んだが、ラドクリフ・リチャーズの完璧主義の特徴は、複数の任務をこなすことだった。彼は彼女を「気の多い完璧主義者」と呼んだ。

二人の関係の初期、パーフィットは毎日昼をオール・ソウルズで、夜をグリーブ通りで過ごしていた。彼は四十代に、ジャネットは三十代後半になっていた。子どもと結婚という問題は生じなかった――ジャネットは世界の人口はすでに多すぎると確信していた。もし仮に当時二人が結婚したとしても、パーフィットの本質的に独りを愛する生き方にはあまり影響を及ぼさなかっただろう。実際、哲学で分析的言明の典型とされる「すべての独身者は結婚していない」の正しさを限界まで試すことになったかもしれない。

12 道徳数学

Moral Mathematics

地元のレストランに行ってみたら、そこのメニューは本来ありそうもない奇妙奇天烈な組み合わせだったと想像してほしい。ピザと寿司とバーガーとカレーとタパスの小皿だ。『理由と人格』は、そんなバイキング料理の哲学版である。この本の統一的なテーマを一つあげるとしたら、「私たちは倫理学においてもっと不偏的になるべきである。つまり自分自身や自分の家族、自分の友人に焦点をあてる程度を小さくして、共通の善に焦点をあてる程度を大きくすべきである」ということだが、それはゆるめの共通項にすぎない。どれもけっこうな分量がある四部に分かれ、しかもどのパートもそれぞれ大きく異なる本だ。にもかかわらず独創的に掘り下げられ、豊かな内容にあふれている。刺激的な議論、斬新な発想、異様な思考実験があらゆるページから飛び出してくるのだ。

「私の猫と同様、私はしばしばしたいことを単純に行う」[*1]という書き出しで序文は始まる。パーフィットがなぜこの書き出しこそ強力なつかみになると信じたのかは一目瞭然だ。この本は、「私たちには行うべき理由がある」と考えることを検討するが、そこには倫理的な理由が含まれる。人間は猫と違って行為の理由について反省できる。たとえば私は、ある行為は私に利益を与えるかもしれないが道徳的に不正であると判断できるかもしれない。猫にはそれができない（しかしある研究の言うとおりに、もし猫が本当に人間になったらきっとサイコパスだろう[*2]）。

そういうわけで、気の利いた、少々風変わりな冒頭である。唯一の欠点はこれが虚偽だということだ。パーフィットは猫を飼っていなかった。彼の人生のこの時期、猫は子どもと同じくらい気を散らす、要らない存在だったろう。指導的な道徳哲学者が道徳哲学の大著を半分嘘で始めるというのは、理想からほど遠い。

この問題提起は、メリーランド州ベセスダに住む彼の姉セオドラのもとでなされた。パーフィットは『理由と人格』を一冊プレゼントしたが、彼女は表紙を開けると言った。「でもデレク、あなたは猫を飼って**いない**じゃない！[*3]」。解決はセオドラの息子との取引によってなされている。家にいる短毛黒白ぶちの年寄り猫ダイアモンドに関する疑似契約を起草したのだ。ダイアモンドは鼻から額にあるひし形模様にちなんで名づけられた猫だ。

私、C・アレクサンダー・ウームズは、デレク・A・パーフィットが、一九七二年七月生まれの雄猫ダイアモンドの新しい所有者であることをここに宣言する。上記猫は、あなたがあなたの書物『理由と人格』の最初の行できわめて適切に示した人格の諸特徴の一部を示している。あなたの所有する猫ダイアモンドの写真をあなたに贈ることによって、あなたはあなたの住居中に目につくようにこれを飾り、かくして何者かが「あなたが猫を飼っていたとは知りませんでした?!」と尋ねた際にあなたの道徳的信頼可能性を維持するものとする。*4

この契約中で、アレックスの姉タマラがダイアモンドの保護者に指名され、パーフィットを猫の世話という重責から解放した。彼はペット獲得の代価として、将来の合衆国訪問時に必ずウームズ家を訪れることに同意したが、この条項は唯一履行されず、規定によれば彼は違約したことになる。別の条項はこうだった。「あなたは将来の著作において『私の』犬や、オウム、その他いかなる動物にも言及しないこと。［中略］その場合、われわれがあなたを道徳的懈怠から救い出すことは不可能になろう」*5。

＊＊＊

『理由と人格』の四部のうち第I部は最も難解だろう。ここはパーフィットが自己破壊的諸理論と呼ぶ話に関する部分だ。われわれ人間がみな利己的だとしてみよう。猫のダイアモンドと同様、人は自分がしたいことをしたいときにおこなったが、それにはダイアモンドよりもはるかに洗練された自己利益的行為が含まれうる。人はミルクを飲みたいときに飲むだけではない。自分の利益になれば約束を破った。自分の利益になるときには法律にも違反した。自分の利益になるなら友人を裏切りもする。われわれは自分の快楽と利益だけを追求してきた。

十七世紀イングランドの哲学者トマス・ホッブズは自己利益理論の最初の体系的な提唱者だった。彼の言うところでは、われわれ一人ひとりにとっての理性的な方針は、自分自身の利益の追求である。パーフィットは自分のヒーローであるヘンリー・シジウィックと同じように、**われわれ**の福利だけを考慮に入れる利己主義理論と**あらゆる人**を考慮に入れる帰結主義のような普遍主義理論とのあいだで、ぶつかり合う主張に衝撃を受けた。彼はわれわれがいかに行動すべきかに関するいくつかの理論——特に利己主義あるいは自己利益説（彼は簡単に「S」と呼ぶ）——が自己破壊的であるかを示そうとする。

どの理論も別々に自己破壊的でありうる。パーフィットのあげる例には自伝的な文脈もあった。ケイトという想像上の若い文筆家のケースだ。彼女はよい本を書こうとするあまり、いつまでも仕事をしつづけている。これでは幸せにならないだろうとわかっているにもかかわらず。結局彼女は過労で倒れてしまう。代わりに、もしも彼女が、自分の生をできる限り快適に過ごしたいとより強く願ったら、そこまでの過労には自分を追いやらなかっただろう。しかしそのとき彼女が自分の著述に払う関心は以前より小さいことになり、その結果、本の出来にさしたる満足を感じられず、自分の生命にもそれほどの意味を見出せなくなるだろう。パーフィット自身いつも、ほぼ排他的といえるほど哲学に捧げられた人生をどのようにして正当化できるか、自問自答していたにちがいない。

帰結主義もまた間接的に自己破壊的である、と彼は『理由と人格』で論ずる。「人は最大の幸福あるいは福利を生み出すように行動すべきである」と述べる帰結主義のバージョンである功利主義を見てみよう。もし自分の決定すべてにおいてできる限り功利主義的であろうとしたら、その結果は破滅的となるだろう——功利主義の基準から判断してすら。この世界には私の子どもよりも現在苦しんでいる子どもがいる。功利主義は、私が私自身の子を無視してこのもっと苦しんでいる子を救うように要求してきそうだ。しかしわが子に対する特別の責務を感ずることなく、わが子の福利を他人よりも優先させない世界は、みじめで貧しい世界になるだろう。それは帰結主義の基準に照らしても最善の世界ではないはずだ。これはつまり帰結主義が捨てられるべきだということを示すのだろうか？　否。示しているのは、

「帰結主義は非帰結主義的な性向――そのなかには自分の子孫との特別の絆を感ずる性向も含まれる――に賛同しそれを奨励すべきである」ということにすぎない。これらの常識的な性向は帰結主義的に正当化される。それゆえ帰結主義は**間接的**にしか自己破壊的でないのだ。

しかしパーフィットが**直接的**に自己破壊的と呼ぶ道徳理論も存在する。ある理論が直接的に自己破壊的であるのは、全員が自分の目的達成に**成功**しているのに、その結果、誰もその理論に従わなかった場合よりも、それぞれの目的が達成されにくくなる場合である。矛盾に聞こえるだろうか。パーフィットは自分の言いたいことを初歩的なゲーム理論を借りて説明する。

パーフィットが『理由と人格』を書いていた頃、ゲーム理論――単純なゲームを用いた人間行動のモデル化――は誕生してからまだ数十年しかたっておらず、道具立ては社会科学、特に経済学分野で成長しつつあった。そして当時のオール・ソウルズは優秀な経済学者を数多く擁していた。なかには哲学に関心をもつ者も数人いて、年配のノーベル経済学賞受賞者ジョン・ヒックスも、将来の受賞者アマルティア・センもいた。ジョン・ブルームとヤン・エルスターはともに客員フェローだった。ポール・シーブライトとジョン・ヴィカーズは若い期待の星だ。そんなわけでパーフィットがゲーム理論熱をいくらか受けて、哲学に統合したことは驚きではない。

その古典的なゲームが囚人のディレンマで、次のような場面を考える。二人の囚人がある犯罪で告訴されている。もし囚人Aが自白し、囚人Bが自白しなければ、Aは釈放されるが、Bは二十年の重懲役の刑を受ける。もしBが自白し、Aが自白しなければ、結果はその反対になり、Bは釈放されるが、Aは重い刑を受ける。もし二人とも自白すれば、二人とも懲役十年の刑を受ける。しかしもし両者とも自白しなければ、警察も裁判所も有罪の十分な証拠がなく、二人は五年の刑だけですむだろう。

この結果が奇妙であり重要でもある理由はこうだ。この選択肢をちょっと比較すれば、Aがどのように行動するにしても、Bにとって最善なのは自白することだ、ということがわかる。同様に、Bがどのように行動するにしても、Aにとって最善なのは自白することだ。その結果、AもBも自白することになり、それぞれ十年の刑を受けることになる。しかしもし二人がともに自白しなければ、両人にとってもっとよい結果になったはずだ。二人とも五年の刑ですんだはずなのだから。

四人のディレンマはさまざまな現実のケースに関係する。誰でもバスより自動車を使いたいかもしれないが、もし誰もが自動車にしたら、全員がバスに乗る場合よりも〔自動車だらけになって〕状況が悪くなるかもしれない。経済学者はこのゲームを用いて、OPECのようなカルテルがなぜあれほど不安定なのかを説明する。もし石油生産業者たちが協力しあって供給を制限すれば、石油の価格を押し上げて利益を得られるが、その一方で、彼らには自分の割当量よりも石油を（こっそり）多く売ろうとする動機も生じる。もし全部の業者がこの戦略に従えば、石油価格は下落し、生産業者全員で損をすることになる。

四人のディレンマのケースは自己利益説が**直接的**に自己破壊的になりうることを示す、とパーフィットは主張する。もし全員が自分にとっては最善なことをうまく達成したら、めぐりめぐって皆にとって一層悪くなる。いろいろな調整問題も、ある行為を強制する独裁者が存在すれば解決することがあるかもしれない。これはホッブズ的な解決策だ。ホッブズは、もしわれわれが社会も政府も存在しない自然状態において行動したならば、生活は「孤独で、貧しく、不潔で、野獣のようで、短い」[*6]はずだとしていた。必要とされるのは、協力的な取引を強制する強力な個人あるいは団体だというのだ。だがそこまで恐ろしげではない解決策もある。個々人がある程度の基本的な品位と公正さをもって協力すればよい。

もし漁業資源が限られているならば、トロール漁業者はそれぞれ、自分だけができるだけ多くの魚を獲るのがよいかもしれないが、もし誰もがそうしたら、各人にとってさらに悪い結果になるだろう。もし私たちが全員で、他人の福利を気にかけ、そしてたとえば自分の分け前以上を取らなければ、自分たちにとっても、またほかの人たちにとっても、より善い結果になるだろう。

パーフィットの考えでは、自己利益説に内在する矛盾と非一貫性は、いかに行為すべきかに関するほかの理論の場合よりも根本的である。しかし彼がくり出す多様な例の結論は、帰結主義と常識道徳と自己利益説とを相互に近づけるよう促すものだ。言い換えれば、仮に私が利己主義者で、私は私の自己利益を追求することが、あなたはあなたの自己利益を追求することが、それぞれ合理的であると信じているとしても、私はやはり私たち全員に他人を気にかける性向があることを選り好むべきなのである。なぜならその方が、誰もそうでないよりも私にとってよいからだ。

＊＊＊

四人のディレンマは二人だけの「ゲーム」だが、私たちが向き合う道徳的ディレンマには大抵たくさんの人が登場する。パーフィットは彼が道徳数学と呼ぶものについて、面倒なパズルを持ち出す。彼の野望は、私たちが何をおこなうべきかについて、あらゆるケースをカバーする一般理論を生み出すことである。

一つの結論は、「自分の行為は、それだけでなしとげられることに照らしてではなく、他人の行為を前提としてなしとげられることに照らして考えるべきである」というものだ。たとえば、百人の生命が危険にさらされているとしてみよう。「この人々は、もし私と他の三人が救助隊に加われば救うことができる。この救助隊に加われるのはわれわれ四人しかいない。われわれのうち一人でも加わらないと、百人全員が死んでしまう。もし私が加わらなければ、私は別のところに行って、一人で別の五十人の生命を救うことができる」[*7]。パーフィットの考えでは、この場合、私が救助隊に加わるべきなのは明らかである。救助隊がする貢献のうち私の「シェア」が、私が単独で助けられる五十人に比べて二十五人と少ないとしてもそうだ。われわれはその人たち全体に最も利益を与えるように行動すべきである、とパーフィットは主張する。

しかし行為の一般原理がカバーしなければならない微妙な問題はほかにもある。たとえば「多元的決定」ケースの解決だ。「Xは私をだまして毒を飲ませる。この毒は数分後に苦しい死をもたらす。この毒が効果をあらわす前に、Yは私を苦痛なしに殺す」[*8]としてみよう。YはXのことを知らない。Xの行為がある以上、Yは私を〔実質的には〕害していないかもしれないが、受け入れられそうなどんな原理でも、Yは道徳的に有責だと判断するのではないか?

それから、気がつかないほど小さな影響しか与えない行為もある。かなり卑近なレベルで言えば、「芝生の上を通行禁止」というオール・ソウルズの標識は、中庭の芝生を守るために存在しているのかもしれない。しかしもし私だけがこの禁止を無視するのなら、芝生は少なくとも見た目に全然変わりがないだろう。「決定」にはこれと似た構造がつきまとう。私は自分の家で省エネ対策をしようがしまいが環境には関係しないと決め込んでいるかもしれない。家の明かりを消さないからといって、地球温暖化はいくらも加速したりはしないだろう。

しかしその推論には欠点がある、とパーフィットは論ずる。彼の「無害な拷問者たち」の例を考えてみよう。彼らは本書の第7章で触れたベイクトビーンズ泥棒と似ている。千人の拷問者に千人の犠牲者がいる。毎日、朝から犠牲者たちは皆すでに軽い苦痛を感じている。拷問者たちはそれぞれある器具のスイッチを千回押す。スイッチを一回押すたびに、犠牲者の苦痛は気づかれない程度に影響を受ける。しかし個々の拷問者がスイッチを千回押せば、拷問者は千回目には一人の犠牲者に激痛を与えることになる[*9]。

拷問者の全員が不正に行動したということに反対する人はほとんどいないはずだ。たとえスイッチを一回押すという個々の行為一つは、気づかれない程度の違いしかもたらさないとしても。私たちは「拷問者それぞれが不正に行動したことになるのは、各人の行為を合わせるとそれぞれの犠牲者に激痛を与えることになるからである」と言いたくなりそうだ。そこで今度はこう想像してみよう。千人の拷問者がそれぞれボタンを押す。すると千個の器具のスイッチが一回だけ点く。犠牲者たちは最後には同じ激痛を受ける。しかし拷問者たちの誰一人として、いかなる犠牲者の苦痛も、気づかれるほどには悪化させていない[*10]。

もしわれわれが、気づかれない害悪などはありえないと主張しつづけるなら、「無害な拷問者たち」は誰一人として何も害していないことになるが、これはもちろん馬鹿げている。パーフィットはこうした例を用いて、気づかれない害悪と利益が**ありうる**と示唆する。たとえ行為の不正さが感じられなくても、不正に行動するということはありうるのだ。汚染全体への寄与が無視できるほど、あるいは感じられないほどだとしても、汚染することは不正である。これは明らかに重要な結論だ。

＊＊＊

『理由と人格』の第Ⅱ部は私たちの行為理由——パーフィットを生涯にわたって悩ませた論点——についてである。彼は三つのアプローチを区別する。「P〔現在目的説〕」は「私たちには自分の現在の目的と欲求を満たすことを行う理由だけがある」という理論である。今望むことが、私が行うべき最大の理由である、というのだ。次が「道徳」で、これは「自分の行為が全体として影響を与えるあらゆる人にとっての最善になることを行うべき理由が私にはある」という見解である。そして「S〔自己利益説〕」があり、「私にとって全体として最善であること（今の私だけにとって最善であることではなく、全体として考えられた私の生涯にとって最善であること）を行うべき理由がある」という理論である。議論は複雑だが、パーフィットが示すのは、Sははさみ撃ちに遭ってしまい、Pに対して自らを守ろうとすれば、道徳に対して敗北するようにしかならない、ということである。

第Ⅱ部はまたパーフィットが時間を論ずる部分でもある。私たちは明日と同じくらい昨日を気にかけるべきだろうか？　いくつかの巧妙な思考実験を通して、パーフィットは時間に対する人間の態度が非理性的であると示す。あなたが病院に入院しているとしよう。とても苦痛である手術とそれほど痛くない手術があって、成功する確率が同じだとしたら、当然痛くない手術を選ぶだろう。しかし手術の時期が別々だとしたらどうだろうか？

私はある種の手術を受けるためにある病院に入院している。この種の手術は完全に安全で、常に成功している。私はこのことを知っているから、結果について恐れを抱いていない。その手術は短いかもしれないし、あるいは長時間かかるかもしれない。私は外科医と協力しなければならないから、麻酔を受けられない。私はこの手術を前に一度受けたことがあって、それがどれだけ痛いかを覚えている。現在の新しいポリシーの下では、その手術は大変痛いので、患者は後でそれを忘れるようにさせられる。患者の最新の数時間の記憶を消去する薬があるのである。

私は今目覚めたばかりである。私は眠りについたことを思い出せない。私は私の看護婦に、私の手術がいつなのか、またそれがどれだけ長くかかるのかは決まったかと尋ねる。彼女は、自分は私と別の患者の両方についての事実を知っているが、どちらの事実が誰にあてはまるのか思い出せないと言う。彼女が私に真実だと言えることは次のことだけである。私はきのう手術をした患者かもしれない。その場合、私の手術はこれまでになかったほど長くて、十時間かかった。あるいは私はきょうこれから短い手術を受けることになっている患者かもしれない。私は十時間苦しんだか、あるいはこれから一時間苦しむことになっているかのいずれかである。

私は看護婦に、どちらが真なのかを確かめてくれるように頼む。彼女がいなくなっている間、私がどちらが真であることを望んでいるかは私には明らかである。もし前者が真であると知ったならば、私は大いにほっとするだろう。[*11]

パーフィットは未来の苦痛を拒否するバイアスが正当化されるか否かを問う。そこでタイムレスという人物を設定する。タイムレスは、苦痛が未来に来ると知ったときと同じくらい、苦痛が過去にあったと思い出すと苦しむのだ。タイムレスは私たちとはまったく異質のように思われるが、パーフィットは人はもっとタイムレスのようになるべきだと論ずる。われわれは過去の快楽と苦痛以上に未来の快楽と苦痛によって動機づけられるべきではない、というのである。実際、ある点ではタイムレスのようであることが人間の直観をいくつか正当化している。たとえばパーフィットは、自分が追放されていて、未亡人である自分の母を残してきたと想像する。彼女は死病に冒されているが、知らせはごく稀にしか届かない。

今私は新しいことを知らされた。母親の病気は非常に痛いものになって、それは薬物でも緩和できないのである。次の数か月、彼女は死ぬまでに恐ろしい試練に直面することだろう。彼女がもうすぐ死ぬことを私は前から知っていた。しかし私は彼女が耐えなければならない苦しみのことを知って深く悲しんでいる。一日後、私は部分的に間違った情報を受け取っていたことを教えられる。事実は正確だったが、タイミングが違っていた。母親は何か月にもわたる苦しみの末、もう死んでいたのである〔『理由と人格』邦訳二五六ページ〕。

もし過去の苦痛がほとんど重要でないとしたら、パーフィットはほっとすべきである。しかしほとんどの人はそうは感じないだろう。タイムレスのように、自分の母親が苦しんで死んだことを知るとひどく悲しむはずだ。母親の苦痛はもう終わっているにもかかわらず。パーフィットはこのことを『理由と人格』で立証しようとしてはいないが、たとえば昨日と今日という意味における「時制（tense）」は世界の構造の一部ではないとして、時間の経過を幻想だと考える傾向があった。苦痛は苦痛であって、今日の観点から見て過去に起こったか未来に起こるかはわれわれにとって重要でないはずだ、というのである。

＊　＊　＊

『理由と人格』の第Ⅲ部は人格の同一性を扱っているが、その内容は、有名な一九七一年論文に関する第9章の議論ですでに素描した。そこで次に「未来の人びと」に関する第Ⅳ部に移ろう。

未来の人びととは、将来存在するがまだ受胎されていない人たちのことだ。われわれは未来の人びとに対してなにがしかの考えを強くもっている。多くの人は気候変動が将来世代に及ぼす影響を憂慮している。また資源の枯渇も心配している。生物多様性を懸念している。こうした不安材料は人口過剰への配慮と結びつきもするが、われわれはほかにもまたバイオテロリズムや核戦争の危険、何千万人もの人の死滅も憂慮している。

未来の人びとに対するわれわれの配慮の性質はいかなるものであるべきか？　彼らに対するわれわれの義務は何か？　彼らがまだ生まれていないということは重要だろうか？　幸福な生活である――あるいは少なくとも無よりはよい――限り、われわれはできるだけたくさんの人を生み出そうとすべきだろうか？　パーフィット以前に人口倫理に関する哲学的文献は乏しく、まだ存在する可能性でしかない人たちに関する文献は特に少なかった。パーフィットは道徳哲学のサブジャンルをかたちづくり、雑誌論文界隈に小さな「産業」を生み出したのである。

彼の基本的な出発点を説明しよう。ある生命がわが家から一マイル離れたところで害されるか千マイル離れたところで害されるかに違いがないのと同じように、現在の生命を害するのも未来の生命を害するのも同じように悪いことである。もし私が割れたグラスを森の茂みに放っておいて、子どもが百年後にそれを踏みつけてしまうとしたら、その子どもが今はまだ生まれていないということが何の相違をもたらすだろうか？

しかしはるかに難しい難問がある。一つはこうだ。

十四歳の少女を想像してみよう。彼女をアンジェラと呼ぶことにしよう。彼女は子どもを持つことを決意した。彼女は大変若いから、その子ども（ビルと呼ぶことにしよう）は人生の悪いスタートを切ることになるが、それでもその生は生きるに値するものだろう。しかしもしアンジェラがあと数年待てば、彼女は別の子どもを持っただろう。その子は人生のもっとよいスタートを切るだろう。[*12]

ほとんどの人が、アンジェラは数年間待った方がよいとするだろう。しかしパーフィットはこのケースの興味深い特徴を指摘する。子どもを持とうというアンジェラの悪い決意は誰の状態も悪化させていない。もし彼女が子どもを持つのを先送りしたとしても、ビルの状態がよりよくはなっていなかった。なぜならそのときビルは生まれなかったからだ。彼ではなく別の子どもが生まれていたことになるのである。なんと奇妙なことか。ある行為が誰にも害を与えないのに不正なものであるということがありうるだろうか？

哲学は古くからの学問であり、どの問題も古くからある。そうした最も難しい問題のほとんどは、何千年とは言わないまでも何百年も前から存在してきた。われわれは知識をもてるか？　われわれは自由意志をもっているか？　私を時間を通じて同一人物たらしめるものは何か？　われわれは意識をどのようにして理解すべきで、心と物質の結びつきはどうなのか？　美とは何か？　真理とは何か？　稀有な精神の持ち主が難問に取り組んできたが、進歩は遅々として、かつ困難であることがわかってきた。**新しい**問題はもうほとんど存在しない。

パーフィットの最も重要な業績は、「非同一性問題」という新しい問題を同定したことだった。彼がそれを見つけ、彼のいつもの厳格さでその含意を抽出して以来、道徳の核心的な諸側面を二度と同じように見ることはできなくなった。それだけではなく、それまで誰も気づいていなかったのが不思議なくらい、明白な難問だと思われた。

道徳哲学における根本的な前提は常に「利益と危害に関する道徳の領域では、ある行為が不正でありうるのは、それがある人にとって**一層悪い**、あるいは**全体として**悪い、というような誰かが存在する場合だけである」というものだった。パーフィットが示したのは、「誰にとっても一層悪くないとしても――それどころか、影響を与えるすべての人にとって全体としてよいとしてさえも――不正であると思われる行為がたくさん存在する」ということだ。これらの行為は、それらがなされなかったら決して存在しなかった人びとの生に悪い効果をもたらす行為である。

イマヌエル・カントもジェレミー・ベンサムも、デイヴィッド・ヒュームを読んで受けた劇的な衝撃を書き残している。カントはヒュームで「独断のまどろみ」から目覚めたという。[*13] ベンサムはヒュームが彼の目から「うろこを落とした」と書いた。[*14] 未来の人びとに関するパーフィットの文章も、一部の哲学者に同じような衝撃をもたらした。ジェフ・マクマハンによれば、未来の人びとをめぐるパーフィットの仕事は今日の道徳哲学者にとってヒューム体験に比肩する啓示だった。「多くの行為が不正である理由についてわれわれが安易に受け入れていた説明が本当は間違っていたということを明らかにしました。かくして別の説明をわれわれに強いたのですが、どういう説明も、常識的な道徳的信念と根本的に衝突する結末を迎えるように思われるのです。その効果は革命的でした[*15]」。

「非同一性問題」の重要性は仮定の道徳的思考実験だけに留まらない。実際、私たちの行為と決定に関係してくる。私たちは一人ひとり、特定の精子と卵子の結合の産物である。読者よ、あなたが今ここにいるのはきわめて幸運なことなのだ。もし誰かが絶妙なタイミングであなたの親に電話をかけていたら、あるいはあなたの兄か姉がミルクをほしがって泣き出したら、あるいは交通ストライキでお母さんかお父さんの帰宅が遅くなったら、あるいはその晩見たいテレビ番組があったら、あなたは存在しなかったかもしれない。誰か別の人が代わりにここにいたかもしれない。[*16]

さて、二つの環境政策を想像してみよう。「共同体として、われわれはある種の資源を枯渇させるか保存するかを決めなければならない。もしわれわれが〈枯渇〉を選ぶならば、次の三世紀間の生の質は、われわれが〈保存〉を選んだ場合よりも少し高いだろう。しかしそれ以降の生の質は、何世紀にもわたって、〈保存〉を選んだ場合よりもずっと低くなるだろう」[*17]。われわれの選択は誰が生まれてくるかに影響を与えるし、三世紀後には、別の政策をとったら生まれたであろう人は誰も生きていないだろうと想定できる、とパーフィットは強調する。このケースがわかりにくければ、もし鉄道や自動車が発明されなかったとしてもわれわれはやはりここにいるだろうかと自問してみるとよい、とパーフィットは言う。

非同一性問題は多くの問題にもほかの含意を有する。パーフィットはそれをもっぱら未来に向けてだけ使うが、過去への態度をいかに奇妙なものにしうるかも見て取ることができる。アドルフ・ヒトラーは何千万人もの生をひどく悪くした——しかし本書の筆者の生は悪くしていない。難民の子である私は、たしかにアドルフ・ヒトラーがいたからこそ生を享けたのだ。ヒトラーが世界に及ぼした破滅的混乱を考えてみると、同じことがおそらく読者の大部分にとって言えるだろう。私はこの怪物が権力の座につき破壊をもたらしたことを嘆くべきだろうか? さまざまな過去の不正の修復にとって明らかな問題が存在する。不正の修復を支持する哲学者たちも気づいているように、奴隷の子孫たちは過去の奴隷制のゆえに状態が悪くなっているのではない。彼らはまさにその奴隷制のゆえに存在しているという意味において。

だが未来に戻ろう〔バック・トゥ・ザ・フューチャー〕。パーフィットは同一性の問題は相違をもたらさないと論ずる。医療に関する巧妙な事例をとってみよう。*18

JとKという二つの珍しい状態があって、それらは特別のテストをしないと見つけ出すことができない。もし妊娠した女性が〈状態J〉にあると、その結果として、彼女が生む子供はあるハンディキャップを持つだろう。簡単な治療がこの結果を予防する。もし女性が子供を受胎するときに〈状態K〉にあると、その結果として、この子供はそれと同一のハンディキャップを持つだろう。〈状態K〉は治療できないが、二か月の内には常に消滅する。次に、われわれが二つの医療プログラムを計画したが、その片方の分の資金しかなくて、他方は取りやめねばならないとしてみよう。第一のプログラムでは、数百万人の女性が妊娠中にテストを受ける。〈状態J〉にあることがわかった人は治療される。第二のプログラムでは、数百万人の女性が、妊娠しようと意図するときにテストを受ける。〈状態K〉にあることがわかった人は、少なくとも二か月の間受胎を延ばすように警告される。その後ならばこの治療できない状態は消滅するのである。最後に、われわれはこの二つのプログラムが同じくらい多くのケースにおいて成功するだろうと予言できるとしてみよう。もし〈妊娠中テスティング〉があれば、毎年一千人の子供が、ハンディキャップを持たずに正常に生まれてくるだろう。もし〈受胎前テスティング〉があれば、毎年一千人のハンディキャップを持った子供の代わりに一千人の正常な子供が生まれてくるだろう。

パーフィットは、この二つのプログラムのあいだに違いを見出すべきではないと信じている。こうした事例を経て、次の結論に至った。もし二つの結果XとYにおいて同じ人数の人が生きているとしたら、われわれは生活の質が高い方の結果を選ぶべきである。ある人にとっては悪いというような、**特定の人**が存在するかどうかは相違をもたらさない。

＊＊＊

パーフィットが解決しようとした面倒な論点は、元来ジャン・ナーヴソン〔カナダの哲学者〕が提起したものだ。ある女性が子どもを産めば、その子は苦痛に満ちた数年の命だと、彼女は知っている。この子どもを産むことは、（全面的にではないにせよ）部分的にはその子にとって悪いという理由で不正だと思われる、とナーヴソンは言う。ここから、ほかの事情が等しければ、私たちには生きるに値する生をもつ子どもを作る——存在させる——べき理由があるという結論が出てくるだろうか？ これは反直観的だと思われる。むろん、ひとたび子どもが生まれれば、彼らの生ができる限りよくなることを望むべきだ。また私たちは、親が子どもを作るべき、あるいは作るべきでない、さまざまな理由がありうるとも考えている。しかし子どもを存在させることによって子どもに利益を与えるというのは、そのような理由には入っていないし、地球上にもう一つ幸福な生をもたらすというのもそうではない。

この「非対称性問題」——パーフィットが言う「みじめな子ども」と「幸福な子ども」のあいだにある非対称性——を説明するのは容易でない。そして同時に、あらゆる問題のなかで最も解決困難な問題にわれわれをひきずりこむ。理想的な人口はどれくらいか？ もし一人の幸福な生が存在する未来と、一人の不幸あるいはそれほど幸福でない生が存在する未来とで選択するならば、われわれは前者を選ぶべきだ。パーフィットは「同じ人数の問題」と呼んでいる。これはやさしい。しかし人数が違えば比較はとてつもなく面倒である。

ある国にとって、あるいはある星にとって、最善の人口は何人か？　私たちは全体量としての最大幸福を目指すべきか、それとも幸福の平均値の最大化を目指すべきか？　人口五十億人で各人の生の質が高い世界と、人口二百五十億人で生の質がずっと低い世界を比較してみよう。ほとんどの人が前者の世界を選ぶだろう。本能的に、このケースでは平均的な幸福が重要である、つまり量より質だ、と考える。しかし非同一性問題のパーフィット的解決は、人が幸福である限り、少ない人口の世界よりもたくさんの人が生きている世界の方が望ましいということになるように思われる。結局のところ、もし私たちに、状態の悪い一人よりもましな状態の一人を存在させるべき理由があるのだとしたら、誰も存在しないよりも、ましな状態の一人を存在させるべき理由があるはずではないか？

パーフィットは「単純追加パラドックス」として知られる、独創的で難解な議論も生み出した。平均値を支持する議論を斥け、彼の言う「いとわしい結論」に一見否応なしに至る道をたどっていく議論である。Aの人たちが存在するとしよう（図1〔邦訳五六九ページ〕参照）。Aの高さは個々人の生の質を表現し、幅は人口数を表現している。Aの誰もが100の福利あるいは生活の質をもっているとしてみよう。さて、A＋には第二の棒で表現される別の人たちがいて、彼らの生の質は生きるには値して無よりも上だが、Aの人ほどはよくないとしてみよう。たとえば彼らの福利や生活の質は50のレベルである。それでもA＋がAよりも悪い状態であるということはありえない、とパーフィットは主張する。A＋がAと違うのは、何人かの生きるに値する人たちが追加されたにすぎないからである。

念のため平均原理に立ち戻ってみよう。A＋の幸福平均値はAよりも低い。だからといって平均原理をとることはできない。「たった一組のきわめて幸福なカップルしかいない世界の方が、同じくらい幸福な十億組のカップルに加えて、満足しているがいささか気難しい人物がいる世界よりもよい」という

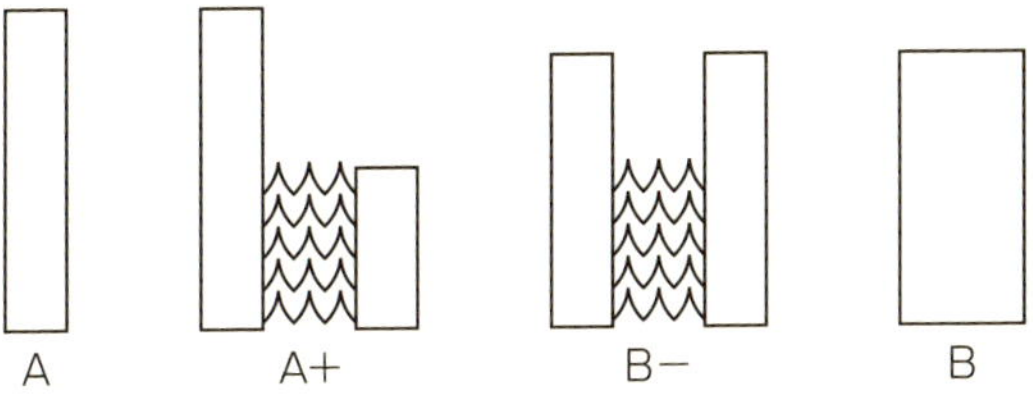

図1　パーフィットの単純追加パラドックス

結論に至ってしまうからだ。

次にA＋とB－を比較しよう。後者では誰もが100ではなく98の福利レベルにある。これはA＋よりもはるかに優れているように見える。なぜなら幸福の総量が一層大きく、そしてさらに平等だからだ。次にBを考えてみよう。たんにB－のグループ二つが一つに合体した状態にすぎない。

パーフィットは、AはA＋よりもよくはなく、またA＋はB－よりも悪いということを示したように思われる。その結果、AはBよりも悪いに違いないということになる。しかし同じように推論していくと〔ほんの少しずつ福利レベルが低い〕C、D、Eに、そしてついにはZにまで至るが、そこでは生活の質がゼロよりはほんの少しだけよいような膨大な数の人たちがいることになる。パーフィットにとって、いとわしい結論である。

パーフィットは「いとわしい結論」を次のように表現する。「極めて高い生の質を持っている、少なくとも百億人のいかなる可能な人口についても、次のような、何らかのずっと多数の人口が必ず想像できる。その人口の存在は、もし他のことが等しいならば、そのメンバーがかつかつに生きるに値する生を送っているとしてさえも、よりよいことである」[*19]。パーフィットがこの結論にこの名称を与えたということは、採用しがたいと考えているからだが、彼自身もほかの哲学者も、彼をここにまで導いた論理が反駁しがたいと認めてきた。

歴史的な注釈を加えると、以前もある哲学者が似た問題を見つけ出して、その結論をやはり「いとわしい」と述べたということは興味深い。二十世紀前半にケンブリッジの学者ジョン・マクタガートは、二つの異なる人口ではなく、二つの単一の生を対比させた。想定した片方の生は「知識、美徳、愛情、快楽、意識の強度において混じりけなくよい」のだが、他方の生は「ほとんど意識をもたず、苦痛よりも快楽の方がほんのわずかに上回っているにすぎず、美徳と愛情をもつことができない。その生存の各時間における価値は、きわめて小さいとはいえ、よいものであって悪くはない。そしてその価値が前者の生の価値よりも大きくなるような有限の時間の長さがあるだろう〔中略〕。この結論は、私の信ずるところでは、ある道徳家たちにはいとわしいものだろう」[*20]。

パーフィットはこの文章に出くわしていただろうか？　道徳哲学の文献を広く読んでいたから、ありうる。「いとわしい（repugnant）」という言葉もマクタガートから無意識に影響されたのかもしれないが、パーフィットはどこにもマクタガートの名をあげていない。パーフィットと違って、マクタガートはこの論理を受け入れた。短い、質の高い生の方が、ずっと長い、ずっと質の低い生よりも選ばれるべきだと想定する際にわれわれは間違っているにちがいない、と彼は信じていた。「私はこのケースがいとわしいという判断が正当なものであると考えるべき理由を見出すことができない」[*21]。

＊　＊　＊

パーフィットは、いとわしい結論に大変苦しめられた。そこで必死になって「X理論」を探した。「非同一性問題」を解決するとともに「いとわしい結論」を避ける理論であり、人口倫理に関する私たちの衝突する直観を全部どうにかして折り合わせられる理論である。X理論はたしかに存在するにちがいない、と彼は疑わなかった。数十年間探し求め、死ぬときもまだ探求中だった。

注

はじめに　重要なこと

*1　『タイムズ』二〇一七年一月四日付。

1　メイド・イン・チャイナ

*1　聖公会宣教協会アーカイブ（Church Mission Society archive）より、A・H・ブラウンの訃報。
*2　聖公会宣教協会アーカイブより、エレン・ブラウンの記述。
*3　ジェシー・パーフィットの未刊行回想録。
*4　聖公会宣教協会アーカイブ。
*5　ジェシー・パーフィットがジョアンナ・パーフィット宛に書いた未刊行回想録。
*6　同上。
*7　『デイリーミラー』一九三四年七月十二日付。
*8　同上。
*9　聖公会宣教協会アーカイブより、『成都新聞』掲載記事。
*10　https://www.youtube.com/watch?v=pQUc1ZZfSA8, accessed 18 May 2022.
*11　パーフィット夫妻の未刊行回想録（'China—There and Back 1935–1945' より）。
*12　同上。
*13　ジェシー・パーフィットの未刊行回想録。
*14　同上。
*15　パーフィット夫妻の未刊行回想録。
*16　同上。
*17　同上。
*18　同上。

2　人生の予行演習

*1　筆者によるジョアンナ・ヴァン・ヘイニンゲンへのインタビュー。
*2　Parfit (2011) (c).
*3　アニー・アルトシュル、一九八八年六月二十五日のジェシー・パーフィット追悼式において。パーフィット個人所有。
*4　マイケル・プレスティッチから筆者へのeメール。
*5　これらのあだ名（とその他たくさん！）を提供してくれたことについてスティーヴン・ジェセルに感謝する。
*6　ビル・ニモ・スミス、二〇一七年六月三日のオックスフォード、パーフィット追悼講演会において。
*7　同上。

*8 『ドラコニアン』一九五一年イースター号。

*9 『ドラコニアン』一九五四年夏号。

*10 『ドラコニアン』一九五一年クリスマス号。

*11 『ドラコニアン』一九五五年夏号。

*12 『ドラコニアン』一九五六年夏号。

*13 ノーマンの父だったジョセフ・T・パーフィットで、一九五三年七月二十一日死去。

*14 一九五三年七月二十三日付、パーフィットの日記。

*15 このバス停留所はグロスター・グリーンという。

*16 一九五三年七月二十三日付、パーフィットの日記。

*17 一九五三年七月二十八日付、パーフィットの日記。

*18 一九五三年八月二十一日付、パーフィットの日記。

*19 同上。

*20 一九五三年八月二十三日付、パーフィットの日記。

*21 一九五四年七月二十五日付、パーフィットの日記。

*22 一九五四年七月二十三日付、パーフィットの日記。

*23 一九五四年八月二日付、パーフィットの日記。

*24 一九五四年八月七日付、パーフィットの日記。

*25 一九五四年八月十七日付、パーフィットの日記。

*26 筆者によるティム・ハントへのインタビュー。

*27 『ドラコニアン』一九五六年イースター号。

*28 Parfit (2011) (c).

*29 『ドラコニアン』一九五六年夏号。

*30 筆者によるインタビューにおけるビル・ニモ・スミスの回想。

3 イートンの巨人

*1 エドワード・モーティマー、二〇一七年六月三日オックスフォード、パーフィット追悼講演会において。

*2 Sam Leith, 'The Social Politics of Eton', *The Spectator*, 6 July 2019.

*3 James Wood, 'These Etonians', *London Review of Books*, 4 July 2019.

*4 筆者によるアダム・リドレーへのインタビュー。

*5 同上。

*6 エドワード・モーティマー、未刊行回想録。

*7 筆者によるアダム・リドレーへのインタビュー。

*8 筆者によるアンソニー・チーサムへのインタビュー。

*9 学校の最後の二年間で、その間スコットランドを除くイギリスの生徒はAレベル（上級レベル）の試験の準備をする。

*10 筆者へのeメールにおけるスティーヴン・ジェセルの回想。

*11 『イートン・クロニクル』一九六〇年三二三四号。

*12 同上。

*13 『イートン・クロニクル』一九五九年三二〇一号。

*14 『イートン・クロニクル』一九五九年三二〇五号。
*15 『イートン・クロニクル』一九六〇年三二三四号。
*16 『イートン・クロニクル』一九六〇年三二三四号。
*17 『イートン・クロニクル』一九六〇年三二四一号。
*18 『イートン・クロニクル』一九六〇年三二四六号。
*19 同上。
*20 イギリスの教育における「パブリックスクール」とは、学費を支払う私立学校のなかの選ばれたグループである。
*21 『イートン・クロニクル』一九六一年三二五二号。
*22 Oレベル試験は一九八六年にDSCE（中等教育修了一般資格）試験に取って代わられた。
*23 Parfit (2011) (c).
*24 パーフィットのトレヴェリアン賞エッセイへの手書きメモ。パーフィット個人所有。
*25 同上、一―二頁。
*26 同上、四頁。
*27 「ブルー」はオックスフォード対ケンブリッジ戦の参加者に授与される。
*28 筆者によるインタビューにおけるエドワード・モーティマーの回想。
*29 Balliol College Historic Collections, Derek Parfit dossier.
*30 一九五九年十月十一日付、パーフィットよりジョアンナ宛書簡。
*31 同上。
*32 一九六〇年二月十四日付、パーフィットよりジョアンナ宛書簡。
*33 フルシチョフはロレンゾ・スムロングを「馬鹿、間抜け、おべっか使い」と呼んだ。このソビエト指導者が自分の靴で演壇を叩いたかどうかについては説が分かれる。
*34 一九六〇年（推定）十月十二日付、パーフィットよりジョアンナ宛書簡。
*35 二〇一七年六月三日、オックスフォード、パーフィット追悼講演会において、エドワード・モーティマーが語った逸話。
*36 一九六一年二月九日付、パーフィットよりジョアンナ宛書簡。
*37 Parfit (2011) (c).
*38 ジョージア・ロビンソンより筆者へのeメール。

4 ヒストリー・ボーイ

*1 Parfit (2011) (c).
*2 MacFarquhar (2011).
*3 Patten (2017), p. 55.

＊4　Forsyth (1989), p. 59.
＊5　Patten (2017), p. 53.
＊6　Cobb (1985), p. 18.
＊7　Stonier and Hague (1964).
＊8　Parfit (2011) (c).
＊9　Ibid.
＊10　ギャレス・ステッドマン・ジョーンズから筆者へのeメール。
＊11　この情報はJonathan Glover, in McMahan (forthcoming) による。
＊12　この会合の開催日は一九六三年二月二十七日。
＊13　一九六三年二月二十七日、オックスフォード大学、ボードリアン図書館にて。Dep. e. 335, ff. 61-62.
＊14　同上。
＊15　このエピソードの日付を正確に特定するのは不可能だが、おそらく一九六四年だろう。筆者によるインタビューにおけるエイトケンの回想。
＊16　ジョナサン・エイトケンから筆者へのeメール。

5　オックスフォード文芸録

＊1　Rowbotham (2000), pp. 45-46.
＊2　『アイシス』一九六一年十一月二十九日号。その後スキデルスキーは経済史家になり、ジョン・メイナード・ケインズの伝記を書き、上院議員になった。
＊3　『アイシス』一九六二年五月九日号。
＊4　『アイシス』一九六二年五月二十三日号。
＊5　『アイシス』一九六二年五月三十日号。
＊6　Parfit (2011) (c).
＊7　パーフィット、一九六〇年トレヴェリアン賞エッセイ。
＊8　『アイシス』一九六三年三月十三日号。
＊9　『アイシス』一九六二年十月十七日号。
＊10　ウォーリー・カウフマン、『アイシス』一九六二年十一月十八日号。
＊11　『アイシス』一九六二年十一月二十八日号。
＊12　『アイシス』一九六三年三月六日号。
＊13　一九五七年生まれでケンブリッジ大学を出た同名人物〔有名な俳優・文筆家〕とは別人。
＊14　『アイシス』一九六三年五月一日号。
＊15　『アイシス』一九六三年六月十九日号。
＊16　パーフィットよりジョアンナ・パーフィット宛書簡、日付なし。パーフィット個人所有。
＊17　同上。
＊18　筆者によるメアリ・クレメイへのインタビュー。
＊19　同上。
＊20　一九六二年十二月付、パーフィットよりメアリ・ク

レメイ宛書簡。パーフィット個人所有。
＊21　パーフィットよりメアリ・クレメイ宛書簡、日付なし。パーフィット個人所有。
＊22　同上。
＊23　メアリ・クレメイよりパーフィット宛書簡、日付なし。パーフィット個人所有。
＊24　メアリ・クレメイよりパーフィット宛書簡、日付なし。パーフィット個人所有。
＊25　メアリ・クレメイよりパーフィット宛書簡、日付なし。パーフィット個人所有。
＊26　一九六四年、パーフィットよりメアリ・クレメイ宛書簡。パーフィット個人所有。
＊27　スティーヴン・フライ、『アイシス』一九六三年五月二十八日号。
＊28　パーフィットよりキャロライン・クラッククラフト宛書簡。筆者へのeメール中での回想。
＊29　スティーヴン・フライ、『アイシス』一九六三年五月二十八日号。
＊30　同上。
＊31　筆者によるロビン・ブリッグズへのインタビュー。
＊32　アンソニー・チーサムから筆者へのeメール。
＊33　Cheetham and Parfit（1964）, p. 11.
＊34　'The Fish', in ibid., pp. 182–83.
＊35　Cheetham and Parfit（1964）, p. 100.
＊36　Ibid.
＊37　Cheetham and Parfit（1964）, p. 101.
＊38　Ibid.
＊39　筆者によるアンソニー・チーサムへのインタビュー。
＊40　ベイリオル・コレッジ・歴史コレクション、デレク・パーフィット関係書類。一九六三年十月十四日付、学長宛書簡。
＊41　同上。
＊42　コモンウェルス財団文書館、ロックフェラー・アーカイヴ・センター所蔵。
＊43　同上。
＊44　同上。
＊45　同上。
＊46　同上。
＊47　同上。
＊48　同上。
＊49　ジョン・B・フォックス・ジュニア、一九六四年五月八日付、コモンウェルス財団文書館。
＊50　パーフィット、一九六四年五月十一日付、コモンウェルス財団文書館。
＊51　コモンウェルス財団文書館。
＊52　同上。

*53 筆者によるインタビューにおけるデイドル・ウィルソンの回想。
*54 ロビン・ブリッグズから筆者へのeメール。
*55 エドワード・モーティマー、二〇一七年六月三日オックスフォード、パーフィット追悼講演会において。パーフィットの試験から約二十年後、トレヴァー＝ローパーは偽造されたヒトラーの日記を本物だと鑑定した。彼が自分で信じていたほど傑出した歴史家ではなかったことの証拠かもしれない。
*56 ヒュー・トレヴァー＝ローパー、『サンデー・タイムズ』一九六四年八月二日付。
*57 著者によるロビン・ブリッグズへのインタビュー。
*58 Heald (2011), p. 101.
*59 コモンウェルス財団文書館。
*60 メアリ・クレメイよりパーフィット宛書簡。一九六四年、日付なし。
*61 この試験過程を説明してくれたロビン・ブリッグズに感謝する。
*62 サラ・ライル、『ニューヨーク・タイムズ』二〇一〇年五月二十七日付。
*63 同上。
*64 Armand d'Angour, https://www.armand-dangour.com/2013/07/failing-souls/, accessed 9 June 2022.

6 アメリカン・ドリーム

*1 デイヴィッド・ロッジは彼の出世作となった長編小説『大英博物館が倒れる』（一九六五年。邦訳は白水社）をハークネス・フェローのあいだに書いた。
*2 Miller (1987), p. 513.
*3 Miller (2002).
*4 Parfit (2011) (c).
*5 Ibid.
*6 筆者によるデイヴィッド・ウィギンズへのインタビューにおける回想。
*7 Lovibond and Williams (1996), p. 222.
*8 メアリ・クレメイから筆者へのeメール。
*9 同上。
*10 エドワード・モーティマーから筆者へのeメール。
*11 筆者によるベン・ザンダーへのインタビュー。
*12 同上。
*13 ボブ・ウルフから筆者へのeメール。
*14 同上。
*15 同上。
*16 ベイリオル・コレッジ歴史コレクション、デレク・パーフィット関係書類。
*17 同上、一九六六年二月二十日。

＊18 同上、一九六六年二月三日。
＊19 同上、一九六六年二月二十八日。
＊20 同上、一九六六年三月二日。
＊21 ベイリオル・コレッジ歴史コレクション、デレク・パーフィット関係書類。
＊22 ボブ・ウルフ、コモンウェルス財団文書館。
＊23 ジョン・ロールズの一九八一年四月二十七日付オール・ソウルズ宛照会状に記されたパーフィットについての最初の思い出。パーフィット個人所有。
＊24 パーフィット、コモンウェルス財団文書館、一九六六年十月三十一日。
＊25 パーフィット、コモンウェルス財団文書館、一九六六年十一月二十四日。
＊26 同上。ヒラリー・パトナムは二十世紀後半の指導的なアメリカ合衆国の哲学者だった。
＊27 同上。
＊28 エドワード・モーティマー、二〇一七年六月三日オックスフォード、パーフィット追悼講演会にて。

7 ソウル・マン

＊1 ウィーン学団に関するより長い議論は Edmonds (2020) を見よ。
＊2 John Passmore in Edwards (1967), pp. 52–57.
＊3 See Parfit (2011) (c).
＊4 See MacFarquhar (2011).
＊5 See Parfit (2011) (a), p. xl〔邦訳 xxiv ページ〕.
＊6 Ibid., p. xxxiii〔邦訳 xvii ページ〕.
＊7 Crisp (2015), p. x.
＊8 筆者によるインタビューにおけるロジャー・クリスプの回想。
＊9 一九六七年六月二十七日付、パーフィットからジョアンナ・パーフィット宛書簡。
＊10 同上。
＊11 同上。
＊12 同上。
＊13 同上。
＊14 パーフィットからジョアンナ・パーフィット宛書簡、日付なし。
＊15 同上。
＊16 Briggs, *ODNB* online.
＊17 Isaiah Berlin to John Lowe, 27 February 1989, in Raina (2017), p. xvi.
＊18 オックスフォード部外者をとまどわせることだが、学寮長の名称はコレッジによって異なる。オール・ソウルズでは「Warden」、ベイリオルでは「Master」、サマヴィルでは「Principal」である。

＊19 ベイリオル・コレッジ歴史コレクション、デレク・パーフィット関係書類、一九六七年十一月一日。

＊20 同上。

＊21 ベイリオル・コレッジ歴史コレクション、デレク・パーフィット関係書類。

＊22 同上。

＊23 Dancy（2020）, p. 40.

＊24 筆者によるノーマ・オウバーティン=ポッターへのインタビュー。

＊25 これらの引用は Budiansky（2021）, p. 148から。

＊26 Cohen（2010）, p. 144. コーエンは一九八五年、社会政治理論チチェリ講座教授になったときにオール・ソウルズに加わった。

＊27 ウィリー・エイブラハムはオール・ソウルズのフェローに選ばれた最初でただ一人（二〇二三年時点）のアフリカ人だった。

＊28 A・L・ロウズ、『フィナンシャル・タイムズ』二〇一八年八月三日付記事より（https://www.ft.com/content/c57bc460-94c5-11e8-b67b-b8205561c3fe, 二〇二三年五月十八日アクセス）。

＊29 ベイリオル・コレッジ歴史コレクション、デレク・パーフィット関連書類、一九六八年三月四日。

＊30 Parfit（c）2011.

＊31 筆者はこの情報をアルヴァロ・ロドリゲスから得た。

＊32 Parfit（1986）, p. vii〔邦訳 viページ〕. 一九八七年のペーパーバックでは「未熟な」と「容赦ない」という言葉は除かれた。

＊33 マイク・ローゼンは児童書作家マイクル・ローゼンとしてより広く知られることになる。

＊34 マイク・ローゼン、『チャーウェル』一九六八年十一月六日号、Raina（2017）の五四四ページより引用。

＊35 Raina（2017）の五四二ページより引用。

＊36 Jonathan Glover, in McMahan（forthcoming）.

＊37 Anthony Quinton, quoted by Jonathan Glover in McMahan（forthcoming）.

＊38 Singer（2017）（b）.

＊39 デイヴィッド・ヘルドから筆者へのeメール。

＊40 Jonathan Glover, in McMahan（forthcoming）.

＊41 この思考実験は J. Glover and M. Scott-Taggart, 'It Makes No Difference Whether or Not I Do It', *Proceedings of the Aristotelian Society*, Supplementary Volume 49/1（1975）, pp. 171–209 にふたたび現れる。

＊42 Parfit, 7 January 1969, OUP archive.

＊43 アントニー・ケニーから筆者へのeメール。

8　遠隔転送機

＊1　Parfit (2011) (c).

＊2　Ibid.

＊3　われわれは「スタートレック」の転送機がどのように作動するのか正確には知りえない。カーク船長の粒子が解体され、別の場所に送られ、再編成されるのか？　あるいはコピーされる、あるいは「再創造」されるのか？「スタートレック　ネクスト・ジェネレーション」（『理由と人格』出版の数年後に放送開始）に出てくる、「パターン・バッファー」の話からすると、転送される人は再編成されるのかもしれない。しかし「スタートレック」の作者たちはこの重要な問題について嘆かわしいほど首尾一貫していない。私がツイッターでこの点を尋ねたところ、何十もの回答をもらった。なかでも、ステファン・フォーレスター、スティーヴ・トウィディル、ドミニク・ウィルキンソンからの回答に感謝する。

＊4　Shoemaker (1963) と Wiggins (1967) を見よ。

＊5　後で見るように『理由と人格』はぎりぎりの段階でOUPに提出された。それが初期の版に誤植が多い理由である。たとえばここでの「Teletransported」は大文字のTだが、前のパラグラフでは小文字のtで始まっている。

＊6　Parfit (1986), p. 199〔邦訳二七九—二八〇ページ〕.

＊7　Ibid., pp. 254-55〔邦訳三五一ページ〕.

＊8　神経科学者V・S・ラマチャンドランがこの点について語るのを以下で見ることができる。https://youtube/PFJPtVRlI64, accessed 18 May 2022.

＊9　やむをえないことだが、これは深く考え抜かれた理論の高度に単純化された説明である。もし一人だけが生き残るならば同一性が保持されると言えるだろう、とパーフィットは論じていて、これには説得力がある。もし両方とも生き残ったならば、同じことは言えないのも同じ理由からである。それでもこの結果は明らかに二重の成功ということになって、同一性は重要なことではないというパーフィットの中心的な主張を強化するだけのことだ。この節の助力についてポール・スノウドンに感謝する。

＊10　Mill (1991), pp. 13-14〔『自由論』第1章〕.

＊11　Parfit (1986), p. 281〔邦訳三八七ページ〕.

＊12　Ibid., Appendix J, p. 502〔邦訳六八〇ページ〕.

＊13　二〇一四年十月二十一—二十三日のショック賞シンポジウムにおいて、ルース・チャン談。

＊14　筆者によるアラン・モンティフィオールへのインタビュー。

＊15　筆者によるジャネット・ラドクリフ・リチャーズへのインタビュー。
＊16　パーフィットからメアリ・クレメイ宛書簡。パーフィット個人所有。
＊17　一九六八年十月付、メアリ・クレメイからパーフィット宛書簡。リチャード・ニクソンは一九六八年十一月五日、合衆国大統領に選ばれた。
＊18　一九六九年のアメリカ・ビザ申請書、パーフィット個人所有。
＊19　メアリ・クレメイには受け取ったという記憶がない。
＊20　パーフィットからメアリ・クレメイ宛書簡（未発送）、パーフィット個人所有。
＊21　同上。
＊22　パトリシア・ザンダーからパーフィット宛書簡、日付なし、パーフィット個人所有。
＊23　パトリシア・ザンダーからパーフィット宛書簡、日付なし、パーフィット個人所有。
＊24　パトリシア・ザンダーからパーフィット宛書簡、九月十一日付（年号なし）、パーフィット個人所有。
＊25　パトリシア・ザンダーからパーフィット宛書簡、日付なし、パーフィット個人所有。
＊26　パトリシア・ザンダーからパーフィット宛書簡、日付なし、パーフィット個人所有。
＊27　パトリシア・ザンダーからパーフィット宛書簡、日付なし、パーフィット個人所有。
＊28　パーフィットからジョアンナ・パーフィット宛書簡、一九七〇年七月三日付、パーフィット個人所有。
＊29　同上。
＊30　パトリシア・ザンダーからパーフィット宛書簡、日付なし、パーフィット個人所有。
＊31　筆者によるジュディス・デ・ウィットへのインタビュー。
＊32　リチャード・ジェンキンズから筆者へのeメール。
＊33　筆者によるジュディス・デ・ウィットへのインタビュー。
＊34　ベイリオル・コレッジ歴史コレクション、ヘア関係書類、5.35、一九七三年二月二十六日。
＊35　ピーター・ストローソンによるレビュー、パーフィット個人所有。
＊36　デイヴィッド・ピアズ、パーフィット個人所有。
＊37　R・M・ヘア、パーフィット個人所有。
＊38　ジョン・ロールズ、パーフィット個人所有。
＊39　Isaiah Berlin, in Hardy, https://berlin.wolf.ox.ac.uk (Michael Ignatieff tape 27/31), accessed　3 December 2021.
＊40　筆者宛のeメールでエドワード・ハッセイが回想す

るチャールズ・ウェンデンの言葉。

＊41　ラリー・テムキンから筆者へのeメール。

9　大西洋を越えて

＊1　Parfit (2011)（c）.

＊2　筆者によるティム・スキャンロンへのインタビュー。

＊3　Voorhoeve (2009), p. 179.

＊4　Scanlon (1998), p. 235.

＊5　Thomas Nagel, *London Review of Books*, 4 February 1999.

＊6　ネーゲルの著作についての以下の説明は Edmonds（2018）からとった。

＊7　Nozick (1974), p. 183〔邦訳三〇七ページ〕.

＊8　Kamm (1996).

＊9　これが「トロリー」ディレンマと呼ばれるのは、フィッリパ・フットによって一九六七年の論文で最初に文献に導入されたとき、暴走列車は路面電車すなわちトロリーだったからである。「トロリー学」の入門書として広く（少なくとも筆者の家庭では）不朽の名著と認められているものとして、Edmonds（2014）（a）を見よ。

＊10　BBCワールド・サービス・ドキュメンタリー「太った男を殺しますか」（二〇一〇年。https://www.bbc.co.uk/programmes/p00c1sw2 で視聴可能。二〇二二年五月十八日確認）から。また Edmonds（2014）（a）p. 53 に引用。

＊11　Kamm (1999), p. 186.

＊12　パーフィット、Edmonds（2014）（b）より。

＊13　トマス・ケリー談（未公刊）、二〇一七年二月七日にプリンストンで開かれたパーフィット追悼式において。

＊14　同上。

＊15　筆者によるサイモン・リッポンへのインタビュー。

＊16　Larry Temkin, in McMahan (forthcoming).

10　パーフィット・スキャンダル

＊1　リチャード・ジェンキンズから筆者へのeメール。

＊2　OUPアーカイブ BLB 251/BACKB1355.

＊3　筆者との会話でのナイジェル・ウォバートンの発言。

＊4　『ザ・タイムズ』二〇〇三年六月十四日付など、彼の追悼記事のいくつかに引用されている。

＊5　ウィリアムズの例は、彼が「ゴーギャン」と呼ぶ創造的芸術家に関するものである。Williams (1981), pp. 22-26〔邦訳第二章〕.

＊6　Williams, in Smart and Williams (1973), p. 116.

＊7　Isaiah Berlin, in Hardy, https://berlin.wolf.ox.ac.uk

(Michael Ignatieff tape 27/34), accessed 3 December 2021.

*8 Ibid.

*9 Ibid.

*10 パトリシア・ウィリアムズから筆者へのｅメール。

*11 Isaiah Berlin, in Hardy, https://berlin.wolf.ox.ac.uk (Michael Ignatieff tape 27/34), accessed 3 December 2021.

*12 一九八一年六月二十四日付、パーフィットからマーシャル・コーエン宛書簡、パーフィット個人所有。

*13 たしかなことは言えないが、この議論を提出したのはおそらくロドニー・ニーダムだろう。

*14 アイザイア・バーリンがジョン・スパロウに返したオール・ソウルズの記述で、それをポール・シーブライトが二〇〇七年八月二十四日のスーザン・ハーレイの葬儀で引用した。

*15 筆者によるポール・シーブライトへのインタビュー。

*16 同上。

*17 筆者によるパトリシア・モリソンへのインタビュー。

*18 筆者によるビル・エワルドへのインタビュー。

*19 Ehrlich（1971）（共著者アン・エールリッヒはクレジットされていない）.

*20 Parfit, in Papers of John Rawls, 1942–2003, HUM 48, Box 19, Folder 3, Harvard University Archives.

*21 この講演は一九七八年十一月十六日におこなわれた。

*22 アダム・ホジキン、一九七八年八月九日付、ＯＵＰアーカイブ。

*23 Ｒ・Ｍ・ヘア、一九七八年十月二十八日付、ＯＵＰアーカイブ。

*24 Taurek (1977), p. 309.

*25 Parfit (1978).

*26 一九八〇年八月十五日付、パーフィットからロナルド・ドゥオーキン宛書簡、パーフィット個人所有。

*27 ベイリオル・コレッジ歴史コレクション、ヘア関係書類、5.45, 一九八〇年十月九日。

*28 同上、5.45, 一九八一年十月二十日。

*29 一九八一年三月二十六日付、パーフィットからパトリック・ニール宛書簡、パーフィット個人所有。

*30 同上。

*31 同上。

*32 同上。

*33 『インディペンデント』二〇〇六年十二月十三日付。

*34 リチャード・ジェンキンズから筆者へのｅメール。

*35 同上。

*36 筆者によるエイドリアン・ウールドリッジへのインタビュー。

*37 筆者によるビル・エワルドへのインタビュー。

*38 トマス・ネーゲルからパーフィット宛書簡、パーフィット個人所有。

*39 R・M・ヘア、一九八一年三月三十日付、パーフィット個人所有。

*40 ジョン・ロールズ、一九八一年四月二十七日付、パーフィット個人所有。

*41 ロナルド・ドウォーキン、日付なし、パーフィット個人所有。

*42 ジョナサン・グラヴァー、日付なし、パーフィット個人所有。

*43 ロナルド・ドウォーキン、日付なし、パーフィット個人所有。

*44 トマス・ネーゲル、一九八一年四月二十日付。

*45 ジョナサン・グラヴァー、日付なし、パーフィット個人所有。

*46 同上。

*47 トマス・ネーゲル、一九八一年四月二十日付、パーフィット個人所有。

*48 一九八一年五月十一日付、パーフィットからアダム・ホジキン宛書簡、OUPアーカイブ。

*49 一九八一年五月十五日付、アダム・ホジキンからパーフィット宛書簡、OUPアーカイブ。

*50 筆者によるアマルティア・センへのインタビュー。

*51 Amartya Sen, https://news.harvard.edu/gazette/story/2021/06/tracing-amartya-sens-path-from-childhood-during-the-raj-to-nobel-prize-and-beyond/, accessed 18 May 2022.

*52 筆者によるアマルティア・センへのインタビュー。

*53 筆者によるウィリアム・ウォルドグレーヴへのインタビュー。

*54 一九八一年六月二十三日付、パーフィットから「マイケル」（おそらくはダメット）宛書簡、パーフィット個人所有。

*55 一九八一年六月二十一日付、パーフィットからマーシャル・コーエン宛書簡、パーフィット個人所有。

*56 一九八一年六月二十四日、パーフィットによってマーシャル・コーエンの発言として引用。

*57 同上。

*58 一九八一年六月二十三日付、パーフィットから「マイケル」宛書簡、パーフィット個人所有。

*59 Isaiah Berlin to Bernard Williams, 22 November 1981, in 'Supplementary Letters 1975–1997', ed. Henry Hardy and Mark Pottle, in Hardy, https://berlin.wolf.ox.ac.uk, accessed 3 February 2021.

*60 Isaiah Berlin, in Hardy, https://berlin.wolf.ox.ac.uk

(Michael Ignatieff tape 27/35), accessed 3 December 2021.

*61 筆者によるニック・ボストロムへのインタビュー。

*62 ジェフ・マクマハンから筆者へのeメール。この議論は二〇〇五年九月十一日におこなわれた。マクマハンのほかにその場にいたのは、シェリー・ケイガン、ラリー・テムキン、トマス・ハーカ、トマス・ネーゲルである。

*63 筆者によるインタビューにおいてロジャー・クリスプが回想したパーフィットの発言。

*64 ダグラス・クレムから筆者へのeメール。

*65 リチャード・ジェンキンズから筆者へのeメール。

*66 ティム・スキャンロン、一九八一年六月四日付、パーフィット個人所有。

*67 一九八一年六月二十四日付、パーフィットからマーシャル・コーエン宛書簡。

11 仕事、仕事、仕事、そしてジャネット

*1 リチャード・ジェンキンズから筆者へのeメール。

*2 ベイリオル・コレッジ・歴史コレクション、ヘア関係書類、一九八一年十月三日付。

*3 同上、一九八一年十月七日付。

*4 筆者によるデイル・ジェイミーソンへのインタビュー。

*5 筆者によるインタビューにおいてガレン・ストローソンが回想したバーナード・ウィリアムズの発言。

*6 サイモン・ブラックバーンから筆者へのeメール。

*7 ハンナ・ピカードから筆者へのeメール。

*8 A・J・エイヤーによる一九七三年のパーフィットのための照会状、パーフィット個人所有。

*9 筆者によるヒュマイラ・アーファン＝アーメドへのインタビュー。

*10 ベトナム戦争は一九七五年に終結した。この機知ある言葉は音楽学者アラン・タイソンのものとされる。

*11 Parfit (1986), p. viii〔邦訳viiページ〕.

*12 筆者によるシェリー・ケイガンへのインタビュー。

*13 筆者によるジョン・ブルームへのインタビュー。

*14 一九八三年八月十六日付、アダム・ホジキンからパーフィット宛書簡、パーフィット個人所有。

*15 ジェフ・マクマハンから筆者へのeメール。

*16 筆者によるインタビューにおいてビル・エワルドが回想したパーフィットの言葉。

*17 Parfit (1986), p. 443〔邦訳六〇一ページ〕.

*18 Nietzsche (2001), p. 199, §343〔信太正三訳『悦ばしき知識』ちくま学芸文庫〕.

*19 筆者によるインタビューにおいてビル・エワルドが

回想したスーザン・ハーレイの言葉。

*20 Parfit (1986), p. 454〔邦訳六一六ページ〕.

*21 OUPの職員アンジェラ・ブラックバーン（哲学者サイモン・ブラックバーンの妻）。

*22 一九八三年十月二十九日付、パーフィットからアンジェラ・ブラックバーンとアダム・ホジキン宛書簡、OUPアーカイブ。

*23 ポール・シーブライト、二〇〇七年八月二十四日のスーザン・ハーレイ葬儀における弔辞。

*24 ポール・シーブライト、二〇〇八年四月二十六日のスーザン・ハーレイ追悼式において。

*25 筆者によるアマルティア・センへのインタビュー。

*26 Mill (1977), p. 27.

*27 Janet Radcliffe Richards in Edmonds (2014) (b).

*28 筆者によるジャネット・ラドクリフ・リチャーズへのインタビュー。

*29 Janet Radcliffe Richards in Edmonds (2014) (b).

*30 一九八〇年代は今よりも一層そうだった。

*31 ジャネット・ラドクリフ・リチャーズから筆者へのeメール。

12 道徳数学

*1 Parfit (1986), p. ix〔邦訳iiiページ〕.

*2 ハンナ・スパークスの「もし猫が人間だったら、彼らはおそらくサイコパスだろうと科学者たちは言う」を参照。『ニューヨーク・ポスト』二〇二一年十二月六日付（https://nypost.com/2021/12/06/if-cats-were-people-theyd-be-psychopaths-scientists-say/, accessed 18 May 2022で読める）。

*3 セオドラ・パーフィット・ウームズから筆者へのeメールによる伝達。

*4 パーフィット個人所有。

*5 同上。

*6 Hobbes (2012), p. 192〔第13章〕.

*7 Parfit (1986), p. 68〔邦訳九五ページ〕.

*8 Ibid., p. 70〔邦訳九八ページ〕.

*9 Ibid., p. 80〔邦訳一一一ページ〕.

*10 Ibid〔邦訳一一二ページ〕.

*11 Parfit (1986), pp. 165-66〔邦訳二三四ページ〕.

*12 Parfit (1986), p. 358〔邦訳四八九ページ〕を脚色。

*13 Kant (1996), p. 33〔「序言」〕.

*14 Ibid., preface〔出典は正しくはベンサムの『統治論断片』第1章脚注〕.

*15 ジェフ・マクマハンから筆者へのeメール。

*16 もっと破滅的なこととして、この人は本書を買わなかったかもしれない。

＊17 Parfit (1986), pp. 361-62〔邦訳四九四ページ〕.
＊18 Ibid., p. 367〔邦訳五〇一ページ〕.
＊19 Ibid., p. 388〔邦訳五二八ページ〕.
＊20 McTaggart (1927), pp. 452-53.
＊21 Ibid., p. 453.

著者紹介
デイヴィッド・エドモンズ（David Edmonds）　哲学博士。オックスフォード大学ウエヒロ実践倫理センター上級研究員。著書に『太った男を殺しますか?』（太田出版）、『ポパーとウィトゲンシュタインとのあいだで交わされた世上名高い10分間の大激論の謎』（筑摩書房）など。

訳者紹介
森村進（もりむら・すすむ）　一橋大学名誉教授。博士（法学）。専門は法哲学。主な著作に『正義とは何か』（講談社現代新書）、『法哲学はこんなに面白い』（信山社）ほか、主な訳書にD・パーフィット『理由と人格』『重要なことについて』（いずれも勁草書房）ほか多数。

森村たまき（もりむら・たまき）　翻訳家、亜細亜大学非常勤講師。主な訳書に、P・シンガー他『功利主義とは何か』（岩波書店）、〈ウッドハウス・コレクション〉シリーズ、〈ウッドハウス・スペシャル〉シリーズ（いずれも国書刊行会）ほか多数。

デレク・パーフィット　哲学者が愛した哲学者　上

2024年12月11日　第1版第1刷発行

著　者　デイヴィッド・エドモンズ
訳　者　森村《もりむら》　進《すすむ》・森村《もりむら》たまき
発行者　井　村　寿　人

発行所　株式会社　勁《けい》　草《そう》　書　房

112-0005　東京都文京区水道2-1-1　振替　00150-2-175253
（編集）電話　03-3815-5277／FAX　03-3814-6968
（営業）電話　03-3814-6861／FAX　03-3814-6854
本文組版　プログレス・平文社・松岳社

ISBN978-4-326-15492-0　　Printed in Japan